El poder espiritual de la empatía

CYNDI DALE

El poder espiritual de la empatía

**Desarrolla tus dones intuitivos
para conectar compasivamente**

EDICIONES OBELISCO

Colección Psicología
EL PODER ESPIRITUAL DE LA EMPATÍA
Cyndi Dale

Título original: *The Spiritual Power of Empathy*

1.ª edición: mayo de 2018

Traducción: *Daniel Aldea*
Corrección: *Sara Moreno*
Diseño de cubierta: *Enrique Iborra*

© 2014, Cyndi Dale
(Reservados todos los derechos)
Publicado por acuerdo con Llewellyn Publications,
Woodbury, Minnesota, USA, www.llewellyn.com
© 2018, Ediciones Obelisco, S. L.
(Reservados los derechos para la presente edición)

Edita: Ediciones Obelisco, S. L.
Collita, 23-25. Pol. Ind. Molí de la Bastida
08191 Rubí - Barcelona - España
Tel. 93 309 85 25 - Fax 93 309 85 23
E-mail: info@edicionesobelisco.com

ISBN: 978-84-9111-344-7
Depósito Legal: B-11.077-2018
Printed in Spain

Impreso en España en los talleres gráficos de Romanyà/Valls S. A.
Verdaguer, 1 - 08786 Capellades (Barcelona)

Introducción

Si nos obligaran a definir o describir qué es la empatía, la mayoría de nosotros recurriría a una descripción unidimensional, algo así como la capacidad aparentemente sencilla de imaginar por lo que está pasando otra persona, normalmente la capacidad de imaginar cómo se *siente*. No obstante, tras décadas de experiencia como consejera intuitiva, y después de años investigando y escribiendo sobre medicina energética sutil y las aplicaciones de los dones intuitivos y espirituales, he descubierto que la empatía suele provocar más de un malentendido.

Antes de dilucidar dichas confusiones, es importante señalar que la empatía ha sido objeto de estudio y análisis por parte de numerosas mentes brillantes, desde psicólogos o expertos en neurología a sabios, santos o sanadores. Uno de los autores y profesores contemporáneos que más ha contribuido a la comprensión de la empatía es el doctor Daniel Goleman, cuyas aportaciones analizaré brevemente en la primera parte del libro. Mediante la diferenciación entre empatía cognitiva, empatía emocional y lo que él denomina preocupación empática, Goleman ha abierto nuevos horizontes en el conocimiento de dichas capacidades innatas.

No obstante, a pesar de las importantes ideas que tanto él como otros pensadores nos han ofrecido para la mejor comprensión de la empatía, a menudo ésta es vista simplemente como una capacidad *única* en lugar de una *serie* de dones. Gracias a mi trabajo, he aprendido que la empatía va mucho más allá de la visión simplista que tiene la mayoría de la gente. La empatía abarca pensamientos, percepciones, sensaciones y casi todas las otras formas de conciencia con las que estamos bendecidos –incluso los dones psíquicos–, y se extiende no sólo a otras personas, sino también a grupos, animales, plantas e incluso objetos de la naturaleza. En mi opinión, cuando nuestras capacidades empáticas están plenamente desarrolladas, éstas comprenden un conjunto multidimensional de habilidades espirituales que operan con fuerza en el marco del cuerpo sutil, una serie de estructuras a través de las cuales circula energía sutil, o energía difícil de identificar. Nuestra anatomía energética sutil está compuesta por canales de energía (como los meridianos), cuerpos energéticos (incluyendo los chakras) y campos de energía (como, por ejemplo, el campo áurico). Y cuando ese poder entra en juego, podemos alcanzar niveles profundos de conexión y comprensión.

Solemos definir la empatía como si supiéramos lo que es, cuando, en realidad, ésta escapa a una simple definición en una entrada de diccionario o incluso en una sección entera de un manual de psicología; la empatía forma parte de la psicología y, al mismo tiempo, la trasciende. Aunque, por supuesto, en el nivel más profundo, más allá de cualquier definición, todos conocemos la belleza de la empatía. El objetivo de este libro es volver a familiarizar al lector con sus capacidades empáticas innatas para que así pueda transformar el modo en que ve y experimenta su propia vida.

La empatía y nuestros dones psíquicos

Para poder liberar tu poder empático, primero es necesario que conozcas todos los niveles empáticos a tu disposición, incluyendo aquéllos considerados psíquicos o esotéricos. Son muchos los profesionales esotéricos que utilizan el término *clariempatía*, que significa «emoción clara», para referirse a una habilidad psíquica autónoma que nos permite experimentar los pensamientos, emociones y síntomas de otras personas. Sin embargo, según mi opinión y experiencia, la empatía es más multidimensional de lo que sugiere dicho término; la empatía incluye todo un *conjunto* de capacidades psíquicas o relacionadas con la energía sutil, así como otras habilidades más ampliamente reconocidas, como la capacidad de hacerse presente o de escuchar. Por tanto, he decidido no utilizar el término clariempatía. Según mi punto de vista, el término empatía utilizado de forma más general es más significativo porque abarca todo el espectro de la experiencia empática, tanto la sutil como la tangible. Como ocurre con otras palabras que tienen un gran significado para nosotros, como *amor* o *afecto,* representa los diversos niveles de una experiencia intensa y sentida. En el caso que nos ocupa, la empatía es una experiencia de *conexión*.

A todo el mundo le gusta conectar. Y lo que es aún más importante, todos necesitamos conectar. Los niños que carecen de afecto a menudo no se desarrollan adecuadamente; los ancianos que viven aislados en sus viviendas experimentan soledad y depresión. Existen comportamientos y actitudes que facilitan la conexión y la atención y otros que las inhiben y evitan. Un pensamiento sutil o inaudible sobre alguien, si es afectuoso, puede abrir el camino a la compasión dado que la otra persona podrá sentirlo. Sin embargo, si juzgamos mentalmente a alguien, por ejemplo, «qué aspecto más raro tiene esa persona», esa persona percibirá inmediatamente nuestra actitud sutil y se cerrará en banda. Podríamos denominar empatía a la suma de todos estos intercambios, a menudo silenciosos, que propician el aumento de la conexión.

Los tres mecanismos de la empatía psíquica

Podríamos considerar que los dones de energía sutil involucrados en la empatía son los mecanismos que nos permiten ser empáticos. Pueden funcionar de forma independiente, en pequeñas combinaciones o todos a la vez.

Denomino dones empáticos físicos al primer conjunto de mecanismos porque nuestro cuerpo identifica este tipo de empatía como una experiencia física directa. Éstos incluyen:

- El sentido claro (clarisentencia), que puede manifestarse emocional o mentalmente.
- El gusto claro (clarigusto).
- El olfato claro (clariolfato).
- El tacto claro (claritacto).
- El conocimiento claro (clariconocimiento).

Además de las anteriores, existen otros dos grupos de habilidades sutiles, dones psíquicos que gozan de una mayor popularidad, que también desempeñan un papel en la experiencia empática:

- La visión clara (clarividencia), la capacidad de ver información psíquicamente.
- La audiencia clara (clariaudiencia), la capacidad de oír información psíquicamente.

Al contrario que la primera serie de dones empáticos, que nuestro cuerpo identifica como sensaciones físicas, la clarividencia y la clariaudiencia proporcionan percepciones e información que se registran en la mente (el «ojo de la mente» o el «oído de la mente»). Considero que estos dones son también un conjunto de habilidades porque cada uno de ellos puede adoptar múltiples formas. Por ejemplo, una persona clarividente puede recibir psíquicamente un mensaje sobre la experiencia de otra persona a través de una imagen, un símbolo, un color o incluso mediante una serie de imágenes en movimiento. Las personas con la capacidad de la clariaudiencia pueden escuchar de forma intuitiva palabras, frases, música o tonos.

En conjunto, estas tres series de habilidades –los dones empáticos físicos, la clarividencia y la clariaudiencia– conforman los tres dones espirituales principales que permiten el desarrollo de nuestra naturaleza espiritual.

Aunque en los próximos capítulos exploraremos más a fondo las percepciones empáticas, ¡tus dones empáticos son mucho más que eso! Como descubriremos en el capítulo 2, todos los centros espirituales de nuestro cuerpo están asociados a un don psíquico o a más de uno; la mayoría de ellos están relacionados con la empatía física. Sólo dos están vinculados exclusivamente con los dones espirituales de la clarividencia y la clariaudiencia. Al examinar todas las habilidades psíquicas en este contexto, descubrirás que todo tu cuerpo energético está preparado para la conexión empática.

En general, la empatía es un camino vital para la continua transformación de nuestras experiencias físicas en lecciones espirituales. También nos conduce directamente a la puerta de la compasión, esa llamada interior que nos impulsa a aliviar el dolor de los demás recurriendo a la empatía, un tema esencial y oportuno que exploraremos en profundidad a lo largo del libro.

Los seis estilos empáticos

La experiencia empática puede incluir una o todas las percepciones que acabamos de mencionar, en función de los dones e inclinaciones naturales de cada persona. Además de identificar estas habilidades, gracias a mi experiencia con clientes, mi investigación y mi experiencia personal, he descubierto que existen seis *estilos* diferenciados de empatía: la física, la emocional, la mental, la natural, la espiritual y la chamánica.

Es importante aclarar que utilizo el término *chamánico* en su acepción más antigua e intercultural. Desde finales del siglo XX, numerosos esotéricos han relacionado el término *chamánico* exclusivamente con la medicina natural o la invocación de una forma de trance mediante el uso de sustancias tales como los alucinógenos. Aunque algunos chamanes en algunas culturas han recurrido a estas técnicas para propiciar un estado espiritual o de sanación, tanto mis estudios como mi experiencia han minimizado en gran medida esta visión. Los chamanes utilizan una variada gama de actividades para propiciar la sanación, entre ellas, las plantas, los cantos, la danza, el arte y la experiencia mediumnidad. Son auténticos profesionales holísticos especializados en las artes espirituales y naturales.

A lo largo del libro nos adentraremos en profundidad en estos seis estilos empáticos, aprenderemos a reconocerlos en nosotros mismos y en los demás y adquiriremos valiosas herramientas para aprovechar al máximo nuestras habilidades empáticas independientemente de nuestro estilo.

Debo hacer hincapié en el hecho de que los seis tipos tienen un objetivo común: propiciar la conexión. Dicha conexión no es sólo la clave para comprender mejor la empatía, sino también para que los extraordinarios poderes de ésta permeen toda nuestra vida. La empatía es el gran conector. Es el puente que vuelve a unirnos a nosotros mismos, a los demás y la Divinidad en todas sus formas y gloria. Pese a todo el sufrimiento personal o al dolor colectivo que nos separa, la empatía puede volver a unirnos.

Esencialmente, estoy convencida de que la empatía es el vehículo más importante para acceder al amor en este mundo. Está codificada en todos nosotros físicamente y conectamos con ella a través de las emociones. Nuestro sistema de valores y nuestras habilidades mentales controlan el modo en que la utilizamos. No obstante, en esencia es lo que nos permite reflejarnos en el Gran Espíritu. Comprender los seis estilos empáticos nos ayudará a ir más allá de la conexión personal, por muy importante que ésta sea. A través del uso personal de estos dones establecemos una conexión con todo lo que existe.

Tu viaje empático personal

Cada uno de nosotros forma parte de una esfera mayor de consciencia; el objetivo de este libro es ayudarte a profundizar en tu capacidad para conectar con dicha esfera superior. Dado que eres una parte integral y preciada de dicha esfera, he escrito este libro para *ti,* independientemente de dónde te encuentres en tu camino empático.

Puesto que ya has empezado a recorrer el viaje que se inicia en estas páginas, es muy probable que puedas identificarte con una de las siguientes categorías de lectores:

1. Sabes que tienes capacidades empáticas y a menudo te sientes abrumado por sensaciones e información.
2. Sientes que tu agudizada sensibilidad hacia otras personas, lugares o energías te provoca problemas en tu vida cotidiana.
3. Crees que las personas empáticas son siempre los demás, nunca tú. Aun así, sientes la necesidad de descubrir más cosas.
4. Deseas conectar con los demás de un modo más profundo y seguro. Sientes una gran compasión por la gente, los animales y, tal vez, también con la naturaleza, y quieres saber cómo utilizar en la práctica dicha compasión.

En un momento de mi vida me encontraba la mayor parte del tiempo en la primera categoría (y titubeando con la segunda), aturdida constantemente por sensaciones que era incapaz de entender o regular. Hostigada por una información cada vez más cuantiosa, la reacción más habitual era la de encerrarme en mí misma, lo que me provocaba dificultades para relacionarme con los demás y conectar. No me sentía a gusto con la intensidad de la energía y los sentimientos que me invadían continuamente. Y tenía miedo de verme obligada a atender las necesidades de todas las personas con las que entraba en contacto, de quedar enredada en una especie de codependencia energética.

Es probable que no te sorprenda descubrir que, de todas maneras, en ocasiones me involucraba. ¿Cómo podría ser de otro modo? Al oponer resistencia a mi naturaleza empática, lo único que conseguía era experimentar aquello de lo que intentaba huir.

No obstante, esta fase se produjo en mi primera etapa, antes de descubrir que la empatía es uno de mis mejores aliados; de hecho, diría que la empatía es el núcleo fundamental de mi vida en tanto profesora, madre y amante de la humanidad.

Cómo está organizado el libro

Aunque uno de los objetivos de este libro es el de trasmitir los descubrimientos, tanto míos como los de otras personas, sobre la empatía en todas sus formas –unos descubrimientos de naturaleza profunda y amplia–, también lo he escrito como una guía práctica para promover el conocimiento de la empatía y el modo en que opera en todos nosotros. Cuando leas las historias de mi propia vida y de mis clientes, es posible que te reconozcas en ellas, que te veas reflejado en las experiencias que comparto en los siguientes capítulos. Puede que experimentes una especie de reencuentro con tu yo interior, que te ayude a relacionar acontecimientos olvidados desde hace tiempo. Y gracias a los pasos, herramientas, técnicas y consejos que encontrarás a lo largo del libro, serás capaz de recurrir a tus poderes empáticos siempre que lo desees o necesites.

En la primera parte encontrarás los fundamentos para entender qué es la empatía y las infinitas formas en que la experimentamos; se trata de una información esencial para poder situar en su contexto los debates y las prácticas que aparecerán en la segunda parte. En el capítulo 1 se proporciona una orientación a los conceptos claves, y en él también tendrás la primera oportunidad de enfrentarte a tu primera «exploración empática» mediante una serie de ejercicios que he añadido en todos los capítulos de la primera parte del libro para ayudarte a reflexionar y explorar sobre el papel de la empatía en tu vida, incluso antes de adentrarte en las aplicaciones prácticas que aparecen en la segunda parte.

En el capítulo 2 descubrirás que la empatía y el cuerpo están unidos por un vínculo indestructible, y que estamos programados físicamente para conectar con los demás. Posteriormente, ya en el capítulo 3, nos meteremos de cabeza en las aguas de la compasión y aprenderemos que ésta es el auténtico catalizador que nos permite utilizar la empatía de una forma significativa.

Tras eso, habrá llegado el momento de que descubras cuál es tu estilo empático en el capítulo 4, donde estudiaremos detalladamente los seis tipos de empatía que existen para ayudarte a identificar cuáles son tus inclinaciones más desarrolladas.

En la segunda parte del libro descubrirás las aplicaciones que tiene todo esto en tu propia vida y a utilizar las cualidades de tu estilo empático en situaciones reales de la vida. En este punto tendrás acceso a las tres herramientas fundamentales que conforman el botiquín del buen empático, entre éstas, las técnicas y prácticas más importantes que utilizo cada día tanto en las sesiones de terapia como en mi vida cotidiana. Son las técnicas a las que recurro para seguir conectada con la Divinidad y guiada por mi sabiduría interior. Entre estas técnicas está la de los cinco pasos hacia la empatía compasiva, una forma de alcanzar la sanación, tanto para uno mismo como para los demás, mediante nuestros dones empáticos. Descubrir la forma adecuada de aplicar estos cinco pasos a las relaciones, el trabajo, la crianza de los hijos y la vida en general te permitirá poner en práctica inmediatamente tus perfeccionadas habilidades empáticas.

Finalmente, para aquellos que deseen profundizar en sus conocimientos y ampliar su perspectiva sobre la empatía, he incluido dos apéndices detallados. En el primero de ellos se examinan las importantes diferencias que existen entre simpatía y empatía; en el segundo, se exploran las «deficiencias empáticas»: las personas cuyo exceso de empatía no les permite funcionar adecuadamente y aquellas que no pueden acceder a sus dones empáticos o están aisladas de ellos. En estos apéndices trato algunos de los temas que despiertan mayor interés en mis sesiones de terapia. La gente suele pedirme consejo sobre dilemas de la vida real a los que todos debemos enfrentarnos como parte de la familia humana. De modo que, una vez que hayas asimilado el marco básico de conocimientos en la primera parte y descubierto las técnicas prácticas en la segunda, te invito a que dediques algo de tiempo a explorar los debates relativos a experiencias empáticas comunes.

Empatía: la poesía del alma

Como muchas de las personas que he llegado a conocer, es probable que tú también hayas sufrido más de una decepción en el terreno amoroso. Todos hemos experimentado desde la pequeña duda antes de conectar con alguien al miedo atroz a amar y ser amados. Como consecuencia de la vergüenza, el rechazo o la pérdida, y abrumados hasta cierto punto por las dudas sobre nuestra valía como seres humanos, muchos de nosotros hemos tenido alguna vez miedo a amar o a conectar con un mundo que nos necesita.

En cuestiones amorosas, puedo llegar a entender que algunas personas decidan adoptar una actitud precavida. Sin embargo, no puedo quedarme de brazos cruzados ante esta situación. Mientras algunas personas circulan por la carretera del amor con el pie en el pedal del freno, están perdiendo una oportunidad de oro para conectar. Y no hablo sólo del amor romántico; me refiero al amor en todo su heterogéneo esplendor, desde el amor por un buen amigo, un primo, un hijo o hija, una mascota o cualquier otra persona.

Por tanto, espero que, gracias a este libro, descubras que *el amor y la conexión son seguros*. De hecho, voy a mostrarte el modo de descubrir que lo son y cómo conseguir que sigan siéndolo, dos caras de la misma moneda. Espero que aceptes dicha moneda y la utilices con generosidad.

Verás, la poesía del alma es la conexión compasiva. Como estás a punto de descubrir, los dones empáticos estimulan cualidades de conexión y relación que nos permiten alcanzar nuevas cotas de amor. De este modo, nos ayudan a alcanzar la meta espiritual más importante: aprenderlo todo sobre el amor. Y lo hacen invitándonos a ir más allá de nosotros mismos y experimentar la alegría que se obtiene al alcanzar una mayor cercanía e intimidad con todo lo que está vivo.

Primera parte

Cimientos

Descubrir el don de la empatía

¡La emoción por el descubrimiento está a punto de empezar! Además de descubrir nuevas dimensiones de la empatía, como su profunda relación con la compasión y en qué se diferencia de la simpatía, aprenderás todo lo necesario sobre las vías energéticas presentes en la dimensión física, emocional y espiritual de tu ser. Llegarás a la conclusión de que estás, literalmente, diseñado para conectar, percibir, conocer y sentir en sincronía con tu sabiduría superior. Y a medida que empieces a conocer mejor tu propio estilo empático en los capítulos siguientes, tu alma se alegrará de recuperar el extraordinario poder espiritual conocido como empatía.

CAPÍTULO 1

Tus dones empáticos: las percepciones

*El amigo capaz de acompañarnos en silencio en un momento
de desesperación o confusión, que puede estar a nuestro lado en la
aflicción y la pérdida, que acepta no saber, no curar, no sanar
y que permanece a nuestro lado para enfrentar juntos
la realidad de la impotencia, ése es el amigo que se preocupa por nosotros.*

HENRI J. M. NOUWEN, *The Road to Daybreak*

Cuando sólo tenía cinco años, mi hijo pequeño se metió una noche en mi cama.

—Gabe –susurré mientras le dejaba sitio a mi lado. Sabía que me esperaba una noche tumultuosa llena de pataditas y gruñidos–. ¿No puedes dormir?

—No, mamá –dijo él–. Estás enfadada. He pensado que podía ayudarte.

¿Cómo puede saber un niño de cinco años cómo se siente su madre cuando ni siquiera está en la misma habitación? De modo parecido, ¿cómo puede alguien –como tú, por ejemplo– saber qué perciben, sienten o necesitan otras personas sin una prueba tangible?

Podemos plantear otras preguntas sobre nuestra habilidad para percibir, sentir o saber qué ocurre más allá de nosotros mismos de un modo que puede resultar sorprendente o inusual. Comprueba si puedes responder afirmativamente alguna de las siguientes cuestiones:

- ¿Alguna vez has sabido que una persona lo estaba pasando mal, incluso en la distancia? ¿O has sido consciente de su lucha interior pese a que, aparentemente, esa persona no parecía alterada y no había expresado su malestar?
- ¿Alguna vez no has podido pegar ojo en toda la noche porque sabías que al día siguiente iba a pasar algo malo y finalmente pasó?
- ¿A veces sientes en tu propio cuerpo las molestias, dolores o enfermedades de otra persona?
- ¿Y qué me dices de algunos encuentros desastrosos? Ya me entiendes. Empiezas el día de buen humor y entonces hablas con un amigo que está pasando dificultades. Cuando os despedís, tú te sientes deprimido, hundido, y tu amigo parece recuperado.

Es posible que hayas vivido otras experiencias extrañas que te han hecho reflexionar (y que no te has sentido cómodo compartiéndolas con tu médico o terapeuta):

MALESTAR ESPACIAL: Con sólo entrar en una habitación (las casas antiguas son las peores) eres capaz de percibir lo que pudo llegar a ocurrir allí, desde discusiones subidas de tono a violencia física. (Tampoco ayuda que a veces puedas percibir la presencia de los anteriores habitantes, ya muertos, de la casa).

PERCEPCIÓN METEOROLÓGICA: Tu cuerpo capta los cambios de tiempo antes que el radar *doppler*. Mucho antes de la aparición de una tormenta, tienes la sensación de estar enchufado a una toma de corriente.

IRREGULARIDADES PLANETARIAS: ¿Quién necesita leer el horóscopo o la previsión astronómica? Cuando Mercurio está en retroceso, tú ya eres capaz de percibir la caótica comunicación provocada por las evoluciones de este planeta tan especial.

LUCY, LA LOCA: Eres el personaje de Lucy de la tira cómica *Charlie Brown*. Todo el mundo hace cola para contarte sus males; eres el terapeuta improvisado. El problema es que ni siquiera te pagan los cinco centavos que Lucy cobra por cada consejo que dispensa. De hecho, lo único que consigues es terminar vacío y agotado.

CORAZÓN SANADOR: ¿Tienes la sensación de estar siempre dispuesto a ayudar a todo el mundo? ¿A veces tienes que hacer un gran esfuerzo para reposar y evitar caer en la tentación de ayudar a todo aquél con quien te cruzas?

DOCTOR DOLITTLE: ¿Recuerdas al doctor Dolittle, el personaje de ficción que podía hablar con los animales? Puede que no sepas hablar el idioma de los animales –o de las plantas, las rocas o los minerales–, pero es evidente que eres capaz de percibir sus sentimientos.

HONESTIDAD, HIPOCRESÍA: Tienes una capacidad muy desarrollada para detectar cuando una persona está siendo honesta o hipócrita. Es como si tuvieras un barómetro de honestidad interno que te alerta de la falta de integridad.

EXPLORACIÓN EMPÁTICA 1. Recurre a tu propia experiencia

Estas y muchas otras experiencias, a menudo desconcertantes, conforman todas ellas algunos de los aspectos de las asombrosas, hermosas y, a veces, abrumadoras habilidades de las que he hablado en la introducción: los dones psíquicos empáticos, los tres conjuntos de mecanismos que actúan en la experiencia sutil empática. Antes de estudiarlos más a fondo, te invito a realizar tu primera exploración empática. Las siguientes preguntas te ayudarán a evaluar tus experiencias empáticas sutiles y a descubrir cuáles son tus sentimientos respecto a ellas.

- ¿Recuerdas alguna ocasión en la que has entrado en una casa y has notado que hace poco había pasado algo entre los habitantes de ésta? ¿Confiaste en tu percepción?
- ¿Alguna vez has percibido información sobre el propietario de un objeto al sostener este entre tus manos? ¿Tuviste la oportunidad de comprobar si tu percepción no se equivocaba?
- ¿Percibes a menudo una diferencia entre el modo en que la gente se comporta y lo que crees que están experimentando emocionalmente? ¿Qué tipo de información –el modo en que la otra persona

se comporta o tus sentimientos– es habitualmente la más correcta? Reflexiona sobre qué te dice esto sobre ti mismo y tus dones.

- ¿Recuerdas alguna experiencia en la que hayas intercambiado las emociones con otra persona? Por ejemplo, al principio de estar juntos ellos se sentían tristes y tú feliz, y al final del encuentro, *tú* estabas triste y *ellos* felices. ¿Qué crees que dice esto de tus habilidades empáticas?

- ¿Hay alguien en tu entorno que parece estar absorbiendo tu energía? Describe qué sientes al respecto y qué cosas te gustaría que fueran diferentes en la relación.

- ¿Alguna vez has comprendido los motivos de otra persona antes que ella misma? Piensa en cómo has utilizado dicha información.

- ¿Percibes a menudo lo que les ocurre a los animales u a otros habitantes de la naturaleza? Revisa qué sueles hacer con esa información y qué podrías llegar a hacer.

- ¿Percibes a menudo la presencia de seres no visibles? Evoca cuál es tu reacción ante estos seres. ¿Suelen ser amenazadores o beneficiosos? En el caso de que sean positivas, ¿te gustaría tener más experiencias parecidas?

Los extraordinarios dones y habilidades sensoriales que pones en juego (de forma consciente o no) cuando tienes este tipo de experiencias te ofrecen la posibilidad de conocer lo que ocurre a tu alrededor, y no sólo con personas, sino también con animales, otros seres, objetos, plantas, planetas e incluso energías y entidades que desafían al tiempo. El modo en que utilizas estos dones para percibir el mundo que te rodea es uno de los principales factores que permiten determinar tu estilo empático. Como he mencionado ya en la introducción, he identificado un total de seis tipos o estilos distintos de empatía. Descubrirás más cosas sobre ellos a medida que avances en el libro, empezando por el capítulo 4.

Aunque no todas las personas utilizan el mismo número de habilidades empáticas sutiles (algunas, una o dos, y otras, más), todos poseemos el don de la empatía. Todos estamos conectados a las canciones y sensaciones del universo. Cuando decides explorar este mundo sensorial invisible en tu propia vida, tus descubrimientos pueden transformar completamente tu experiencia empática para siempre. Puedes decidir amplificar conscientemente todos los estilos empáticos o concentrarte en los que tienes más desarrollados. Puedes aprender a controlarlos o a dirigirlos hacia donde más te interese, comprometiéndote con el mundo de una forma empática y saludable.

Es posible que, a medida que te hacías mayor, la gente considerara insólitas tus habilidades sutiles y que las etiquetara como «extrañas». Por eso ahora tú también las juzgas del mismo modo. Tal vez tu empatía nunca te haya beneficiado, sólo haya hecho que te sientas agotado y controlado. O quizás te sientas perfectamente cómodo con tu empatía innata, que se expresa mediante uno o más de los estilos que estudiaremos dentro de poco, y desees conocerla y explorarla más a fondo. Independientemente de la situación en la que te encuentres respecto a tu empatía, acentuar este don innato que propicia una vinculación compasiva con el mundo que te rodea sólo puede resultar beneficioso.

¿Qué es la empatía?

La empatía suele definirse como la capacidad de compartir y comprender las emociones y necesidades de los demás como si fueran las nuestras. También nos permite identificarnos con las ideas y experiencias ajenas, así como imaginar en lo que puede convertirse algo o alguien.

¡Pero la empatía es mucho más que eso!

A menudo solemos imaginar a la persona empática como alguien capaz de meterse en la piel de otro. Es como si te sacaras los mocasines –o las botas, los descansos o las sandalias– y te pusieras los de otra persona. Al sentir empatía, aumenta tu capacidad para preocuparte por la otra persona, e incluso tal vez por ayudarla en sus dificultades. Ése es el motivo por el que la empatía suele vincularse habitualmente a la compasión, o la capacidad de aliviar el sufrimiento ajeno.

Todos nosotros hemos experimentado momentos de empatía en los que hemos sentido realmente por lo que estaba pasando otra persona o hemos comprendido su situación; es posible que también hayamos sentido el natural impulso de ayudar. Dado que somos capaces de percibir los dilemas personales de los demás, podemos pensar que sabemos cómo ayudarles a resolver sus conflictos. No obstante, la empatía también puede llevarnos en otras direcciones, sacándonos de nuestra zona de confort y haciéndonos adentrarnos en un terreno que no siempre es considerado «normal».

Algunas personas empáticas establecen unos lazos tan profundos con otras personas que, en cierto modo, se convierten en esa persona, y esta situación puede ir más allá del terreno emocional o intelectual. Puede que lleguen a hacer suyas secuelas físicas o experiencias de la infancia ajenas. Incluso es posible que puedan conectar con acontecimientos futuros, desde catástrofes a ascensos de trabajo o tareas cotidianas. De hecho, en una ocasión tuve una clienta tan empática con su hija que un día movió cielo y tierra para poder hablar por teléfono con ella. Cuando lo consiguió, le soltó frenéticamente: «Piénsatelo dos veces antes de cortarte el pelo. Te costará mucho mantenerlo».

La hija había estado dándole vueltas a la idea de cortarse el pelo al estilo colmena de los años sesenta pero no le había dicho nada a su madre. Mientras tanto, la madre llevaba días imaginándose a sí misma con el pelo en forma de cono anticuado, obsesionada con lo difícil que sería mantener la forma perfecta y controlada. La madre había adoptado literalmente la fantasía cosmética de la hija, y cuando finalmente se dio cuenta de que estaba empatizando con la idea de su hija y que no era suya, corrió a evitar una desgracia, o al menos que su hija cometiera un error con su cabello.

Como vemos en este ejemplo, existen muchos tipos de empatía. Podemos percibir los futuros potenciales, pensamientos, sentimientos y necesidades de otro, pero a veces ese «otro» ni siquiera es una persona. Ciertos tipos empáticos tienen un amplio rango relacional de movimiento. A veces pasan de percibir un aspecto de otra persona a percibir el movimiento de un planeta, los sentimientos de un animal o los recuerdos capturados en un objeto.

En una ocasión trabajé con un joven —me referiré a él como James— que podía percibir la energía en los juguetes. Con sólo coger uno que hubiera estado en manos de otro niño era capaz de adoptar su sentido de la realidad.

Esa empatía sensorial extrema le permitía a James comprender de una forma profunda las necesidades y la vida de otros niños. Sus serios ojos marrones relucían mientras me explicaba el día que había cogido la muñeca de una niña durante una exposición oral en primaria y había descubierto que la madre de la niña estaba muy enferma.

—Abby necesitaba que la abrazaran –me explicó James–. De modo que lo hice, y aquello le ayudó mucho.

En otras ocasiones, sin embargo, James se sentía sobrecargado.

—A veces no quiero saber cosas de los otros niños –me dijo–. Sobre todo si no me caen bien.

Como James descubrió a tan corta edad, la empatía tiene sus contrapartidas. Podemos convertirnos en lo que percibimos, tal vez en detrimento propio, como en el caso de una mujer a la que atendí que era tan empática que se negaba a salir de casa.

—No puedo evitar saber por lo que están pasando las personas con las que me encuentro –se quejaba–. Una vez me senté en el autobús al lado de un indigente y me sentí tan maltratada por la sociedad como él.

Sus dones empáticos le provocaban un gran malestar. Su relato sobre su percepción empática del indigente terminó con la siguiente observación:

—Recibí una dosis de la desgracia que conlleva la humillación y el ridículo diario. No sólo sentí toda su tristeza, también sentí la presencia de espíritus oscuros a su alrededor que le decían que se lo tenía merecido.

Los dones psíquicos de la empatía pueden resultar asombrosamente brillantes y reveladores, pero también abrumadoramente exigentes y desconcertantes. En resumidas cuentas, la sutil experiencia de la empatía me recuerda al conmovedor poema de Walt Whitman titulado «Había un niño que salía», el cual empieza así:

Había un niño que salía cada día,
y lo primero que miraba, en eso se convertía,
y eso formaba parte de él por aquel día o parte de aquel día,
o por muchos años o sucesivos ciclos de años.

En lo más profundo de nosotros mismos yace la capacidad de convertirnos en algo que no somos: contener esa energía –el sentimiento que nos provoca, su percepción y sustancia– durante un día o parte de un día o quizá incluso por más tiempo. Ése es nuestro ser empático.

A lo largo del libro, exploraremos la empatía desde distintos ángulos, entre éstos, su condición de capacidad bioquímica, según las evidencias fisiológicas, y la función empática como pacto social, es decir, la forma de promover la seguridad dentro de la tribu. En primer lugar, no obstante, es importante conocer la esfera sutil empática en su nivel más alto, esto es, los dones espirituales que nos permiten captar e interpretar de una forma intuitiva la información que recibimos desde más allá de nosotros mismos y enviar mensajes espirituales hacia el exterior. Como suele afirmarse, somos seres espirituales que estamos en este mundo para tener una experiencia física. La empatía es una senda vital para transformar continuamente nuestras experiencias físicas en lecciones espirituales.

Capacidades empáticas en tanto dones espirituales

Prácticamente todas las religiones y culturas hacen hincapié en nuestra naturaleza espiritual. Somos seres espirituales que viajan por el universo a través de nuestra alma; nuestro cuerpo es un templo para dichos aspectos divinos de nosotros mismos. Nuestros dones espirituales son los conductos que enlazan los elementos más espirituales de nuestro auténtico ser con los aspectos concretos y terrenales de nuestra naturaleza material.

Existen diversos términos para describir los dones espirituales: psiquismo, intuición, misticismo, capacidades sutiles, percepción extrasensorial, supernatural, paranormal, sexto sentido y capacidades energéticas. De entre todos éstos, me gusta especialmente el último porque define mejor nuestra habilidad para conectar con situaciones, personas, objetos y fuerzas celestiales –pasadas, presentes y futuras– de forma inexplicable. Lo hacemos a través de la energía. Somos capaces de percibir lo que escapa a nuestros cinco sentidos comunes porque estamos hechos de energía.

La energía no es más que información en movimiento. Todo lo que existe en la realidad de tres dimensiones está hecho de energía. El teléfono, por ejemplo. Es un teléfono porque la información codificada en el interior de su estructura molecular y energética le dice que es un teléfono. ¿Las voces que oyes a través del teléfono? Están compuestas de energía, o información, que se mueve a una determinada velocidad.

Más allá de nuestros puntos de referencia habituales, existe muchísima energía que no es mesurable como lo es el peso de un teléfono o el sonido de la voz de otra persona. Ésta es la energía espiritual o psíquica a la que nos conectamos gracias a nuestros dones espirituales.

Por supuesto, en cualquier momento dado recibimos y enviamos multitud de mensajes a través de los cinco sentidos habituales. Observamos el mundo a través de nuestros propios ojos. Oímos a los pájaros y a los grillos porque nuestro nervio auditivo es capaz de conectar con el sonido que producen estas criaturas. Esperamos con ansia una comida que desprende un aroma intenso y apetecible y, después, la disfrutamos con idéntica satisfacción. Y sabemos que alguien nos ama cuando nos acarician el pelo o la piel de una forma determinada.

Nuestros dones espirituales, sin embargo, nos conectan a una energía o a una información que queda fuera del alcance de nuestros cinco sentidos. Gracias a estos dones, somos capaces de acceder a información y a rastrearla que se mueve más rápido que la velocidad de la luz, que nos conecta con personas que no conocemos o nos permite establecer lazos con alguien que vive en la otra punta del mundo; información que a veces proviene de un futuro que ni siquiera imaginamos. Nuestros dones espirituales nos permiten obtener un conocimiento intuitivo de la Divinidad y experimentar, por ejemplo, qué se siente al surcar el aire como un halcón o al excavar una madriguera como un conejo.

Nuestros dones espirituales no están separados de nuestras capacidades sensoriales. De hecho, no podríamos oír el susurro de Dios o recibir un sueño premonitorio o simplemente «saber» cuando debemos preocuparnos por un amigo si no fuéramos capaces de descifrar la información espiritual sutil con nuestro cuerpo. La energía es energía. Un pensamiento es un pensamiento. Nos es muy sencillo separar claramente la realidad: la espiritual por un lado y la física por el otro. Debemos entender que las dos «mitades» son sencillamente formas interconectadas de percibir el mismo continuo. Una comparación biológica de esto sería el trasvase de información que tiene lugar a través de la estructura molecular de nuestro ADN: la doble hélice.

En resumidas cuentas, somos seres espirituales que deben transformar continuamente la energía espiritual en física, y seres físicos capaces de convertir en espiritual nuestra energía física.

En muchos aspectos, no somos tan distintos de los ordenadores. Nuestros cuerpos son como portátiles 3D compactos y eficientes capaces de recibir y almacenar datos y recuperarlos. Sin embargo, su *software*, su programación, es la que determina a qué tipo de información va a acceder.

Una parte de dicha información se introduce manualmente, algo parecido a como funciona un procesador de texto. Podemos comparar dicho proceso al uso de energía o información sensorial. Sin embargo, otros tipos de información aparecen espontáneamente, como un correo electrónico o un mensaje instantáneo. Esta información, la cual debemos seguir descifrando a través de nuestros sentidos habituales, tiene mucho en común con la energía psíquica o espiritual. Se mueve más deprisa y, cuando la percibimos a través de nuestros filtros habituales, nos da la sensación de que viaja mágicamente.

En resumidas cuentas, mientras nuestro ser espiritual puede enviar mensajes instantáneos, nuestro ser físico funciona manualmente.

Las tres categorías de los dones espirituales

Como hemos señalado anteriormente, existen tres formas básicas de dones espirituales relacionados con la empatía: los mecanismos psíquicos que envían los mensajes instantáneos.

La primera categoría está compuesta por los dones empáticos físicos mediante los cuales percibimos la empatía físicamente. Existen cinco dones físicos: el sentido claro (clarisentencia), el cual puede manifestarse emocional o mentalmente; el gusto claro (clarigusto); el olfato claro (clariolfato); el tacto claro (claritacto) y el conocimiento claro (clariconocimiento).

Las otras dos categorías son la visión clara (clarividencia) y la audiencia clara (clariaudiencia), las cuales, como ya he indicado en la introducción, considera un conjunto, o familia, de dones porque cada una de ellas puede manifestarse de distintas formas. Una persona con el don de la clarividencia, por ejemplo, puede recibir visiones mientras está despierto o dormido, revelaciones pictóricas o imágenes imaginativas que ofrecen conocimiento o inspiración.

Cada una de estas familias de dones nos permiten recibir y compartir información que puede viajar hacia atrás o hacia adelante en el tiempo, descubrir lo que aparentemente puede parecer inescrutable y provocar cambios sin mover un dedo.

Es posible que pienses que no posees ninguno de estos dones. ¡Sorpresa! Estás equivocado. Todos tenemos la capacidad de trasmitir información espiritual o psíquica; el problema es que no siempre somos conscientes de estar haciéndolo. Tal vez no te han enseñado a reconocer o etiquetar dicha información espiritual, o quizá te dé miedo y has decidido ignorarla. O tal vez te muevas en el otro lado del espectro y, habitualmente, te sientas más abrumado que bendecido por la información espiritual. En cualquier caso, todos nacemos con la capacidad de enviar, recibir, descifrar y manipular la energía espiritual.

Sin embargo, debido a una confusión muy común, son muchas las personas que piensan que no poseen ningún don espiritual porque los suyos entran dentro de la categoría de la empatía física. La clarividencia es, obviamente, un don espiritual; después de todo, las personas clarividentes son capaces de percibir imágenes que nadie más puede ver. A lo largo de la historia, desde reyes a mendigos han recurrido a clarividentes –a veces denominados oráculos o adivinos– para solucionar sus preocupaciones mediante su capacidad de introspección. Las imágenes clarividentes continúan considerándose visiones divinas, instrumentos de la revelación mediante los cuales conducir nuestras vidas. Son dones con una enorme presencia en la cultura popular del momento.

Aunque la clariaudiencia también goza de una gran popularidad, incluso en la televisión, puede que estemos menos familiarizados con el término clariaudiencia y más con otras palabras con las que se suele describir a las personas que poseen dicho don: médiums, transmédiums, canalizadores y personas con el don de la telepatía. Estas personas pueden leer la mente, hablar con los muertos o transmitir mensajes desde el «más allá».

Estos dones tan «glamurosos» a menudo eclipsan a sus parientes físicos, cuyas capacidades mundanas a veces pueden resultar frívolas o pedantes al compararlas con las pretenciosas imágenes o revelaciones que acompañan normalmente a los dones de la clariaudiencia y la clarividencia. No obstante, la capacidad empática, pese a su naturaleza sutil, es igualmente importante.

Como veremos en el siguiente capítulo, la empatía depende completamente de nuestro cuerpo material. Esto significa que, al conectar empáticamente, también lo estamos haciendo con los aspectos físicos de la vida. La empatía fomenta la vinculación emocional y, por tanto, impulsa nuestro objetivo espiritual último: aprenderlo todo sobre el amor. Y todas las formas de la empatía nos invitan a ir más allá de nuestro ser individual, expandirnos más allá de nuestro ego y alcanzar la conciencia superior.

En los círculos espirituales, sin embargo, los dones empáticos físicos suelen considerarse menos elevados que la clarividencia y la clariaudiencia, los dones más conocidos. Esta visión sesgada puede provocar que una persona con una intensa experiencia de empatía física se sienta «inferior». Hasta que no superemos esta falsa presunción, tendremos dificultades para acceder a nuestra empatía y desarrollarla, independientemente de qué dones tengamos más desarrollados.

Todos los dones espirituales nacen iguales

La mayoría de las personas empáticas con las que me relaciono se sienten confundidas o incómodas por no ser clarividentes o clariaudientes. Incluso aquellos que poseen los tres dones pueden menospreciar sus habilidades empáticas físicas en comparación con sus capacidades visuales o verbales.

—¿No podría suprimir mis dones empáticos físicos y simplemente ver imágenes? –me preguntó uno de mis alumnos de intuición–. Es mucho más fácil.

Puedo entender los sentimientos de confusión e incluso de ligero menosprecio ya que yo también tuve una actitud semejante en el pasado. La empatía física suele dejarnos más perplejos que receptivos y más confusos que convencidos. Existe una razón muy simple para explicarlo: a veces resulta muy difícil separar las sensaciones empáticas de las reacciones personales. Por el contrario, es mucho más fácil visualizar una imagen psíquica u oír un mensaje intuitivo y saber que no proviene de nuestro interior.

Por ejemplo, piensa en la última vez que estabas de buen humor antes de empezar a hablar con alguien que estaba enfadado. De repente te diste cuenta de que tú también estabas enfadado, aunque en aquel momento no tuviste la sensación de que tu estado de ánimo hubiera cambiado. Es posible que no relacionaras tu cambio de actitud con lo que, en realidad, no es más que un don que debes asumir y desarrollar: la capacidad de sentir lo que otras personas están experimentando.

El cuerpo que percibe lo que otra persona está experimentando es el tuyo. Puede resultar muy difícil distinguir qué sensaciones físicas, respuestas, emociones o percepciones se originan en nuestro interior de las que provienen de otra persona (o cosa). Es posible que ahora entiendas mejor por qué recibir una imagen o un mensaje puede parecer más sencillo y evidente.

De modo que la información empática puede desconcertarnos o afectar nuestra autoestima. También puede ser más difícil confiar en la información empática física que en los datos que recibimos a través de la clarividencia o la clariaudiencia. En pocas palabras, procesar la información cenestésica (percibida por el cuerpo) supone un mayor desafío que hacerlo con información visual o verbal.

Imagina que le dices a tu jefe que su punto de vista respecto a un proyecto no va a funcionar (supongamos que estás dispuesto a hablar sin tapujos). No resulta demasiado convincente decir algo como «no me parece adecuado» o «tu idea me revuelve el estómago». Compara esto a «veo tu proyecto derrumbándose» o «si me pides mi opinión, creo que deberíamos encontrar otro método».

Aunque los dones de clarividencia y clariaudiencia puedan parecer más llamativos o espectaculares, las sensaciones empáticas físicas revelan mejor que nada aquello que nos convierte en seres humanos: los sentidos, sentimientos, conciencia, vínculos y conocimientos. Básicamente nos ayudan a convertirnos en lo que realmente somos, esto es, seres divinos que exploran la experiencia humana, la cual se basa en el amor o conexión. Y, por supuesto, la empatía acompañada de una imagen o una palabra acentúa nuestra capacidad de comprender lo que nuestra clarividencia y clariaudiencia comparte con nosotros.

¿Puede haber un mayor acto de amor que percibir la alegría o la desesperación ajenas? ¿Saber cómo se siente o qué necesita el otro? ¿Conectar con la esfera natural y espiritual? ¿Conectar con alguien de un modo tan completo que lleguemos a convertirnos en un mismo ser? La empatía cenestésica es la que nos permite conectar con alguien o algo sin perdernos a nosotros mismos en el proceso, promoviendo al mismo tiempo la cualidad probablemente más importante del universo: la compasión.

De hecho, gracias a la compasión dispones del don de la empatía, y tu cuerpo es el vehículo ideal para la experiencia empática. En el capítulo 2 abordaremos el tema de la capacidad empática del cuerpo humano.

CAPÍTULO 2

Tu cuerpo empático: diseñado para conectar

*No temas que se borren del mundanal tablero
tu existencia y la mía. El eterno Saki
ha vertido del cántaro millones de gotas,
y aún seguirá vertiendo.*

Rubaiyat, OMAR KHAYYAM

En el fondo, muchos de nosotros nos sentimos aislados y solos. Estamos encerrados en nuestra piel, separados por la experiencia y envueltos en nuestra singularidad. Pero el mismo cuerpo que hace que la mayoría de nosotros nos sintamos individualizados, y algunas veces alienados, está programado, biológica y energéticamente, para la conexión.

A través de neuronas especiales y un espectro de fuerzas electromagnéticas, estamos equipados para relacionarnos con los diversos mundos que nos rodean: esferas de influencia tanto visibles como invisibles. Estamos «codificados» para la empatía y diseñados para compartir información a través de medios no físicos. Cada uno de nosotros somos una burbuja en un tazón de brillante luz líquida, al mismo tiempo separados y un reflejo de todas las demás facetas del universo.

En función de los dones empáticos, descritos en el capítulo anterior, que tengas más desarrollados, dichos nervios especiales y ondas electromagnéticas harán que entres en contacto con determinados puntos de referencia, lo que determinará tu estilo empático. ¿Estás diseñado para lo físico o lo emotivo? ¿Para la mente o las energías naturales? ¿Tu conciencia es básicamente espiritual o eres propenso al chamanismo, con diversas facetas como puntos de referencia? (En el capítulo 4 descubrirás las características de todos estos estilos empáticos).

En este capítulo nos embarcaremos en un viaje por la sabiduría de nuestro cuerpo, el cuerpo eléctrico, para poder comprender mejor las habilidades empáticas personales y su funcionamiento. Saber lo que ocurre en nuestro interior es la clave para una mejor comprensión y manejo de lo que sucede *fuera* de nosotros mismos.

Un rápido viaje al pasado

Te han regalado un viaje a Italia. Cuando subes al avión, te das cuenta de que el aparato no se parece en nada a los aviones que conoces: éste está diseñado para viajar en el tiempo.

Casi inmediatamente te llevan hasta un laboratorio de investigación, donde te invitan a observar lo que se ha convertido en un importante experimento que conducirá a una mayor comprensión de la empatía y la conexión.

Los científicos en esta sala se dedican a estudiar el comportamiento de macacos. Ya han descubierto que cuando un mono realiza una determinada acción con la mano, las neuronas en su corteza motora muestran una gran actividad. Por ejemplo, ves como un mono alarga la mano para coger un cacahuete y, como resultado de ello, en las pantallas aparecen fuegos artificiales. Las células a ambos lados del cerebro del mono se disparan, provocando un zumbido audible a través de los dispositivos de control.

Estás presente en un día muy importante. Hoy, a uno de los científicos le entra hambre y coge un cacahuete. Uno de los monos observa cómo el científico alarga la mano; los nervios de su cerebro se disparan como si fuera él quien coge el fruto seco y no el científico. Las células del mono no pueden diferenciar entre estar observando como otro individuo hace algo y hacerlo él mismo.[1]

---

1. Carol Kinsey Goman: «The Body Language of Empathy», www.leehopkins.com/ckg-body-language-of-empathy.html

Mientras regresas a casa después de tu viaje en el tiempo, te dedicas a reflexionar sobre las implicaciones del descubrimiento. Si observar una actividad es lo mismo que realizarla, una persona puede aprender a hacer algo simplemente observando. Puedes mejorar tu *swing* viendo un programa de golf u observar a una pareja en actitud amorosa y aprender a ser más cariñoso en tus relaciones. Aún más importante, puedes verte reflejado en lo que les ocurre a otras personas o en otras influencias más allá de ti; de hecho, sus experiencias se convierten en las tuyas.

El experimento que acabamos de mencionar no es una invención, sino que tuvo lugar en 1992, y las observaciones de los científicos establecieron los fundamentos de nuestra comprensión científica contemporánea sobre la empatía. Dado que nuestros amigos los monos mostraron habilidades empáticas, denominamos *neuronas espejo* a las células nerviosas especiales que permiten la empatía, una designación muy adecuada para unos nervios que nos permiten reproducir las actividades de los demás. Sin embargo, estas neuronas espejo nos permiten hacer mucho más aparte de aprender y desarrollarnos; también reflejan las sensaciones y los sentimientos.

Las neuronas espejo podrían llamarse *neuronas empáticas,* y forman parte de un intrincado y hermoso proceso mediante el cual podemos vivir como los seres empáticos que somos. Para entender la base fisiológica de nuestros dones empáticos espirituales debemos comprender el funcionamiento de dichos nervios.

Tu cuerpo empático

Gracias a las neuronas espejo podemos recrear el estado emocional o sensorial de la mente y el cuerpo de otra persona. Lo que le sucede a otra persona se transfiere a nosotros como si tuviéramos la misma experiencia. Los científicos especializados han obtenido fascinantes resultados.

Por ejemplo, los investigadores analizaron qué sucede cuando un sujeto humano observa a otro que agita la mano, primero en un gesto amable y luego más bruscamente. Aunque ninguno de los dos gestos iba dirigido al observador, en el curso de diversos emparejamientos y repeticiones, los cerebros de las personas que observaban el gesto más brusco experimentaron un nivel de agitación similar al que experimentan los receptores de éste.[2]

Dicho proceso a veces se denomina circuito paralelo, lo que significa que nuestras reacciones reproducen lo que otra persona está experimentando, haciendo o sintiendo. Los nervios particulares que componen este circuito actúan como una especie de wifi neuronal que controla lo que les ocurre a los demás. Gracias a esta wifi de neuronas espejo, podemos evaluar inconsciente e instantáneamente los sentimientos, movimientos e incluso intenciones de los demás.

Daniel Goleman, experto en inteligencia emocional, compara dicho sistema de conexión con una especie de cerebro social, un término apropiado para un sistema que nos permite percibir lo que les ocurre a los otros.[3] Aunque se trata de un sistema automático, que siempre está «encendido», algunos estudios sugieren que es más activo cuando prestamos atención a una actividad en lugar de observarla pasivamente. *Esto significa que podemos ser más empáticos cuando* tratamos *de ser empáticos.*[4] Una consecuencia importante de esto es que podemos activar la empatía *dentro de nosotros mismos.* Por tanto, si por algún motivo nuestras capacidades empáticas están reprimidas o dañadas, podemos tomar la decisión consciente de madurar como seres empáticos capaces de ayudarse a sí mismos y a los demás con amor y compasión.

Una breve inmersión en la bioquímica de la empatía

En la búsqueda por comprender mejor el papel de nuestro cuerpo energético en la experiencia empática, puede resultar muy útil familiarizarse con los aspectos bioquímicos implicados en el proceso. Nuestras neuronas espejo no son el único factor biológico involucrado en la creación de la empatía. Existen otros componentes clave, como determinadas partes de nuestro cerebro y ciertas funciones endocrinas. Cada vez resulta más

2. *Ibid.*

3. Daniel Goleman: «Mirror Neurons», http://blog.gaiam.com/quotes/topics/mirror-neurons

4. Society for Neuroscience: «Mirror, Mirror in the Brain: Mirror Neurons, Self-Understanding, and Autism Research», http://tinyurl.com/qcv5yc

evidente que determinados estados cerebrales mejoran la empatía y otros la limitan. Por ejemplo, según una investigación llevada a cabo por la Universidad de Wisconsin, la meditación de la compasión, una forma de meditación budista, parece aumentar la empatía.

Los investigadores de la Universidad de Wisconsin mezclaron a estudiantes de meditación principiantes y expertos y los expusieron a sonidos que estimulaban sus emociones, tanto positivas como negativas. Descubrieron que todos los sonidos emocionales hacían que los alumnos ampliaran y activaran las secciones límbicas del cerebro, las zonas responsables del impulso de luchar, huir o quedarse inmóvil. También obtuvieron respuesta de otras partes del cerebro asociadas al instinto de supervivencia. En general, sin embargo, los estudiantes de meditación más avanzados reaccionaron más a la estimulación emocional negativa que los principiantes, aunque los primeros también mostraron un mayor interés por dejar una impronta positiva. ¡Y todo esto con una simple reacción al sonido!

En resumidas cuentas, los investigadores concluyeron que la empatía está altamente orientada hacia los sistemas emocionales y de lucha o huida y parece ser innata. Si bien la meditación puede aumentar las reacciones empáticas de una persona, todos los sujetos del mencionado estudio fueron capaces de reaccionar a los generadores emocionales simplemente porque nuestro cerebro está diseñado para ello.[5]

Otros estudios sugieren que nuestras neuronas espejo, cerebro y sistema endocrino trabajan juntos para crear una matriz corporal que fomenta la empatía y la compasión. Dicho de otro modo, debido a que las glándulas endocrinas están distribuidas por todo nuestro cuerpo, nuestro organismo se erige en una herramienta empática. En un apasionante artículo científico titulado «*Rewarding Altruism*» (La recompensa del altruismo), Mariana Lozada, Paola D'Adamo y Miguel Ángel Fuentes examinan los estudios interdisciplinares que respaldan esta idea.[6]

Una de las conclusiones del mencionado estudio es que el cuerpo humano es un complejo tapiz orientado tanto a la empatía como a uno de

---

5.   A. Lutz, J. Brefczynski-Lewis y T. Johnstone, *et al.* (2008): «Regulation of the Neural Circuitry of Emotion by Compassion Meditation: Effects of Meditative Expertise». *PLOS One;* 3(3):e1897.
6.   Mariana Lozada, Paola D'Adamo, y Miguel Ángel Fuentes: «Rewarding Altruism», www.santafe.edu/media/workingpapers/10-07-014.pdf

us efectos potenciales: el altruismo, esto es, el acto de hacer el bien de forma desinteresada. El altruismo y la compasión son primos hermanos, ya que ambas tendencias conducen a un orden social armónico y a unas interacciones cordiales. En cierto sentido, podríamos definir al altruismo como la compasión en acción. Sin embargo, la configuración de la empatía en el objetivo final del altruismo requiere que los tres sistemas biológicos (sistema nervioso, determinadas zonas del cerebro y funciones endocrinas) actúen al unísono.

Lo que resulta especialmente interesante es el descubrimiento de que no todos los componentes que participan en la empatía están centralizados en el cerebro. Sí, las neuronas espejo y las zonas del cerebro relacionadas con las emociones están en la cabeza, pero las hormonas y los neuropéptidos se mueven por todo el cuerpo, transportados por el flujo sanguíneo y otros fluidos corporales. Hasta el momento, la ciencia ha identificado más de noventa neuropéptidos que ayudan a regular el estado de ánimo, además de realizar otras funciones, como calibrar la presión arterial y controlar el sistema inmunitario.[7] Sin embargo, otros péptidos, o cadenas de proteínas, que forman hormonas son los responsables directos del amor y los lazos afectivos.

La oxitocina, la dopamina y la serotonina son tres de las hormonas más importantes para el establecimiento de lazos afectivos, un aspecto fundamental de la empatía y también de la posterior decisión de ser compasivo o altruista. La oxitocina, a menudo denominada «hormona del amor», de hecho, aumenta cuando cooperamos con otros. Aunque esta hormona se produce en el cerebro y es liberada por la glándula pituitaria, también se ha encontrado oxitocina en el corazón junto con sus receptores.[8] La oxitocina es un péptido formado por nueve aminoácidos que fomenta los comportamientos sociales, creando lazos de unión entre los miembros de un grupo. También refuerza la capacidad de relacionarnos y preocuparnos por los demás y promueve los comportamientos de ayuda mutua.

---

7. Arien Van der Merwe: «Neuropeptides: The Molecules of Emotions», www.healthstresswellness.com/index.asp?pgid=72
8. N. J. Cicutti, C. E. Smyth, O. P. Rosaeg, y M. Wilkinson: «Oxytocin Receptor Binding in Rat and Human Heart», BioInfoBank Library, http://lib.bioinfo.pl/paper:10579742

¡Un estudio incluso demostró que las personas a las que se les administraba oxitocina eran más proclives a hacer donaciones![9] Otro estudio puso de manifiesto que la hormona era un tratamiento potencialmente efectivo para muchos síntomas del autismo, como las dificultades del habla y los comportamientos repetitivos, al tiempo que aumentaba la vinculación emocional en las personas con dicha enfermedad.[10] En este mismo sentido, tanto la dopamina como la serotonina, otras dos hormonas que desempeñan un importante papel en la vinculación afectiva, fomentan (y pueden ser el resultado de) el comportamiento cooperativo de los individuos, así como la cooperación social.[11]

Otra conclusión importante que podemos extraer del estudio «La recompensa del altruismo», aparte del fascinante descubrimiento de que nuestro cuerpo está intrincadamente codificado para la empatía, es que guiar nuestra vida mediante la empatía en realidad es bueno para nosotros. Como revelan diversos estudios, actuar empáticamente, ser altruista y compasivo, de hecho, nos ayuda a reducir el estrés.

Al parecer, cuando reconocemos el estrés de manera empática en otra persona y tratamos de aliviarlo, nuestras propias hormonas del estrés disminuyen. Mejora nuestro sistema inmunológico y sufrimos menos infecciones virales y menos graves; gozamos de un mejor ritmo cardíaco, menor presión arterial, niveles de colesterol más bajos y otros indicadores importantes de buena salud. La empatía efectiva –acciones positivas basadas en percepciones empáticas– tiene efectos muy beneficiosos sobre los niveles de estrés, la inmunidad y la esperanza de vida.

---

9. Lozada, *et al.*: «Rewarding Altruism», 2-5.

10. J. A. Bartz y E. Hollander (2008): «Oxytocin and Experimental Therapeutics in Autism Spectrum Disorders», *Progress in Brain Research* 170: 451-62.

S. Jacob, C. W. Brune, C. S. Carter, B. L. Leventhal, C. Lord, y E. H. Cook (2007): «Association of the Oxytocin Receptor Gene (OXTR) in Caucasian Children and Adolescents with Autism», *Neuroscience Letters* 417, 1 (Abril): 6-9.

A. J. Guastella, E. L. Einfeld, K. Gray, N. Rinehart, B. Tonge, T. J. Lambert, y I. B. Hickie (2010): «Intranasal Oxytocin Improves Emotion Recognition for Youth with Autism Spectrum Disorders», *Biological Psychiatry* 67, 7 (Abril): 692-4.

11. Lozada, *et al.*: «Rewarding Altruism», 2-5.

EXPLORACIÓN EMPÁTICA 2. ¿Qué sientes en tu cuerpo?

Dado que todos estamos diseñados físicamente para la empatía, todos la hemos experimentado en nuestro propio cuerpo. Es posible que hayas sentido las emociones, anhelos o conciencia de otra persona en el abdomen, la nariz, los pies o el corazón. Dedica unos momentos a recordar la última vez qué sentiste lo que le estaba ocurriendo a otra persona (o cosa). ¿En qué parte del cuerpo sentiste esa información empática? ¿Sentiste calor, frío, una sensación pesada, ligera o simplemente distinta? ¿Cómo te diste cuenta? ¿La experiencia te dice algo sobre ti mismo?

El contrato social: por qué estamos programados «como lo estamos»

Si bien es obvio que estamos programados para la empatía e incluso para las formas superiores del amor, incluida la compasión (como veremos en el capítulo 3), no está de más preguntarnos por qué es así.

¿Por qué estamos programados para lo que podríamos denominar «amor interactivo»?

La mayoría de los investigadores sociales creen que la empatía asegura la supervivencia tanto personal como tribal. Esto adquiere sentido cuando entendemos las razones por las que los adultos están programados para la empatía. Gracias a la empatía, cuidamos de nuestros hijos, ayudamos a nuestros seres queridos y salvamos a los que están en apuros. No obstante, investigaciones recientes revelan que estamos programados *desde que nacemos* para ayudar a los miembros de nuestra familia. De hecho, los bebés muestran un comportamiento altruista, proporcionando comodidad, información y ayuda a los miembros de la familia. En efecto: los bebés echan una mano cuando sus padres están en apuros.

A primera vista, este gesto empático es bastante lógico. Los padres son nuestros parientes más cercanos. Tal vez estamos programados para cuidarlos porque esperamos que, a cambio, ellos nos cuiden a nosotros. Sin embargo, los niños pequeños también son capaces de mostrarse empáticos y altruistas incluso con individuos que no forman parte de su familia. Los experimentos demuestran que los niños entre uno y dos años tienden a compartir sus juguetes u otros objetos favoritos tanto con familiares como con personas desconocidas, y que los niños mayores, de entre seis y diez años, prefieren los juegos cooperativos a los competitivos.[12]

¿Estamos programados para la empatía simplemente porque obtenemos una recompensa si nos llevamos bien? No; estamos diseñados para la bondad por razones que van más allá de la supervivencia y el egoísmo. De hecho, un estudio demuestra que los niños de veinte meses tienen más probabilidades de ser altruistas cuando *no* obtienen una recompensa material por ser amables.[13]

Tanto la evidencia científica como los casos de los que se tiene conocimiento indican que el espíritu humano tiene la compulsión de ser amable por el mero hecho de serlo. Nuestra maquinaria empática es secundaria frente a ese impulso inherente.

Sin embargo, existen muchas causas que impiden a ciertas personas desarrollar la empatía o que distorsionan sus acciones empáticas y compasivas (para más información sobre el tema, consulta el apéndice 2 sobre personas con deficiencia empática). Aquí sólo destacaremos el emocionante descubrimiento según el cual todos estamos codificados con una suerte de programación innata y primordial para la bondad, empezando por la empatía.

No obstante, nuestro cuerpo es sólo un mecanismo más para el intercambio empático. Existe otro «cuerpo» además del físico, denominado cuerpo energético o anatomía energética. Para comprender bien cómo se transfiere la información de una persona a otra, debemos impartir una breve lección sobre energía.

El cuerpo eléctrico y el cuerpo magnético: cómo se transfiere la energía

Si bien la empatía requiere de la saludable interacción entre nuestras funciones neurológicas, cerebrales y endocrinas, su funcionamiento no se limita a una cadena bioquímica de pitidos de las neuronas espejo, esta-

---

12. *Ibid.*, 1-5.
13. *Ibid.*, 5.

llidos cerebrales y descargas hormonales. También se basa en la anatomía energética de nuestro cuerpo, un conjunto de sistemas basados en la energía que interconectan nuestro espíritu y nuestro cuerpo físico.

Nuestros sistemas energéticos, es decir, nuestros campos de energía, chakras y meridianos, son capaces de convertir la energía física o sensorial en energía espiritual, también denominada energía sutil o psíquica. Estos sistemas también funcionan en la otra dirección, transformando la energía psíquica en energía física.

Taimada, astuta, escurridiza y vibrante, la energía se transfiere de un lugar a otro porque somos seres energéticos. De hecho, según los conocimientos científicos de los que disponemos, la energía es la base tanto de lo vivo como de lo inerte.

Una de las razones por las que la gente empática puede percibir lo que le está ocurriendo a otras personas, lugares o seres en otras zonas horarias, lugares y dimensiones es que sus campos energéticos se extienden mucho más allá de su propio cuerpo físico.

Exploremos esto en términos personales.

Nuestro campo energético más básico se denomina campo electromagnético o CEM. Sin embargo, el CEM en realidad no es un único campo, sino que abarca las energías eléctricas y magnéticas que emanan de los átomos, las moléculas, las células y los órganos que componen nuestro ser físico. Todas las facetas de nuestro cuerpo emanan, comparten y generan electricidad. Somos un cuerpo eléctrico; en cierto sentido, somos como una bombilla gigante. La electricidad, a su vez, crea campos magnéticos. Las cargas eléctricas y los campos magnéticos resultantes se combinan para crear nuestro CEM general.

El corazón genera el CEM más extenso y de mayor alcance de nuestro cuerpo. El campo eléctrico del corazón es, aproximadamente, sesenta veces más amplio que el del cerebro, y su campo magnético, en comparación con el del cerebro, es casi cinco mil veces más poderoso.[14] Este campo se extiende, por lo menos, un metro más allá del cuerpo físico e interactúa con las funciones cognitivas de las personas que se encuentran a tu alrededor, de tal modo que el patrón de las frecuencias de tu propio

---

14. HeartMath: «The Heart Has Its Own 'Brain' and Consciousness», http://in5d.com/heart-has-brain-and-consciousness.html

corazón puede ser percibido por el cerebro de otra persona. La información sobre el estado emocional es especialmente intensa, y las personas próximas a nosotros a menudo son capaces de percibirlo. La investigación contrastada del HeartMath Institute revela que, aparte de las emociones, también transmitimos información codificada, como pensamientos y necesidades, e incluso el estado de ánimo o los problemas de salud.[15]

Las personas empáticas son conscientes de este intercambio energético. Saben que comparten información con personas, seres y objetos que se encuentran a más de un metro de distancia y acontecimientos que se producen aún más lejos. La física explica parcialmente este fenómeno mediante una teoría denominada entrelazamiento cuántico. Según esta teoría, los cuantos son partículas subatómicas que pueden coexistir en más de un lugar a la vez, además de viajar fuera del continuo espacio-temporal. El «entrelazamiento» se refiere a la idea de que una vez que dos partículas, personas u objetos se han conectado, quedan vinculados para siempre, independientemente de dónde o cuándo estén. Aquellos que creen en la existencia de las vidas pasadas también podrían afirmar que cualquier cosa o persona que hayamos conocido queda eternamente vinculada a nosotros.

De hecho, actualmente la ciencia puede corroborar esta teoría a través de estudios que demuestran que en cuanto dos partículas se entrelazan, permanecen conectadas mucho después de haberse separado. Cualquier tipo de actividad en una partícula produce un cambio idéntico en la otra, lo que sugeriría una tendencia empática. Si dos partículas pueden identificarse entre sí, incluso si se encuentran a una gran distancia una de otra, también pueden hacerlo dos personas (o una persona y un animal, una piedra o un objeto). Sin embargo, los efectos del entrelazamiento son aún más íntimos de lo que podría parecer.

Los científicos también han realizado hallazgos sobre entrelazamientos que superan los límites de nuestra comprensión normal del tiempo, por ejemplo, partículas que siguen entrelazadas después de haberse separado. Este fenómeno, que Einstein definió como «la espeluznante acción a distancia», sugiere que las acciones futuras pueden influir en

---

15. Rollin McCraty (2004): «The Energetic Heart: Bioelectromagnetic Communication Within and Between People». Capítulo publicado en *Clinical Applications of Bioelectromagnetic Medicine* (Nueva York: Marcel Dekker), 541-62.

los eventos pasados.[16] A modo de ejemplo, dos personas que, potencialmente, pueden conocerse «en el futuro», se ven atraídas la una hacia la otra en el presente.

Existe otra teoría que puede ayudarnos a comprender mejor las conexiones a través del tiempo y el espacio. Los experimentos también han demostrado que podemos compartir información del CEM de una persona (o de un ser) con otra, transfiriendo de este modo la información como si pasáramos el relevo en una carrera de relevos. El doctor Vlail Kaznacheyev, un científico ruso que dedicó veinte años a experimentar con el CEM, fue uno de los investigadores en proponer dicha teoría, y descubrió que los biofotones (partículas luminosas de baja intensidad) pueden transportar información de un campo corporal (otra forma de referirse a los campos electromagnéticos de un cuerpo) a otro en un período de aproximadamente cuarenta y ocho horas. Sus experimentos también revelaron que los virus y el estrés pueden propagarse (empáticamente) de una persona a otra. En total, el doctor Vlail Kaznacheyev llevó a cabo doce mil experimentos para defender su teoría de que los campos corporales pueden vincularnos a otras personas como si todos formásemos parte de un rompecabezas gigante.[17]

Es importante señalar que una de las razones por las cuales no somos conscientes de esta interconectividad es que, a través de nuestros sentidos físicos, sólo podemos percibir una ínfima parte de la realidad. Nuestros ojos, por ejemplo, sólo pueden percibir la fracción visible del espectro electromagnético, o luz, la cual representa menos del 2 por 100 de todo el espectro.[18] Esto significa que cuando miramos algo o a alguien, sólo estamos viendo la superficie relativamente sólida de dicha persona u objeto,

---

16. Clara Moskowitz: «Weird! Quantum Engtanglement Can Reach into the Past», www.livescience.com/19975-spooky-quantum-entanglement.html

17. NES Health: «Finding a Framework for Energetic Medicine», http://tinyurl.com/om9klqg
    R. W. Hunt, et al.: «Electromagnetic Biostimulation of Living Cultures for Biotechnology, Biofuel and Bioenergy Applications», *International Journal of Molecular Sciences*, http://tinyurl.com/n7ag4mo
    The Vatic Project: «The Kaznacheyev Experiments—ELM's Cause Disease in Cells?» http://tinyurl.com/lkty8qy

18. Ken Costello: «Nature of Light and a Modern View of the Atom», http://tinyurl.com/kn8gqjq

pero no lo que ocurre bajo la superficie o lo que emana de ellos. Es probable que no seamos más, ni menos, que campos oscilantes de luz: una energía elegante y libre. Parpadeamos y nos conectamos con alguien o con otro lugar. Volvemos a parpadear y recibimos y enviamos un mensaje.

Capas áuricas, chakras y meridianos: otros canales energéticos

Existe un conjunto especial de campos electromagnéticos que se extiende, como mínimo, a diez metros de nuestro cuerpo, y que también se adentra en territorios y reinos místicos. Son las denominadas capas áuricas, las cuales forman parte del campo áurico.

Numerosos expertos y profesionales esotéricos sostienen que tenemos entre siete y doce capas áuricas; yo soy partidaria de la última teoría. Cada capa nos protege y filtra diferentes tipos de información mientras transmitimos determinados datos al mundo circundante. (*Véase* figura en la siguiente página).

Estoy convencida de que cada uno de estos campos áuricos es una extensión de otro conjunto de cuerpos energéticos: los chakras. Siete de nuestros chakras están situados en el cuerpo, y cada uno de ellos está vinculado a una glándula endocrina específica y a una sección de nuestra columna vertebral. Yo trabajo con un sistema que sitúa cinco chakras adicionales más allá de nuestro cuerpo físico.

Los chakras son como vórtices giratorios de luz. Tal y como las imagino, dichas ondas energéticas se arremolinan para formar las capas áuricas, creando su propio campo gemelo alrededor del cuerpo. Cada chakra, y su campo áurico asociado, actúa según un determinado espectro o vibración de energía, y rige un conjunto específico de intereses. Básicamente, los chakras contienen nuestros programas y problemas, y las capas áuricas son las responsables de comunicarlos al mundo.

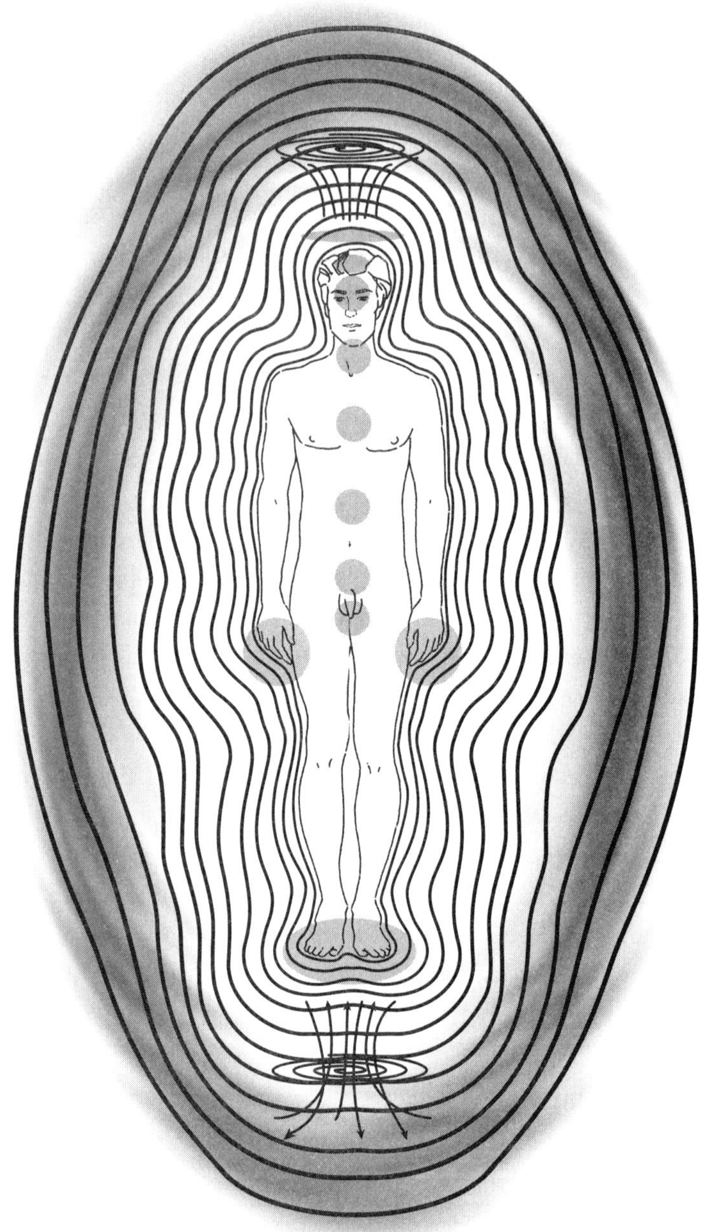

Figura: Los doce chakras y las capas áuricas

En el dibujo se muestran los doce chakras (indicados con círculos sombreados) y sus correspondientes capas áuricas que rodean el cuerpo. Cada uno de los doce chakras presenta un conjunto de habilidades psíquicas.

Existe otro sistema energético que complementa esta labor, denominado meridianos en los sistemas de medicina asiática y *nadis* en los hindús. Los meridianos son ríos o canales de energía que fluyen a través del cuerpo, llevando energía sutil a todas las partes de éste. En su curso, circulan a través de los chakras descargando y recogiendo la energía que posteriormente compartirán todos los chakras y, a través de ellos, las capas áuricas.

A continuación, se ofrece más información detallada.

La anatomía sutil: chakras y campos áuricos como parte de la ecuación empática

Los chakras son órganos de energía que transforman la información sensorial en energía sutil y viceversa. Tanto los chakras como sus socios, las capas áuricas, son un valioso recurso para recopilar y enviar información empática.

Como he mencionado anteriormente, utilizo un sistema de doce chakras. Cada uno de estos doce chakras está conectado al cuerpo a través de un órgano endocrino. Los siete chakras con base física también están unidos a la columna vertebral. Cada chakra es una franja de energía en forma de remolino que emana tanto delante como detrás de nosotros, y también horizontalmente a nuestro alrededor.

Cada chakra regula una parte determinada del cuerpo, además de facultades emocionales, mentales, relacionales, espirituales e intuitivas específicas. Cada uno de ellos capta la información que más le conviene no sólo proveniente de otras personas, sino también de otros seres vivos dotados de sentidos. Determinados chakras también tienen la capacidad de sintonizar con acontecimientos, problemas espirituales o cuestiones sobrenaturales, mientras que otros son más receptivos a los mensajes verbales o visuales. Debido a que la función de los chakras no está restringida al aquí y al ahora, sirven como antenas que se conectan a información remota, como períodos de tiempo anteriores, realidades paralelas o concurrentes, futuros potenciales o incluso los pequeños cambios en la vida de una persona que se encuentra a miles de kilómetros de distancia.

Uno de los mecanismos de dicha receptividad, y también para la extraordinaria capacidad empática que nos permite enviar energía (la cual describiremos en el capítulo 4), es el campo áurico, que consta de doce capas áuricas, cada una de ellas vinculada a uno de los doce chakras. No sólo estamos rodeados por una serie de campos electromagnéticos, también lo estamos por una serie de franjas de luz palpitante y envolvente.

Básicamente, cada uno de nuestros chakras está asociado a su capa áurica correspondiente. A modo de ejemplo, el primer chakra (situado en el área de la cadera y la pelvis) interactúa con el primer campo áurico, en la parte exterior e inmediatamente interior de la piel. El segundo chakra está vinculado con el segundo campo áurico, y así sucesivamente. En lugar de visualizar los chakras separados pero conectados a su capa áurica respectiva, deberíamos imaginarlos formando parte de la misma madeja o rollo de tela. La energía relativamente condensada de los chakras, tanto en el interior como el exterior del cuerpo, fluye a través de éste, dando forma a su par áurico. Esto significa que lo que ocurre en el campo áurico tiene su reflejo en su chakra respectivo y viceversa.

Aunque antes he mencionado que el campo áurico puede extenderse hasta una distancia de diez metros del cuerpo, su alcance es prácticamente infinito. Sus ondas oscilantes de energía sutil pueden alcanzar el cielo y el mar y fluir a través del cuerpo de un caracol o una brizna de hierba en el otro extremo del planeta. Capaces de llegar a cualquier rincón del cosmos, estas ondas tampoco están limitadas por el tiempo ni el espacio. El pasado, el presente y el futuro son meras estaciones de paso para dichos campos itinerantes.

A través de su campo áurico respectivo, los chakras captan la información que les resulta más pertinente, y el campo áurico permite (o deniega) el paso de la energía con la que puede trabajar según su programación. Si el primer chakra está programado para recibir información sobre el bienestar físico de los demás, la primera capa áurica permitirá la entrada de dicha información, creando así una experiencia física empática. Si nuestro segundo chakra está codificado para sintonizar con las emociones de los demás, nuestra segunda capa áurica responderá y experimentaremos empatía emocional.

A continuación, presentamos una lista de los doce chakras y una breve explicación sobre el tipo de información que cada uno de ellos es capaz de recibir o transmitir. También se enumeran los estilos empáticos que habitualmente se relacionan con cada uno de los chakras y los tipos de

CHAKRAS	LOCALIZACIÓN	TIPO DE INFORMACIÓN	ESTILO EMPÁTICO	PERCEPCIONES ASOCIADAS
Primero	Caderas	Física y material	Físico	Clarigusto, clarisentencia y claritacto
Segundo	Abdomen	Emocional y creativa	Emocional	Clarisentencia
Tercero	Plexo solar	Mental e informativa	Mental	Clarisentencia y clariconocimiento
Cuarto	Corazón	Relacional y sanadora	Como es relacional, posiblemente todos los estilos empáticos y percepciones	
Quinto	Garganta	Educativa y verbal	Mental	Clariaudiencia
Sexto	Frente	Visual y visionaria	Mental	Clarividencia
Séptimo	Parte superior de la cabeza	Espiritual	Espiritual	Clarisentencia y clariconocimiento
Octavo	3 cm sobre la cabeza	Mística	Chamánico	Todas las percepciones (los chamanes también pueden acceder a todos los demás chakras)
Noveno	Distancia de un brazo sobre la cabeza	Basada en el alma	Espiritual	Clarisentencia y clariaudiencia
Décimo	45 cm bajo tierra	Basada en el medio ambiente y la naturaleza	Natural	Clarigusto, clarisentencia y claritacto
Undécimo	Alrededor del cuerpo	Natural y sobrenatural	Natural y físico	Clarisentencia y clariconocimiento
Duodécimo	El duodécimo chakra se sumerge en el duodécimo campo áurico y rodea los otros campos áuricos; es un límite para todo nuestro ser y refleja nuestra individualidad			

habilidades psíquicas (percepciones) vinculados a ellos. En el capítulo 4 trataremos estos seis estilos en mayor profundidad, de modo que tendrás la oportunidad de explorar qué estilo empático se ajusta más a tu experiencia. Asegúrate de volver a esta tabla más adelante para consultarla.

Los animales y las plantas también tienen cuerpos empáticos… y pueden ser compasivos

Dado que, a menudo, la empatía suele adscribirse únicamente a los seres humanos, a veces olvidamos hacernos la siguiente pregunta: ¿los animales y las plantas pueden ser empáticos? ¿Y compasivos?

Muchas personas empáticas saben que la respuesta a ambas preguntas es afirmativa. Debido a que son capaces de percibir las emociones de los animales y otros seres vivos —así como de plantas, árboles e incluso las energías naturales, cósmicas y sobrenaturales—, saben que no se equivocan. Dicha certeza se ve fortalecida cuando el objeto de su empatía responde a su percepción. De hecho, cualquier persona que alguna vez ha mantenido una relación de cariño con un animal doméstico sabe que muchos animales pueden ser empáticamente compasivos. En mi propio hogar, mi hijo Gabriel fue desde los cuatro años en adelante el amado hermano humano de dos perros únicos: Coco, un labrador color chocolate sordo y ciego que nos regalaron después de que la abandonaran en una carretera, y Honey, un golden retriever al que criamos desde que era un cachorro.

Cada vez que Gabe estaba enfadado, Honey se sentaba cerca de él y le lamía la cara. De hecho, Honey seguía a Gabe por toda la casa, lamiéndole mientras caminaba, hasta que Gabe se sentía mejor. Coco se sentaba a los pies de Gabe y se negaba a moverse hasta que éste dejaba de llorar. Aunque Honey y Coco murieron, hoy en día estamos bajo la vigilancia de un gigantesco labrador amarillo llamado Lucky que va aún más allá que sus predecesores. Si Gabe está preocupado, Lucky no se limita a sentarse cerca de él, sino literalmente *encima*, y sus cuarenta kilos siempre consiguen que Gabe se sienta mejor o termine aplastado.

Escucho historias como ésta en todo el mundo, y algunas de ellas incluso han salido en las noticias. Recientemente, una madre de dos hijos de Gran Bretaña descubrió lo auténtica que es la empatía animal tras descubrir la razón por la cual su gato, Fidge, se pasó semanas saltando sobre su pecho. Cuando la «mamá» de Fidge fue finalmente al médico, le descubrieron un tumor maligno que se habría metastatizado si no se lo hubieran encontrado.

Cada vez más científicos pasan a formar parte del círculo «del conocimiento», especialmente aquellos especializados en la neurociencia y la psicología, los cuales están engrosando las filas del floreciente campo denominado neuroética, o el estudio del comportamiento animal como resultado de los códigos neurológicos. Los avances en dicho campo sugieren que los animales están codificados para la empatía del mismo modo en que lo estamos los humanos, es decir, mediante las neuronas espejo y los centros del miedo del cerebro.

Según el análisis de diversos estudios publicados en *Scientific American*, el investigador Dale J. Langford y sus colegas de la Universidad McGill demostraron que la empatía animal no queda limitada a los animales de compañía, sino que también incluye a los ratones.

En uno de los experimentos, se colocó a dos ratones en tubos transparentes. No podían tocarse, pero podían verse el uno al otro. A un ratón se le inyectó un solvente que le provocó dolor de estómago y signos obvios de malestar, como convulsiones. Los investigadores descubrieron que el ratón al que no le habían inyectado nada reaccionaba al dolor del otro ratón retorciéndose dentro del tubo, pero sólo si los dos ratones habían sido anteriormente compañeros, lo que indicaría que es fundamental una relación previa para la detección empática del dolor. Aspectos adicionales del estudio mostraron que los ratones no eran meramente imitadores; cada uno percibía realmente lo que el otro ratón sentía y reaccionaba en consecuencia.[19]

¿Podría uno de los ratones rescatar a otro, como ciertos animales o humanos tratarían de hacer? Un estudio reciente sugiere que sí, o, al menos, que lo harían las ratas. Peggy Mason, la autora principal de un estudio llevado a cabo por el Departamento de Neurobiología de la Universidad de Chicago, demostró que las ratas liberan a sus compañeras de jaula atrapadas incluso cuando no obtienen nada a cambio. Todas las ratas hembra que

---

19. Mind Matters, ed.: «Do Animals Feel Empathy?», http://tinyurl.com/mm8zypa

participaron en el experimento abrieron la puerta para sus compañeros, mientras que solo el 70 por 100 de las ratas macho lo hicieron.[20]

Si bien no podemos demostrar que los animales perciban necesariamente lo que otros animales están pasando, al menos los resultados de dichos estudios sugieren que los animales observan y reaccionan al estado emocional de los demás, muy probablemente por las mismas razones por las que los humanos estamos dotados de empatía. Tanto los seres humanos como el resto de los animales tienen más posibilidades de sobrevivir a una amenaza cuando son capaces de percibir el dolor ajeno. Cuando vemos que otros sufren, están heridos o sienten dolor, nos sentimos impelidos a cuidar de ellos.[21]

Si los animales están potencialmente programados para la empatía, ¿qué ocurre con las plantas, otro de nuestros vecinos planetarios? Aunque diversos estudios muy interesantes señalan que las plantas reaccionan cuando se las daña o maltrata, una serie de experimentos destaca por encima de los demás.

Cleve Backster es uno de los pioneros de la experimentación con la empatía vegetal. Backster, un especialista estadounidense en la detección de mentiras, realizó experimentos con más de treinta tipos distintos de plantas con el fin de demostrar su hipótesis de que las plantas están programadas para reaccionar empáticamente.

Backster utilizó un detector de mentiras en la mayoría de sus experimentos, conectando electrodos a las plantas. Un detector de mentiras determina las reacciones de un sujeto humano plasmándolas en forma de onda errática sobre el papel cuadriculado de la máquina. Dicha onda es una respuesta a un reflejo galvánico de la piel (GSR). Backster buscaba reacciones similares en las plantas, convencido de que éstas podían detectar una respuesta emocional en otro organismo.

Backster no sólo fue capaz de identificar cambios en el detector de mentiras cuando las plantas estaban siendo amenazadas, sino que también los obtuvo cuando sólo *pensaba en* amenazarlas. Sin embargo, cuando se limitaba a fingir que iba a amenazar a una planta, ésta «se comportaba co-

---

20. Virginia Gewin: «Rats Free Each Other From Cages», *Nature: International Weekly Journal of Science* http://tinyurl.com/d7fwhj9
21. Mind Matters, ed.: «Do Animals Feel Empathy?».

mo una zarigüeya» y no respondía. Backster llegó a la conclusión de que las plantas, al igual que las personas (y las zarigüeyas), tienen su propia forma de ESP empática e inteligencia natural.[22]

En otro experimento, los investigadores arrojaron de forma intermitente camarones vivos en salmuera en agua hirviendo. El investigador encargado de interpretar el detector de mentiras conectado a las plantas no sabía en qué momento morían los camarones. Cada vez que moría una tanda de camarones, las plantas reaccionaban con una lectura de GSR similar a la que se obtiene cuando un ser humano se encuentra en una situación de estrés.[23]

Backster, a partir de este y otros experimentos, concluyó que las plantas reaccionan a muchos factores externos, incluidas las emociones humanas, la presencia humana y los movimientos en su entorno. De hecho, como ya hemos mencionado, a menudo reaccionan de forma premonitoria.

La distancia no siempre es un factor determinante, o al menos no lo es cuando ha existido una relación prolongada entre la planta y la persona. En una ocasión, Backster pidió a una amiga que enviara amor a sus plantas cuando se encontraba a mil kilómetros de distancia y que concentrara su atención en una en particular. Sincronizaron sus relojes para controlar las respuestas de la planta y descubrieron que ésta reaccionaba cada vez que la propietaria enviaba amor. Curiosamente, la planta también reaccionó a la ansiedad que sintió la mujer cuando su avión aterrizó en su destino.[24]

Diversos investigadores rusos llevaron los descubrimientos de Backster un paso más allá y publicaron sus investigaciones en un libro poco conocido titulado *Parapsychology and Contemporary Science.*[25] En éste, los científicos Dubrove y Pushkin validaron las investigaciones de otros colegas al demostrar que las células vegetales colocadas en tubos de ensayo separados pueden comunicarse entre sí, lo que indicaría la existencia de la empatía entre células vivas. En sus experimentos de psicobotánica, Dubrove y Pushkin utilizaron un electroencefalograma en lugar de las

---

22 «The Secret Life of Plants», www.pureinsight.org/node/1496

23. A. P. Dubrove y V. N. Pushkin (1982): *Parapsychology and Contemporary Science* (Nueva York: Consultants Bureau), 93-97.

24. Ross Heaven: «Plant Spirit Shamanism: Plant Communication», http://tinyurl. com/nswucpk

25. Dubrove y Pushkin: *Parapsychology and Contemporary Science* 93-97.

mediciones eléctricas de Backster; sin embargo, no tardaron mucho en descubrir que no todos los sujetos humanos eran capaces de provocar una respuesta en las plantas. Con el propósito de equiparar la capacidad de los participantes para transmitir energía emocional, recurrieron a la hipnosis, colocando de este modo a todos los sujetos en un estado mental análogo.

A partir de ese momento, las reacciones de las plantas a las emociones humanas se volvieron mucho más constantes, aunque no completamente. Los investigadores rusos descubrieron que cuanto más emocional y temperamental era el sujeto humano, más receptivas eran las plantas a las emociones positivas y negativas.

Este tipo de estudios sugiere que no sólo los humanos y los animales pueden ser empáticos, además de compasivos. Otro interesante experimento va un paso más allá. Un proyecto investigador de la Universidad de Keio, en Japón, hizo algo más que medir las reacciones de las plantas; su pretensión era la de ayudar a las plantas vivas a reaccionar ante los pensamientos y sensaciones humanos. En otras palabras, enseñarlas a relacionarse con los humanos.

Los investigadores crearon un complejo sistema diseñado para que estas «plantas interactivas» pudieran reaccionar a las emociones humanas conectando cada planta a un micrófono y a un sensor de movimiento. Cuando los humanos realizaban determinados movimientos que transmitían emociones, las plantas reaccionaban físicamente, al parecer como resultado de la empatía. Uno de los objetivos a largo plazo de la investigación consistía en adiestrar a las plantas para satisfacer las necesidades humanas. ¿Tal vez un cactus guardián plantado frente a la puerta de nuestra casa podría alertarnos de una amenaza? ¿O un helecho tierno calmarnos después de un estresante día de trabajo?[26]

El hecho de que las plantas, los animales y los humanos compartan el sentido empático sugiere que todos formamos parte de una familia global. Si bien nuestros sistemas corporales y energéticos son más complejos que los de nuestros parientes naturales, cada forma de vida se dedica a compartir información y crear una red armónica de compasión. Ése será el tema principal del capítulo 3.

---

26. Don Kennedy: «Interactive Plants React and Convey Emotions», www.diginfo. tv/v/12-0050-r-en.php

Compasión: el revestimiento del alma empática

*Si no tenemos paz es porque hemos
olvidado que nos pertenecemos el uno al otro.*

MADRE TERESA

A estas alturas ya somos conscientes de la amplia gama de dones extraordinarios que todos poseemos y que fomentan la conexión, tanto los dones sutiles, psíquicos y empáticos como los dones corporales, es decir, el cableado físico de la empatía. Una de las razones más importantes para desarrollar y utilizar estos dones es que son el camino más rápido y directo hacia la compasión, el impulso que nos lleva a aliviar el sufrimiento ajeno. No hay nada que necesitemos más en el mundo en el que vivimos que la compasión. Y a pesar de eso, es difícil pensar en algo con menos prestigio en nuestro mundo acelerado y obsesionado con el éxito.

Si bien todos estamos diseñados para la empatía, no todas las personas empáticas son compasivas ni sienten el impulso de actuar según sus experiencias empáticas. Mientras que el principiante empático es capaz de recibir señales e impresiones significativas sin sentir la necesidad de elevar a otro con dichos mensajes energéticos, la empatía adiestrada siempre produce compasión. Como descubriremos en este capítulo, un empático innato es alguien que puede percibir lo que ocurre realmente más allá de sí mismo. Y el alma del empático está diseñada para dar el siguiente paso crucial: transformar la realidad en función de la información empática que recoge de forma natural.

Una historia budista concluye con la siguiente lección moral: «La verdad, la integridad y la compasión pueden salvar el mundo».[27]

Estamos al borde de una crisis de la compasión

Imagina cómo sería el mundo, o incluso una pequeña parte de él, sin compasión, el objetivo más elevado de la empatía.

Uno de mis clientes, Aaron, no tuvo que imaginarlo porque lo vivió en primera persona. De repente, tuvo una inquietante revelación: se dio cuenta de que había perdido el contacto con la persona compasiva que había sido. Aaron vino a verme para ver si podía ayudarlo a encontrar de nuevo a esa persona.

«De pequeño, era el niño más empático que había —me dijo—. El que encontraba a los gatos callejeros y los pájaros heridos y los cuidaba hasta que se recuperaban. Siempre sabía cuándo mi madre estaba enfadada y necesitaba que la animasen. Incluso sabía cuándo iba a cambiar el tiempo y se lo decía a mi padre, que era agricultor, para que se preparara. Me llamaba su "almanaque humano"».

Aaron se detuvo y se puso a llorar. «Pero en algún momento decidí que era más importante seguir adelante, que ser yo mismo no era suficiente. Decidí que era más seguro estar ausente, incluso de mí mismo».

Tras otra pausa, añadió: «¿Crees que alguna vez podré volver a ser compasivo?».

Los valores subyacentes a la empatía, que incluyen la compasión, la bondad y la preocupación por los demás, cada vez son más escasos. Estos «músculos sensibles», que fortalecen a nuestra humanidad, están atrofiados y doloridos, algo que Aaron es capaz de percibir en su propio ser. El mundo occidental está experimentando una epidemia de soledad, depresión y ansiedad. Una encuesta reciente realizada por las universidades de Arizona y Duke, y que también utilizó datos extraídos del *General Social Survey* (GSS), (Encuesta social general), mostró que el número de estadounidenses que afirmaban no tener a nadie con quien discutir temas importantes se ha-

---

27. «Buddhist Tales for Young & Old: Volume 1», www.buddhanet.net/e-learning/ buddhism/bt1_37.htm

bía triplicado entre 1985 y 2004. De hecho, el 25 por 100 de los estadounidenses creen que no tienen a nadie con quien compartir un problema.[28] Muchos investigadores creen que esta transformación (o incluso desplome, según la opinión de algunos de ellos) en el apoyo social es una de las razones por las que el estrés se está cobrando un precio tan alto en nuestra salud.

Como han demostrado los psicólogos Ed Diener y Martin Seligman, los vínculos sociales favorecen que vivamos más años, que nos recuperemos más rápidamente de las enfermedades, que disfrutemos de mayores niveles de felicidad y que tengamos la sensación de que nuestra vida es más útil. Por el contrario, según indica un estudio a gran escala, las personas que carecen de interacción social son más vulnerables a la enfermedad y la muerte que aquellos que exhiben comportamientos considerados de alto riesgo como el tabaquismo, la hipertensión, la obesidad y la falta de ejercicio.[29] Aunque gozaríamos de mayor salud y seríamos más felices si estableciéramos vínculos con los demás —si usáramos nuestras habilidades empáticas y actuáramos en consecuencia—, lo cierto es que no lo hacemos. Y sufrimos por ello.

La situación es tan desesperada que Douglas LaBier, un experto psicólogo empresarial y director del Centro para el Desarrollo Progresivo, ha acuñado el término «trastorno de déficit empático» o TDE. Si bien el término no aparece en los manuales de diagnóstico psiquiátrico, LaBier, junto con muchas otras personas con conciencia social, cree que es real y que es aplicable a la totalidad de nuestra cultura. Como señala LaBier, es posible que toda una cultura comparta una patología mental. Y como ésta se convierte en la norma, es muy difícil de detectar o definir.

Según LaBier, el TDE se refleja en nuestra incapacidad para salir de nosotros mismos y conectar con las experiencias de los demás, especial-

28. Miller McPherson, Lynn Smith-Lovin y Matthew E. Brashears: «Social Isolation in America: Changes in Core Discussion Networks over Two Decades», *Journal Storage*, http://tinyurl.com/nphsd9n

29. Ed Diener y Martin E. P. Seligman: «Beyond Money: Toward an Economy of Well-Being», www.ppc.sas.upenn.edu/articlediener.pdf

J. S. House, K. R. Landis y D. Umberson: «Social Relationships and Health», http://tinyurl.com/lw4g9j5

James R. Doty: «The Science of Compassion», The Center for Compassion and Altruism Research and Education, http://tinyurl.com/md9ma4q

mente con aquéllos cuyos sentimientos y creencias son muy distintos a los nuestros. Ésta es la fuente principal de los conflictos personales, las rupturas en las relaciones amorosas y de actitudes adversas como los prejuicios y la discriminación entre los grupos humanos.

LaBier ve manifestaciones del TDE en ciertos patrones de egoísmo en las relaciones, como cuando un cónyuge no ayuda a su pareja porque «necesita» más «tiempo libre». En Estados Unidos, la epidemia del TDE se evidencia en la discriminación contra el islam y la suposición de que todo musulmán es un terrorista potencial. Sin embargo, el TDE también tiene una dimensión global, la cual se manifiesta en los conflictos entre grupos, clanes y sociedades con creencias diferentes.

¿Cuál es la causa del TDE? Según LaBier, el principal motivo es nuestra incapacidad individual y colectiva para empatizar con los demás; observar al otro a través de sus propios ojos, no sólo a través de los nuestros, y ver y valorar a los demás tal y como son en lugar de como queremos que sean.

Como hemos visto en el capítulo anterior, aunque la empatía está integrada en cada uno de nosotros, debemos tomar la decisión de desarrollarla y utilizarla.[30] Debería ser suficiente saber que simplemente siendo empáticos —y compasivos— mejora nuestra salud para convencernos del desarrollo de dichas habilidades. El Dalái Lama asegura tímidamente: «Si decimos, oh, la práctica de la compasión es algo sagrado, nadie nos escuchará. Pero si decimos que la bondad de corazón reduce de forma efectiva la presión arterial, la ansiedad, el estrés y mejora nuestro estado de salud, la gente prestará atención».[31] No obstante, creo que la verdadera razón para desarrollar nuestra empatía y la conducta resultante —la compasión— no debería ser tan utilitaria o simplista como sintetiza la frase «es bueno para mí». La empatía compasiva debería ser nuestra finalidad debido a su bondad inherente.

Fundamentalmente, la compasión es una cualidad espiritual. Está en la base de la mayoría de las expresiones religiosas y espirituales. Si bien puede ser buena para nuestra salud y nuestras relaciones, la esencia de la compasión también es la raíz de nuestra herencia espiritual.

---

30. Douglas LaBier: «America's Continuing Empathy Deficit Disorder», http://tinyurl.com/p6zk35t

31. James R. Doty: «The Science of Compassion», http://tinyurl.com/md9ma4q

El mandato espiritual a la compasión empática
en las distintas tradiciones

La compasión surge cuando una persona empática actúa de forma altruista, eligiendo aliviar el sufrimiento ajeno simplemente porque es lo que debe hacer. Como no podría ser de otro modo, la compasión es considerada una de las principales virtudes en casi todas las religiones, una que estamos obligados a cultivar y practicar.

En el judaísmo, Dios es conocido como el Padre Compasivo que constantemente exhibe el deseo de aliviar el sufrimiento o mostrar misericordia. En hebreo, *rahmana* significa «compasivo», término que también se aplica a la palabra revelada por Dios. Seguir la palabra de Dios es hacer lo que Dios hace: ser compasivo y amoroso. Hacer lo contrario, ser cruel, es deplorable. En palabras de uno de los grandes rabinos del siglo I, Hillel el Viejo: «No hagas a tu prójimo lo que no te gustaría que te hicieran a ti. Ésa es toda la Torá. El resto es explicación».[32]

En el cristianismo, Jesús encarna la esencia de la compasión relacional asumiendo las heridas del mundo sobre sí mismo, incluso en la muerte, para que puedan ser curados. Su dedicación a la compasión, a la acción desinteresada, es indiscutible. Aunque muchas sectas cristianas no se adhieren a la esencia de sus palabras ni viven su legado de bondad, Jesús tuvo claro que la empatía compasiva debería superar las fronteras seculares y religiosas.

Un ejemplo de la sincera creencia de Jesús en la compasión se demuestra claramente en la narración de la parábola del buen samaritano, que se encuentra en Lucas 10, 25-37. La historia que cuenta Jesús tiene como protagonista a un samaritano que está viajando. El hombre no es judío, es miembro de una secta que los judíos desprecian y deploran. A pesar de que lo consideran sucio y repulsivo, el samaritano asiste a un viajero –que podría ser judío– a quien han golpeado, robado y dado por muerto. Un sacerdote y un levita, hombres santos «obligados» a hacer lo correcto, han ignorado con anterioridad al viajero herido. Como señala Jesús, el «camino al cielo» es actuar como lo hizo el samaritano, quien mostró misericordia hacia un desconocido pese a no obtener recompensa alguna.

---

32. Babylonian Talmud, tractate Shabbat 31a, halakhah.com/pdf/moed/Shabbath.pdf.

Entre los musulmanes, la compasión es una de las cualidades más importantes que una persona debe cultivar. Las escrituras musulmanas instan no sólo a preocuparnos por los demás, sino también a *poner en práctica* nuestra compasión con los cautivos, las viudas, los huérfanos y los pobres. Al mirar en nuestro interior comprendemos que estas personas existen dentro de nosotros de una forma muy personal; todos nos hemos sentido alguna vez atrapados, perdidos o aislados. Más allá de nosotros mismos, una de las razones por las que los musulmanes ayunan durante el mes de Ramadán es para aumentar su capacidad de empatizar con el hambre de los menos afortunados, ser más sensibles a las dificultades de los demás y desarrollar compasión por las personas atrapadas en la pobreza.[33]

La compasión es también uno de los ejes centrales del budismo. Se atribuye a Buda la siguiente frase: «La compasión es lo que hace que el corazón del bondadoso se conmueva ante el dolor ajeno. Es lo que aplasta y destruye el sufrimiento de los demás; de ahí que se la denomine compasión».[34]

Y como dijo el Dalái Lama: «Si quieres que los demás sean felices, practica la compasión. Si quieres ser feliz, practica la compasión».

En el budismo, este deseo y práctica de la bondad afectuosa se extiende a todos los seres vivos, no sólo a las personas. ¿Cuál es la clave para alcanzar el nivel más alto de todos, la compasión? Tal y como lo describe el monje estadounidense Bhikkhu Bodhi, consiste en adentrarse en la subjetividad de los demás para, de ese modo, lograr compartir sus sentimientos y su espacio interior en todos los sentidos.[35] En otras palabras, alcanzar un estado empático tal que nos convirtamos en la otra persona.

Este ideal budista me recuerda a la regla de oro de Jesús. Debemos amar a los demás tal y como nos amamos a nosotros mismos. ¿Cómo no vamos a amar al otro si nos hemos convertido en él?

En el hinduismo, la compasión posee su propio apelativo, *daya*, y es una de sus tres virtudes principales. Las escrituras más antiguas de los

---

33. Asghar Ali Engineer: «The Concept of Compassion in Islam», http://tinyurl.com/n35pfdm

34. *Buddha Vacana: Sacred Literature of Buddhism*, http://tinyurl.com/kb567yo

35. Bhikkhu Bodhi (1994): *The Noble Eightfold Path: Way to the End of Suffering.* (Buddhist Publication Society), 39.

60

hindúes, los Vedas, nos enseñan que es deplorable causar sufrimiento a los demás y que es muy importante abstenerse de causar daño.

Nos resultaría extremadamente arduo encontrar alguna religión en el mundo que no ponga de relieve la necesidad y belleza de la compasión.

¿Cómo es una experiencia empática compasiva?

Si la empatía y la compasión son tan importantes, podríamos preguntarnos cómo son cada una de estas cualidades, especialmente cuando van unidas. ¿Cómo podemos reconocerlas cuando se hacen presentes? Dicho en pocas palabras, la ecuación para la empatía compasiva es la siguiente: la empatía nos empuja a la compasión.

La empatía, el primer paso necesario para hacer «lo que está bien», consiste simplemente en percibir lo que le ocurre a algo o alguien o establecer un vínculo con una situación que se encuentra más allá de nosotros mismos. En otras ocasiones, la experiencia es exclusivamente interna: nos sentimos inclinados a sentir empatía hacia nosotros mismos o con una parte de nosotros mismos. Por ejemplo, al trabajar con nuestro niño interior durante una terapia para superar los abusos o al lidiar con problemas de personalidad o de conducta, la empatía dirigida hacia nosotros mismos nos abre la puerta de par en par a la comprensión, la sanación y el cambio.

Relacionarse con alguien implica sentir por lo que están pasando, adentrarnos en su experiencia subjetiva y renunciar a las ideas y creencias que podríamos proyectar sobre ellos o sobre su situación.

Por ejemplo, empatizamos con otra persona cuando dejamos de preocuparnos por nuestra propia reacción ante el dolor y nos centramos en el dolor ajeno. Empatizamos de una forma compasiva cuando nos alegramos por el éxito ajeno en lugar de preocuparnos por el hecho de que nosotros no disfrutemos del mismo éxito. Del mismo modo, la empatía consiste en compartir la satisfacción de un amigo por un trabajo bien hecho o el orgullo por una buena decisión. Nuestra capacidad para reaccionar de este modo envía a la otra persona el mensaje de que puede confiar en nosotros para satisfacer sus necesidades en lugar de estar simplemente proyectando sobre ella nuestros prejuicios. Cuando somos capaces de percibir íntegramente a otra persona o ser, podemos sentir lo que necesitan, no lo que creemos que necesitan. (En la segunda parte del libro trataremos con mayor detalle cómo funciona esto en la práctica, y añadiremos a la ecuación la necesidad de incorporar a la Divinidad).

A menudo creemos estar actuando compasivamente cuando en realidad lo estamos haciendo según nuestras propias convicciones. Un ejemplo de esto es un hombre al que llamaré Max, uno de mis clientes.

Max tiene tres hijos. Vino a verme porque estaba molesto con su hijo mediano, a quien llamaré Jimmy. La mujer de Max, la madre de los niños, había muerto unos años antes. Max nunca había tenido una buena relación con Jimmy, y lo poco que los unía se había ido deteriorando desde la muerte de la madre. De hecho, Max estaba dispuesto a echar a Jimmy, de quince años, de casa.

—Me desafía continuamente –se quejaba el atribulado padre–. Nunca hace los deberes, vuelve a casa a las tantas y me trata de malas maneras.

Le pregunté a Max si había intentado comprender por lo que estaba pasando su hijo y no simplemente observarlo desde la distancia. Max no entendió a qué me refería.

—Su obligación es *entender* lo que le digo –gritó Max–. Al fin y al cabo, yo sé lo que es mejor para él.

Max creía realmente que lo que estaba haciendo era lo mejor para su hijo: hablarle a gritos e intentar disciplinarlo mediante toques de queda, castigos y restricciones. Sin embargo, el problema era que no había logrado empatizar completamente con su hijo; sólo lo había hecho con sus propias dificultades con su hijo.

En tanto hijo intermedio, Jimmy había recibido menos atención tras la muerte de la madre. Max había podido hablar con su hijo mayor y abrazar a su hijo menor, pero no había sabido cómo relacionarse con Jimmy. Y, además, Max supuso que Jimmy podría aprender solo a lidiar con la muerte de la madre.

Para complicar aún más las cosas, Jimmy tenía un trastorno por déficit de atención e hiperactividad (TDAH). Su comportamiento activo e impulsivo siempre había molestado a su serio e inmutable padre, el cual creía que Jimmy lo estaba desafiando cuando, en realidad, simplemente se comportaba en función de su trastorno. Max no sólo había sido incapaz de establecer una relación empática con su hijo, sino que tampoco había pasado el tiempo suficiente con él para observarlo y descubrir sus necesidades especiales.

Dediqué varias sesiones a explicarle a Max cómo era su hijo. En cierta ocasión, Max me preguntó: «¿Por qué debería ver las cosas desde el punto de vista de mi hijo? ¿Qué hace que sea tan importante como yo?». Obviamente, su capacidad empática era reducida; lo que no quita que no quisiera a su hijo. Con el tiempo, Max asumió que Jimmy, dadas sus necesidades especiales de aprendizaje, no estaba preparado adecuadamente para lidiar con la vida. Entendió que el problema de su hijo no podía reducirse a una cuestión de mal comportamiento, sino que estaba perdido y desamparado.

Max empezó a empatizar cada vez más con su hijo. Aprendió a usar expresiones como «Entiendo lo que quieres decir» o «¿Puedes ayudarme a entender por qué esto es importante para ti?». A medida que Max entendía mejor cómo se sentía Jimmy ante la pérdida de su madre, descubrió que una de las razones por las que Jimmy y él estaban tan desconectados el uno del otro era porque, en el pasado, había dejado que fuera su esposa la que se encargara de la crianza de Jimmy. Max se comprometió a pasar más tiempo a solas con su hijo y cumplió su promesa.

Posteriormente, Max fue un paso más allá y recurrió a la ayuda de un terapeuta, quien trabajó con Jimmy para abordar tanto su dolor no resuelto como su TDAH. Finalmente, Max le proporcionó a su hijo la ayuda académica que necesitaba; contrató los servicios de un profesor de educación especial para ayudarlo con sus desafíos de aprendizaje.

La primera vez que vino a verme, Max me habría asegurado que era un hombre compasivo y que estaba tomando las medidas adecuadas para ayudar a su hijo. El problema era que aún no había empatizado con Jimmy; nunca había salido de su propio mundo para adentrarse en el de su hijo. Tras aprender a percibir las necesidades reales de Jimmy, Max superó la barrera de la compasión y empezó a tomar decisiones encaminadas a mejorar el bienestar de su hijo.

Como muestra esta historia, la empatía compasiva requiere de algo más que el amor que sentimos por otra persona. Comienza y termina con la empatía. Debemos entender las tribulaciones que está experimentando el otro dentro de su propio marco de referencia, no sólo el nuestro. Sólo después de lograr esta meta inicial podremos ampliar nuestras capacidades racionales y afectivas y empezar a resolver problemas.

Empatía compasiva dirigida hacia uno mismo

Como he mencionado antes, hay ocasiones en las que debemos ofrecernos a nosotros mismos una rama de olivo. La mayoría de nosotros tenemos «niños interiores» sin cicatrizar o incluso «adultos interiores» maltrechos, partes de nosotros mismos que han resultado heridas o han sufrido. Entretejidos en la red de acontecimientos pasados, estos aspectos de nosotros mismos se encuentran, esencialmente, a merced del dolor. Como exploraremos más adelante, también podemos vernos afectados por seres de vidas pasadas que siguen traumatizados por la tragedia. Incluso es posible que debamos empatizar con un aspecto actual de nosotros mismos que está pasando por problemas sentimentales, de trabajo o salud. Como todos sabemos, las experiencias dramáticas pasadas o actuales pueden provocar adicciones, sentimiento de autodestrucción, baja autoestima, dificultades financieras, trastornos de ansiedad y muchos otros problemas.

La mayoría de nosotros hemos aprendido a ocultar nuestro dolor, seguir adelante y comportarnos como si no tuviéramos heridas o estuviéramos sufriendo. Ocultamos nuestro auténtico ser y nuestros sentimientos dañados bajo un caparazón. Atrapados en el interior de estos muros casi impenetrables, nuestro ser lastimado se siente cada vez más asustado, enojado, herido o avergonzado. Mientras tanto, el resto de nuestra personalidad continúa evolucionando hasta que nos olvidamos de la parte de nosotros mismos que hemos dejado sufriendo en soledad.

He tratado a numerosos clientes que han pasado años en terapia intentando romper las barreras que habían levantado alrededor de las partes heridas de sí mismos. Muchos de ellos se preguntan por qué apenas mejoran sus vidas cotidianas, por qué siguen reproduciéndose los patrones de abuso y por qué aún no se sienten dignos de recibir amor, disfrutar de una buena salud o tener esperanzas en el futuro. La respuesta más simple es que están demasiados centrados en su yo «presente» y no empatizan con su yo maltrecho de su «pasado» o «presente». También es posible que hayan olvidado que pueden recurrir a su yo «futuro» para que les ayude, mediante la empatía, a sanar a su ser «pasado» o «presente».

¿El niño interior asustado saldrá de su escondite simplemente porque el ser adulto lo desea? ¿Un adolescente interior enojado empezará a confiar en los demás sólo porque su yo adulto insiste en que debería hacerlo?

La clave para sanarnos es empatizar con las partes de nosotros mismos atrapadas entre los muros del dolor y la tragedia.

Al identificarnos con nuestros seres interiores perdidos y solitarios, nos ganamos su confianza. Les hacemos saber que comprendemos y nos preocupamos por su dolor. Entramos en su mundo. Al empatizar con ellos, les mostramos que no están solos y que alguien, nuestra propia autocomprensión, entiende por qué se sienten de ese modo. Sólo podremos liberarlos de sus prisiones tras empatizar con ellos.

Por supuesto, no conseguiremos desarrollar la empatía si permitimos que la parte de nuestro ser que ha resultado herida se haga con el control de nuestra vida. Nunca permitirías que un encolerizado niño de tres años corriera por la casa con un arma peligrosa, ¿verdad? Por desgracia, esto es lo que ocurre a menudo, y es probable que sea una de las causas tras los comportamientos narcisistas, los trastornos límite de la personalidad, los abusos y tantos otros desafíos de la personalidad. Aunque la empatía puede iniciar el proceso que nos lleve a sanarnos a nosotros mismos, ésta debe complementarse necesariamente con acciones compasivas. Una conducta compasiva sería, por ejemplo, enseñar a comportarse a nuestro niño interior de tres años, en lugar de ponerlo a cargo de nuestra vida. Otra acción compasiva consistiría en proporcionar disciplina, seguridad y estructura a los niños heridos que habitan en nuestro interior, en lugar de darles permiso para dirigir el cotarro y hacer daño a otras personas simplemente porque nos lo han hecho a nosotros. El comportamiento compasivo debe basarse, ante todo, en la responsabilidad.

¿Qué no es empatía compasiva?

A veces, para saber qué es algo debemos examinar primero aquello que no es. Aunque a lo largo del libro seguiremos explorando la compasión, su carencia y otras formas del ser, creo que es necesario un análisis previo acerca de lo que *no* es la empatía.

La empatía compasiva es muchas cosas. Es sentimiento, percepción y cuidado. Es vinculación, reciprocidad y comprensión. Consiste en actuar, presenciar y esforzarse por cambiar las cosas. Sin embargo, no es ninguna las siguientes cosas:

- simpatía/atadura emocional
- personalización
- imaginación
- lástima
- contagio emocional
- optimismo exagerado
- inadaptación mental

Simpatía/atadura emocional

Creo que la diferenciación entre empatía y simpatía es una de las más importantes que debemos dejar clara desde el principio. Para aquellos interesados en el tema, he incluido una explicación más extensa en el apéndice 1, donde también aparecen otros conceptos que a menudo suelen confundirse con la empatía.

Cuando empatizamos, experimentamos los pensamientos, las emociones y las experiencias directas de otra persona, un objeto o una parte de nosotros mismos. Entramos en la realidad subjetiva del otro en lugar de simplemente observar su experiencia a través de nuestra propia perspectiva. Al mismo tiempo, podemos continuar percibiendo nuestra propia realidad. Al establecer una relación empática con otra persona, no nos perdemos ni olvidamos nuestros propios sentidos, emociones o necesidades.

Por el contrario, cuando simpatizamos, llegamos a experimentar de un modo tan profundo la realidad del otro que la hacemos nuestra. Y como resultado de ello, perdemos el contacto con nosotros mismos. La realidad ajena sustituye a la nuestra. Nos convertimos en una figura secundaria mientras que la persona, la situación o el ser con el que simpatizamos se convierte en el elemento central. Incluso podemos llegar a padecer las enfermedades o dolencias de la otra persona.

Por ejemplo, de niña padecí numerosas alergias. A los veinte años empecé a ir terapia y mi terapeuta me aseguró que el problema era que estaba asumiendo las alergias del resto de mi familia. Me acompañó en una serie de meditaciones guiadas en las que «devolví» las alergias a sus legítimos dueños. Pocas semanas después, los miembros de mi familia empezaron a quejarse de alergias que nunca habían tenido. En cambio, desde entonces yo sólo sufro alergia al polen en otoño.

Otro ejemplo muy común consiste en la repentina desaparición de nuestra realidad personal y la aparición, igualmente inmediata, de la realidad de otra persona. ¿Con qué frecuencia te han ocurrido alguna de estas cosas?

- Estás de buen humor al quedar con un amigo para tomar un café. Él está irritable. Al cabo de unos momentos, tú eres el que está enojado y él empieza a sonreír.
- Estás discutiendo sobre algo que te parece evidente con un ser querido que no está de acuerdo contigo y termina por enfadarse porque no cedes. Te «pincha» hasta que explotas y, a continuación, se aleja indignado. Además de haberle ayudado con su frustración, te monta el numerito.
- Estáis en un restaurante y tu pareja tarda una eternidad en decidir qué quiere comer; de hecho, parece estar creando un nuevo plato. Percibes el miedo y la frustración del camarero y empiezas a sentirte aterrorizado. ¿Cómo van a atender al resto de los clientes? Sufres un exceso de identificación con el camarero.

La simpatía es reaccionaria. En lugar de sentir la realidad del otro y crear un vínculo, vamos un paso más allá. Asumimos o incluso «arreglamos» la incomodidad ajena haciéndola nuestra. Esto nos provoca una gran tensión y, además, tampoco es positivo para la otra persona, ya que en algún momento debe tomar la decisión de afrontar sus propios problemas.

Como puede imaginarse, el hecho de que podamos absorber las energías de los demás plantea algunas preguntas delicadas. ¿Qué hacemos cuando estamos enfermos? ¿Debemos tratar la enfermedad o «devolvérsela» a otra persona, como hice yo con mis alergias familiares? Si percibimos que otra persona está en apuros, ¿debemos ayudarla o corremos el riesgo de asumir sus problemas al tiempo que la otra persona se deshace de ellos? Éstas son algunas de las cuestiones a las que debe enfrentarse la persona que simpatiza con otra. Podríamos sintetizar la problemática con el término «atadura emocional», un estado de confusión tan absoluto que nos resulta muy complicado establecer los límites entre dónde terminamos nosotros y dónde empieza la otra persona o cosa.

Personalización

Cuando personalizamos una situación, un proceso que los terapeutas suelen denominar angustia personal o personalización en lugar de empatía, no estamos experimentando los problemas del otro. En lugar de sentir su experiencia directa, nos limitamos a sentir nuestros propios sentimientos, necesidades, problemas y reacciones. No obstante, pese a creer que estamos relacionándonos con la realidad de los demás, en realidad estamos usando su dolor como una excusa para sacar a la superficie nuestros conflictos o nos aprovechamos de su situación para hablar de una situación similar por la que hemos pasado. Evidentemente, a menudo la empatía consiste en compartir nuestras propias experiencias para aplacar o calmar a los demás. La personalización se torna en un problema cuando el motivo principal por el que estamos «empatizando» es el de centrarnos en nosotros mismos, ignorando al otro.

Podemos abrazar a la otra persona. Podemos evocar sentimientos de protección o comprensión por los demás o por una situación. Pero seremos incapaces de entender realmente qué siente la otra persona, y la otra persona pensará que «la estamos entendiendo».

He experimentado esta situación en numerosas ocasiones. He presenciado a una persona narcisista sollozar mientras le hablaba de la muerte de un ser querido, pero nunca he tenido la sensación de que sintiera o «entendiera» por lo que estaba pasando. Todo lo contrario. En realidad, parecía estar utilizando mi dolor personal como una forma de meter mano a su propio depósito de angustia. También tuve la sensación de que actuaban así para impresionarme o para centrar la atención en ellos mismos.

A veces, cuando personalizamos el dolor ajeno, terminamos abrumados por alguna experiencia similar propia. Recuerdo una vez en la que una amiga me hizo partícipe de su dolor; acababa de abortar. Empecé a llorar, pero, en realidad, no lloraba por lo que me estaba contando, sino porque su historia me hizo pensar en el aborto que yo había sufrido unos meses antes. Aunque en aquel momento fingí conscientemente que estaba afectada por su experiencia, los días siguientes los pasé lidiando con mi propio dolor oculto hasta entonces. Cuando volvimos a encontrarnos, pude concentrarme en el dolor de mi amiga en lugar de «utilizarlo» para mi propio beneficio emocional. Al reflexionar sobre esta experiencia, me hubiera gustado decirle simplemente que su historia había tocado una fibra sensible y que podría serle más útil como amiga si la llamaba más tarde, después de haber aclarado mis propias emociones.

Imaginación

Algunas personas confunden la imaginación con la empatía compasiva, generalmente porque desean preocuparse por los demás, pero son incapaces de hacerlo. Si bien podemos llevar a cabo comportamientos empáticos simulados como llorar con alguien, suspirar por el dolor ajeno o reírnos durante una celebración, de ahí a sentir auténtica empatía hay un camino muy largo. Es evidente que imaginar por lo que está pasando otra persona puede ayudarnos a relacionarnos con ella. Sin embargo, si no podemos establecer un vínculo auténtico, está en peligro nuestra propia integridad. La estamos engañando. Es posible que piense que la entendemos y que espere que la ayudemos, para luego preguntarse por qué nos comportamos como si no hubiera pasado nada.

Una vez trabajé con una pareja que estaba a punto de divorciarse. A pesar de que él parecía una persona amable y considerada, ella insistía en que no era empático. El hombre asentía cuando ella hablaba y se inclinaba hacia adelante y le sostenía la mano cuando estaba enfadada. Sin embargo, la mujer continuaba asegurando que la preocupación que sentía él no era auténtica.

Finalmente, el marido admitió que ignoraba completamente las emociones de su mujer.

—Crecí en una casa donde los sentimientos no estaban permitidos –se sinceró–. Creo que allí aprendí a interpretar un papel.

Su comportamiento le funcionaba para las relaciones superficiales, como en el trabajo o en el gimnasio. En la vida cotidiana, todo el mundo creía que era una persona compasiva y afectuosa. No obstante, su mujer sentía su falta de vinculación respecto a ella. Para poder desbloquear sus emociones, el hombre necesitó de varias sesiones de terapia en las que profundizar en su problemática, ya que, sin ellas, era incapaz de relacionarse empáticamente.

Lástima

La lástima es otro sustituto de la empatía. Cuando sentimos lástima por alguien, nos sentimos apenados por esa persona (y esto también puede aplicarse a nosotros mismos). Dicha actitud nos coloca automáticamente en una posición jerárquica superior y le arrebata el poder a la otra persona (o a la parte de nosotros mismos necesitada de empatía). También puede hacernos perder una gran cantidad de energía.

Piensa en la última vez que alguien sintió lástima de ti y te hizo algún comentario ridículo del tipo «pobrecito». En lugar de tener la sensación de que se preocupaba por ti, seguramente el problema que tenías te hizo sentir aún peor y no te aportó ningún recurso para abordarlo. Aunque no somos responsables de todo lo que nos ocurre, nunca lograremos recuperarnos de un trauma si continuamos ocultándonos detrás del «pobre de mí». Nos comportaremos como una víctima y, al mismo tiempo, entraremos en un círculo vicioso en el cual creeremos que los demás nos deben algo por el mero hecho de haber sufrido una experiencia traumática.

En una ocasión, traté a una mujer que había recibido abusos sexuales durante la adolescencia. Se trata de una experiencia terrible, y sentí una profunda compasión por ella. Sin embargo, a los pocos meses de iniciar la terapia, me di cuenta de que su relato se volvía cada vez más salvaje. De hecho, aparte de en una película de Hollywood, sus experiencias eran físicamente imposibles. Si bien fui capaz de empatizar con los acontecimientos que resultaban creíbles, no pude conectar con los más fantasiosos.

Al final, la mujer me recriminó, indignada, que no sentía por ella la suficiente lástima.

—¡Tú y el resto del mundo me debéis mucho por lo que he tenido que pasar! –me gritó.

Años más tarde, la paciente admitió que había embellecido sus recuerdos con todos sus terapeutas y amigos para llamar la atención. Le preocupaba más conseguir que la gente sintiera lástima por ella que revelar sus verdaderos problemas. Al basar sus interacciones en información falsa, las personas que la rodeaban no pudieron darle lo que necesitaba. De hecho, la trataban como a una niña pequeña en lugar de como a un adulto funcional capaz de enfrentarse a los retos de su vida. Después de intentarlo durante años, su condición vital empeoró en lugar de mejorar.

La lástima enmascara nuestras verdaderas necesidades y evita los efectos curativos de la empatía.

Otra de las consecuencias potencialmente desastrosas de esta actitud es que, cuando sentimos lástima por otra persona, fácilmente podemos acabar cargando con su energía. Mientras prestamos atención a alguien porque se encuentra en una situación que inspira lástima, es habitual que se aprovechen de nuestra actitud compasiva. Se limitarán a aceptar nuestra oferta tácita y nos trasferirán sus problemas.

La energía es energía. Cuando transmitimos nuestra compasión hacia otra persona, estamos enviando amor puro. El otro puede elegir aceptarlo o rechazarlo, pero la compasión no regresa a nosotros. Es una energía que podemos transmitir ininterrumpidamente sin ningún coste a menos que también decidamos actuar. La lástima, en cambio, tiene un gancho. Imagínatela como un haz de luz con un gancho en un extremo del que cuelga un cubo. Dicho cordón de luz se sumerge en el campo de energía y el cuerpo de otra persona; si ésta no quiere lidiar con sus problemas, llena el cubo con ellos. Cuando el rayo de luz deshace el camino, ¿te imaginas adónde va a parar todo ese lodo? (¿Aún lo sientes dentro de ti?). Es importante que nos preguntemos si realmente deseamos «cargar» con los problemas de otra persona, pues en realidad nadie puede solucionar un problema que no es suyo. Aunque podemos ayudar a los demás a cuidar de sí mismos, no podemos hacerlo por ellos.

Contagio emocional

La empatía no es simpatía, ni imaginación ni lástima. Tampoco es contagio emocional. A veces nos encontramos atrapados en una situación emocional muy intensa. La multitud está llorando, riendo o teniendo una experiencia religiosa extracorpórea, y nosotros nos contagiamos.

Estas emociones inflamadas suelen ser superficiales y son parte de lo que denomino conciencia grupal. Un grupo de personas puede compartir emociones. Hace poco traté a una niña que iba a una escuela en la que habían fallecido tres jóvenes en un accidente de tráfico. La niña, pese a no conocer a sus tres compañeros, sentía un dolor tan profundo que no había podido comer ni dormir durante semanas. La madre se quedó desconcertada al descubrir que aquel comportamiento estaba ocurriendo en toda la escuela. Aunque simpatizaba con las luchas emocionales de su hija, y con las de sus compañeros, tenía la sensación de que aquello había ido demasiado lejos.

La niña estaba, literalmente, atrapada en una energía grupal que promovía el dolor y el desconsuelo. Tras ayudarla a liberarse usando algunas de las herramientas que ofrezco en la segunda parte del libro, la animé a encontrar sus auténticos sentimientos. La niña seguía estando triste, pero no desconsolada. Aquella noche empezó a comer y dormir con normalidad.

Hiperoptimismo

Otro aspecto que deseo abordar es el optimismo, especialmente el hiperoptimismo o exceso de optimismo, un estado que provoca obsesión o disociación aparentemente extática. Son muchos los que creen que las personas empáticas son más optimistas o felices que las menos empáticas, pero eso no es cierto. Según algunos estudios, la empatía emocional no conduce necesariamente a la simpatía, la tranquilidad o el optimismo. Es, simple y llanamente, la capacidad de relacionarse con los demás desde una perspectiva exclusivamente humana.[36] Confundir la empatía con los estados emocionales más extáticos puede distorsionar la verdadera naturaleza de la empatía y el modo en que debemos comportarnos cuando estamos siendo empáticos.

Por ejemplo, podemos conocer a una persona muy enérgica o sociable y llegar a la conclusión de que es empática, y después descubrir que carece totalmente de cualquier habilidad comprensiva o compasiva. Aunque parezcan ser incansablemente optimistas y, por tanto, capaces de proporcionar el tipo de apoyo que ofrece una persona auténticamente empática, en realidad tienen grandes dificultades para establecer un contacto significativo; la personalidad extrovertida a menudo es como un escudo protector que en realidad los incapacita para saber lo que otros sienten.

Existen muchas razones que explican el blindaje emocional característico del hiperoptimismo. La persona excesivamente optimista y con un bajo nivel empático en realidad podría ser alguien demasiado sensible, y la armadura emocional podría ser la única forma (inconsciente) de se-

---

36. John D. Mayer: «What Emotional Intelligence Is and Is Not», http://tinyurl.com/o7dkllw

pararse de los demás y evitar disolverse en un batiburrillo emocional. Además, sus padres podrían haberle educado según un modelo basado en las apariencias, determinando la creencia de que la seguridad emocional o la independencia personal dependen de mantener una sensación de alejamiento. Independientemente de la razón, este mecanismo de enfrentarse a la realidad mediante barreras emocionales lleva a la soledad y al aislamiento.

Hay gente convencida de que si se comporta con alegría puede conseguir que una persona triste se sienta mejor. En realidad, puede que se sientan incómodos ante el dolor ajeno e intenten aliviarlo para sentirse mejor ellos mismos. O quizá estén empatizando, pero no sepan qué hacer; los nervios hacen que actúen de un modo extraño. E incluso, otras personas hiperoptimistas pueden llegar a manipular la realidad para hacerse atractivas a los demás u obtener lo que desean. También pueden hallarse en el estado obsesivo de algún síndrome como el trastorno bipolar, lo que nos lleva a nuestra última categoría.

Inadaptación mental

Al igual que el tema de la simpatía, este último elemento de nuestra lista es lo suficientemente importante como para tratarlo en profundidad, de modo que he añadido una sección sobre la inadaptación mental en el apéndice 2. Por el momento, será suficiente con señalar que ciertas personas son incapaces de empatizar, mientras que otras utilizan el proceso empático de un modo incorrecto o manipulador para satisfacer sus propias necesidades.

Por ejemplo, tenía un amigo que era muy emocional y aparentemente afectuoso y que me animaba a llamarlo cada vez que tenía un problema. Durante bastante tiempo seguí su consejo. Tardé un par de años (soy lenta), pero finalmente me di cuenta de que, al principio de las conversaciones, él se mostraba emocionalmente «comprensivo» pero que siempre derivaban a un punto en el que él se desahogaba conmigo y yo accedía a hacerle un favor. Una vez alertada, empecé a prestar atención a su comportamiento con nuestras amistades en común. Efectivamente, aquel hombre utilizaba su innegable capacidad empática para hacer que los demás escucharan sus problemas y se ofrecieran a hacerle favores.

EXPLORACIÓN EMPÁTICA 3. ¿Qué no es empatía?

Al leer este capítulo, es posible que hayas pensado en ciertas cualidades que parecían empáticas, pero que en realidad no lo son. A medida que respondas a las siguientes preguntas, reflexiona sobre tus respuestas afirmativas y, a continuación, intenta descubrir a qué tipo de disfraz empático podría corresponder. Ten en cuenta que algunas preguntas están relacionadas con experiencias interiores. Otras describen lo que podrías haber experimentado con otras personas.

Después de la exploración se ofrecen las categorías correspondientes a cada pregunta.

1. ¿Alguna vez has sentido que no podías distinguir entre tus propios sentimientos y los de otra persona?
2. ¿Alguna vez has sentido que se te agotan tus propias emociones o necesidades, como si alguien te las hubiera arrebatado?
3. ¿Alguna vez has tenido una reacción emocional ante la tragedia ajena, pero te has dado cuenta de que estaba relacionando con tu propio trauma y no con la situación del otro?
4. ¿Alguna vez has sentido que la reacción empática de alguien hacia ti era falsa, como si la otra persona estuviera utilizando tus problemas o tu actitud alegre para revivir sus propias circunstancias?
5. ¿Alguna vez te has alejado de una interacción con alguien al darte cuenta de que acababas de fingir tu respuesta?
6. ¿Has compartido un éxito o desafío con alguien y has tenido la sensación de que, aunque su reacción empática parecía ser la adecuada, te quedabas vacío y desconectado de ellos?
7. ¿Te has sentido tan mal por alguien que pasaba por un momento difícil que has sentido la obligación de solucionar todos sus problemas?
8. ¿Alguna vez has sentido que alguien que se mostraba excesivamente inclinado a ayudarte a lidiar con un problema terminaba «asumiendo» tu personalidad?
9. ¿Alguna vez te has visto arrastrado por el entusiasmo de alguien y eso te ha impedido percibir tu propia realidad interior?

10. ¿Alguna vez has formado parte de un grupo numeroso de personas tan implicado en una causa que eras incapaz de separarte de su intensidad y analizar lo que realmente estaba pasando?

11. ¿Eres consciente de las veces que te has obligado a estar «a la altura» sólo para mantener a otros a flote?

12. ¿Alguna vez has pasado tiempo con alguien tan sociable que no has podido evitar preguntarte si era real? (Sospechas que no).

13. ¿Alguna vez has sentido que sólo te preocupabas por la situación vital de otra persona para llamar la atención sobre la tuya propia?

14. ¿Alguna vez te has sentido exasperado al descubrir que alguien que parecía empático, cariñoso y generoso en realidad sólo quería algo de ti?

Análisis de la exploración empática

A continuación, encontrarás las categorías falsamente empáticas correspondientes a cada una de las preguntas que acabas de responder:

- Pregunta 1: Simpatía/atadura emocional
- Pregunta 2: Simpatía/atadura emocional
- Pregunta 3: Personalización
- Pregunta 4: Personalización
- Pregunta 5: Imaginación
- Pregunta 6: Imaginación
- Pregunta 7: Lástima
- Pregunta 8: Lástima
- Pregunta 9: Contagio emocional
- Pregunta 10: Contagio emocional
- Pregunta 11: Hiperoptimismo
- Pregunta 12: Hiperoptimismo
- Pregunta 13: Inadaptación mental
- Pregunta 14: Inadaptación mental

A decir verdad, los dones empáticos abundan entre las habilidades intuitivas. Para desarrollar tus propias capacidades de forma segura y sabia, garantizar que no las malgastas y reaccionar inteligentemente a las personas que puedan estar abusando de ellas, debes saber qué tipo de dones empáticos tienes, el tema del siguiente capítulo.

CAPÍTULO 4

Descubre el tuyo: los seis estilos empáticos

Nuestros cuerpos tienen cinco sentidos: tacto, olfato, gusto, vista y oído. Sin embargo, no debemos olvidar los sentidos de nuestra alma: intuición, paz, premonición, confianza y empatía. Las diferencias entre las personas radican en el uso de dichos sentidos; la mayoría de la gente no sabe nada sobre los sentidos internos, mientras que unos pocos recurren a ellos como recurren a sus sentidos físicos, y, de hecho, probablemente incluso más.

C. JOYBELL C.

El primer paso para desarrollar tus dones empáticos es descubrir cuáles son los tuyos. Como indiqué al principio del libro, muchos de nosotros creemos que sólo existe un don empático, denominado empatía, pero eso no es cierto. Existe una gran variedad de dones empáticos, y cada uno de ellos es tan hermoso y exquisito como una obra maestra de la pintura impresionista.

La siguiente historia sobre dos de mis clientes me ayudará a ilustrar la diversidad del mundo empático.

¿De tal palo tal astilla?
Los estilos empáticos colisionan

Connor, el padre, y Jessica, su hija de doce años, se sentaron frente a mí en la consulta. Padre e hija habían pedido cita porque tenían un conflicto.

La persona más importante de su mundo, Isabelle, había muerto un par de años atrás: la esposa de Connor y la madre de Jessica. Su vínculo de dolor estaba provocando una tempestad en su relación, y una tempestad de lo más extraordinaria.

Desde la muerte de su madre, Jessica empezó a *percibir* la presencia de espíritus. Ella los llamaba «mechones» por el modo en que parecían deslizarse sobre su piel. Jessica insistía en que, aunque la mayoría de aquellas presencias pertenecían «a la casa y a los viejos tiempos», una de ellas era su madre.

La familia vivía en una antigua mansión señorial sureña anterior a la guerra civil americana. Dado que la casa había estado habitada por numerosos antepasados, había sido testigo de considerables pérdidas y muertes. Tal vez habían pasado por la casa una decena de generaciones, dejando tras de sí tenaces representantes de las diversas familias.

Jessica no veía los espíritus de una forma intuitiva, lo que la habría convertido en una persona clarividente. Tampoco los oía, un rasgo de la clariaudiencia. Por el contrario, Jessica sentía lo que ellos sentían y era capaz de percibir los acontecimientos más dolorosos de sus vidas. Describió, por ejemplo, a un hombre con un muñón que estaba sufriendo por culpa de una herida de bala y la pérdida de la pierna. Jessica sentía en su propio cuerpo tanto el dolor físico como las reacciones emocionales ante el trauma. También describió a un niño que caminaba por la casa, buscando desesperadamente a su madre. El fantasma del niño creía que su madre había muerto cuando, en realidad, sucedía todo lo contrario: él era quien estaba muerto y era incapaz de encontrar a su madre, quien permanecía en el plano terrenal.

Jessica también relató historias de su madre, quien, según ella, se le aparecía cada vez que un petirrojo especialmente cantarín se posaba sobre un arbusto frente a la ventana de su dormitorio. En cuanto el pájaro empezaba a cantar, Jessica sentía la presencia reconfortante de su madre, la cual le aseguraba que estaba cuidando tanto de ella como de su padre.

Aunque Connor era tan empático como su hija, su empatía se manifestaba de diferentes formas. En tanto médico, era capaz de sentir la angustia física ajena en su propio cuerpo. Casi siempre sabía exactamente en qué zona del cuerpo tenía dolor un paciente, aunque rara vez hacía partícipes a los demás de su don; no quería que sus pacientes pensaran que era una persona extraña. En una ocasión, su don se manifestó internamente durante una sesión con un paciente que había llegado quejándose de dolor lumbar. Cuando Connor empezó a notar un dolor agudo en el pecho, ordenó que le hicieran un angiograma al paciente, el cual determinó que este estaba a punto de sufrir un ataque al corazón.

Aunque es evidente que la sensibilidad de Connor le ayudaba en su trabajo y resultaba beneficiosa para sus clientes, no es menos cierto que también había provocado un conflicto entre él y su hija. En pocas palabras, Connor era tan empático que no podía soportar la idea de abandonar a un paciente que estaba sufriendo. Trabajaba muchas horas y el poco tiempo libre que tenía lo pasaba en el servicio de emergencias. Había hecho el juramento hipocrático y ningún reloj podía contradecir aquel compromiso. Mientras hubiese gente que sufría, no iba a quedarse de brazos cruzados.

Si Jessica estaba profundamente conectada al mundo sobrenatural, incluso con los problemas físicos y emocionales de los que moran en el más allá, Connor tenía una gran sensibilidad respecto a las sensaciones físicas de los vivos. Por tanto, podríamos pensar que estaban condenados a entenderse. Al fin y al cabo, ¿no eran los dos empáticos? Sin embargo, la realidad era muy distinta.

Discutían continuamente porque Jessica le exigía que pasara más tiempo con ella. Desde la perspectiva de Connor, Jessica debía dejar de «soñar despierta» y empezar a prestar más atención a sus estudios. De hecho, temía que fuera una persona emocionalmente inmadura. Connor creía que si Jessica dejaba de inventar historias y pasaba más tiempo con sus amigos, sería menos dependiente de él.

Es evidente que sus problemas eran bastante comunes. Connor utilizaba su trabajo para evadirse y Jessica se aferraba a su madre para evitar aventurarse en el mundo y que le hicieran daño. Aunque yo les alenté a tratar con un terapeuta sus problemas vitales, dedicamos algo de tiempo a hablar de ellos. Los problemas extrasensoriales eran de tal envergadura que me sentí competente para abordarlos.

Le comenté a Connor que era probable que el dolor hubiera despertado un don empático innato en su hija, uno que denomino empatía chamánica. La empatía de Jessica parecía ser emocional y física, una capacidad que describiré más adelante en este mismo capítulo, pero también era claramente sensible a los fenómenos místicos: una característica típica de los buenos chamanes. Le dije a Connor que era posible que tanto Isabelle como otros espíritus la estuvieran visitando, en cuyo caso lo más adecuado era, primero, que la creyera y, segundo, que la ayudara a elaborar una estrategia para no ser tan vulnerable a sus caprichos.

Connor se sorprendió (y no positivamente) cuando le sugerí que podía relacionarse bien con Jessica ya que él también tenía un don espiritual o intuitivo.

—¿Quieres decir que soy *psíquico?* –exclamó, como si le hubiera insultado.

—Sí –le respondí–, aunque prefiero usar la palabra *empático*.

Connor nunca había considerado la posibilidad de que su capacidad para sentir el dolor físico de los demás se debiera a un don intuitivo. Se mostró complacido al descubrirlo, pero también asustado de que su habilidad pudiera estar contaminada de un cierto regusto sobrenatural.

Tras explicarle que su don empático físico no era más que una forma innata de empatía, una especie de intuición visceral, se sintió mejor. También le dije que, aunque su habilidad era un gran don espiritual, que además le ayudaba en su cometido y propósito espiritual, no debía permitir que lo dominara. Podía usarlo en su trabajo, pero debía evitar que consumiera todo su tiempo.

—Tu hija te necesita –insistí–. Los dones espirituales son útiles en todos los aspectos de nuestra vida, no sólo en el plano profesional.

A lo largo de un par de sesiones, le enseñé a Jessica a modular su don (técnicas que también presentaré en la segunda parte de este libro) para que pudiera ser una «niña normal» y no fuera tan vulnerable a los mensajes del más allá. A Connor también le ofrecí pautas para detener el flujo de información que le hacía captar el dolor físico de los demás para que él también pudiera llevar una vida normal, una vida que le permitiera disponer del tiempo suficiente para estar con su hija. Finalmente, les invité a que ambos abrazaran el espíritu de Isabelle de tal modo que ésta pudiera continuar su viaje al más allá.

He compartido esta historia en particular para mostrar dos ejemplos de los muchos tipos de empatía que existen. Como ha quedado claro, aunque tanto el padre como la hija tenían un don natural, ninguno de los dos era consciente de su naturaleza empática. Como resultado de ello, no habían desarrollado apropiadamente sus dones.

Durante la lectura del siguiente resumen y explicación de los distintos dones empáticos básicos, presta atención a aquellos que describen mejor tanto tu personalidad como tus experiencias empáticas. Después de explorar dichos dones, te recomiendo que realices el test para ayudarte a identificar y definir tu propio estilo empático.

Los seis estilos empáticos

Casi cualquier persona puede desarrollar la empatía. Si deseas aumentar tus habilidades empáticas compasivas, primero debes descubrir cuál es tu estilo empático más desarrollado y empezar por ahí.

Por supuesto, no debes concentrarte únicamente en tus puntos fuertes. También puedes desarrollar un estilo empático más débil o incluso trabajar en uno que aún no ha acabado de brotar del todo de tu baúl interior. De todos modos, siempre te resultará más sencillo magnificar aquellos a los que ya eres proclive.

Las siguientes descripciones te ayudarán a familiarizarte con los seis estilos empáticos.

Empatía física

Una persona dotada de empatía física absorbe las energías físicas que la rodean y es capaz de sentir en su propio cuerpo la enfermedad y el dolor ajeno. También puede percibir la energía física contenida en un objeto. Por ejemplo, con el mero hecho de sostener una pieza de joyería que otra persona se haya puesto con frecuencia, es capaz de sentir el dolor físico, el malestar y el placer que esa otra persona sintió. Además, las personas con un alto grado de empatía física pueden poseer una o más percepciones asociadas a la empatía que mencionamos anteriormente, incluido el clarigusto (gusto claro), el clariolfato (olfato claro) y el claritacto (tacto claro). ¿Cómo pueden convivir los diversos subaspectos de la empatía física? A modo de ejemplo, una persona con un alto desarrollo de la empática física que sea capaz de acceder a todas las percepciones anteriormente mencionadas podría sentir el dolor y malestar corporal de otra persona, su sabor de boca, el olor de su perfume o loción para el afeitado o la sensación de la ropa sobre su piel.

Empatía emocional

La empatía emocional permite experimentar los sentimientos ajenos como si fueran propios. Dicha capacidad también recibe el nombre de clariempatía (emoción clara) o clarisentencia (sentido claro), dependiendo del psíquico, términos ya presentados en la introducción. Tal y como señalé allí, normalmente evito dichos términos porque el concepto «empatía emocional» me parece más directo.

Empatía mental

Mediante la empatía mental recibimos información y datos del mundo exterior y tenemos la sensación de «saber» lo que sabe otra persona. En este estilo empático puede participar la clarisentencia (sentido claro), pero también la clariaudiencia (audiencia clara) y la clarividencia (visión clara).

Empatía natural

La empatía natural está relacionada con las fuerzas y seres de la naturaleza. A través de esta capacidad, las personas empáticas pueden acceder a fuentes ambientales de información muy alejadas, que incluyen maravillas como las permutaciones planetarias y los modelos climáticos, las emociones y necesidades de los animales o los remedios curativos de las plantas. La empatía natural puede incluir una amplia gama de percepciones psíquicas: el clarigusto, el clariolfato, el claritacto, la clariempatía (emoción clara), la clarisentencia y el clariconocimiento.

Empatía espiritual

Los individuos dotados de empatía espiritual perciben el misterio de la Divinidad y con frecuencia son capaces de determinar lo que «Dios quiere» (o no quiere) tanto para ellos mismos como para los demás. También tienen un talento especial para determinar intuitivamente el nivel de honestidad o deshonestidad de una persona. En este caso, la clarisentencia y el clariconocimiento son claves.

Empatía chamánica

Utilizo el término *chamánico* para describir el sexto tipo empático porque he observado que también existen ciertas habilidades empáticas extradimensionales. Yo misma las experimento, y ésta es la categoría empática en la que mejor encajo. Respecto a las percepciones, la empatía chamánica tiene a su disposición, en diferentes grados, todos los dones empáticos.

Aunque la antigua práctica del chamanismo ha adoptado formas diversas en distintas partes del mundo y de la historia, existe un denominador común: la capacidad del chamán para percibir los espíritus en todos los lugares y cosas. Otro elemento común es su capacidad para entrar en contacto con otras dimensiones: seres extraterrenales u otras épocas, lugares y espacios. Con esta capacidad, y la habilidad para utilizar todas las otras formas de empatía que acabamos de describir brevemente, los individuos con una capacidad para la empatía chamánica poseen una conciencia multidimensional que puede incluir el conocimiento de las vidas pasadas de otras personas, la percepción de presencias espirituales o la intuición de lo que podría haber ocurrido en una casa o en determinado lugar. Esta conciencia puede estar vinculada al seguimiento psíquico, o recurrir a una serie de señales ofrecidas por el resto de los dones empáticos, y consiste en el conocimiento de las necesidades ajenas para de ese modo poder tomar una decisión vital decisiva o propiciar la sanación. Como veremos después con los otros estilos de empatía, la empatía chamánica también es un transmisor frecuente de lo que podría ocurrir en el futuro a través de un proceso que denomino empatía radiante, de la cual daremos más detalles un poco más adelante. El chamán empático puede hacerlo básicamente todo, lo cual, según mi propia experiencia, puede considerarse tanto un extraordinario regalo como una abrumadora maldición.

A medida que exploramos con mayor detalle estos seis tipos básicos de dones espirituales empáticos, no dudes en recorrer los anales de tus bancos de memoria. ¿Alguna vez has tenido alguna de las experiencias reseñadas en cada categoría? ¿Conoces a alguien que te haya contado que posee alguna de dichas habilidades o que se ha quejado de ello? La empatía se torna real cuando la vemos personificada en los demás o en nosotros mismos; resulta significativa en nuestra propia vida o en la de los demás cuando no caemos en la tentación de ser meramente comprensivos, como, por ejemplo, sentir lástima de otra persona o mostrarnos excesivamente optimistas, y conservamos nuestra propia identidad incluso mientras percibimos la realidad ajena.

Empatía física: dos cuerpos en uno

¿Alguna vez has estado cerca de una persona que sufría una dolencia, sentía dolor o estaba enferma y has mimetizado su malestar e incluso has sentido en tu propio cuerpo su padecimiento? ¿O en presencia de alguien con una condición física óptima te has sentido tan fuerte como Atlas, el titán mitológico capaz de sostener el mundo sobre sus espaldas? Pues ambos son indicios básicos de la empatía física: la capacidad de percibir la fisiología ajena en nuestro propio cuerpo. Además de poder reproducir las sensaciones físicas de los demás, la empatía física también tiene la capacidad de conectar con objetos físicos que se encuentran cerca de un ser vivo y que le resultan especialmente valiosos.

Por ejemplo, tengo una amiga con una empatía física tan desarrollada que no puede comprar joyas ni ropa en una tienda de segunda mano. Con sólo tocar o ponerse el objeto, siente lo que sintió el anterior propietario. En una ocasión compró un antiguo camafeo, pero no pudo ponérselo nunca porque, cada vez que lo hacía, notaba artritis en las articulaciones. En otra ocasión, se compró unos pantalones que le provocaron la sensación de tener hematomas en las piernas.

En ambos casos, terminó preguntándole al dueño de la tienda sobre los anteriores propietarios de los artículos. El tendero se negó a darle nombres, pero sí le confirmó que la propietaria del camafeo era una mujer mayor con artritis y que los pantalones los había enviado una mujer que se había sometido a quimioterapia por leucemia. Los hematomas son uno de los efectos secundarios de la leucemia.

Imagina los beneficios tan positivos de la empatía física en el caso de los médicos, enfermeras u otro tipo de sanadores; les permite estar en sintonía con los pacientes y realizar las pruebas correctas. La empatía física también les ofrece una ventaja a los padres, pues son capaces de percibir cuándo les ocurre algo a sus hijos. La persona con habilidades empáticas físicas compasivas puede ayudar creativamente a evitar que otras personas caigan en comportamientos o acciones perjudiciales, o a recuperarse de dolencias que ya las afecten. Además, pueden descubrir con facilidad qué actividades o situaciones les resultan más saludables y beneficiosas.

Asimismo, muchos individuos dotados de empatía física son capaces de desarrollar sus dones para programar o transformar la materia física. Por ejemplo, pueden enviar energía curativa a un cristal sosteniéndolo en sus manos y, después, transferir dicha energía al enfermo. O son capaces de sentir el dolor de un amigo y luego sentir o conjurar el alivio más adecuado en ellos mismos y, de ese modo, «desear» que éste se transfiera a la otra persona. Más adelante en este mismo capítulo exploro este tipo de comportamientos empáticos, concretamente en la sección «Empatía por transmisión: empatía radiante y los seis estilos empáticos».

Por otro lado, las personas con dones de empatía física pueden verse afectados por los mismos dolores, enfermedades y molestias que las personas que los rodean. Ésta es una señal inequívoca de simpatía física en lugar de empatía. Evidentemente, pueden sentir el catarro de otra persona, pero ¿realmente quieren experimentar su mismo malestar físico? En la misma línea, algunos sujetos son tan sensibles a los objetos ajenos que, como le ocurría a mi amiga, evitan entrar en contacto con todo aquello que ha pertenecido a otros.

Las personas dotadas de empatía física deben asegurarse de reconocer la diferencia entre sus propias sensaciones materiales y las de los demás. Además, es posible que necesiten descubrir si poseen ciertas creencias inconscientes que les hagan perder el control ante los problemas ajenos. Algunas de las preguntas que deberíamos hacernos son: «¿Creo que mi bienestar físico es menos importante que el de otra persona? ¿Creo que mi función primordial es servir a los demás, incluso en perjuicio propio?».

Si las respuestas son positivas, puede resultar útil elaborar una respuesta ante la simpatía física. Por ejemplo, cuando percibo la aflicción física de otra persona, le pregunto a la Divinidad: «¿Cómo voy a sentirme en esta situación?». Le pido a mi ser esencial que devuelva la energía perniciosa o que me ofrezca una alternativa o una señal de cómo puedo ayudar a otra persona sin perjudicarme a mí mismo. Al reintegrarme adecuadamente en la situación, pasaré de un estado simpático a uno empático.

Empatía emocional: una abundancia de sentimientos

Para las personas con habilidades de empatía emocional, el mundo es como un colorido caleidoscopio de sentimientos. Es posible que se maravillen ante el tesoro escondido de sentimientos que emana de los demás, los cuales a menudo pueden resultar demasiado numerosos.

En realidad, sólo existen cinco familias básicas de sentimientos: felicidad, tristeza, miedo, ira y repulsión. A éstos, muchos expertos agregan hoy en día otra categoría, el dolor, y otros, el desprecio y la sorpresa, mientras que otros expertos sustituyen la felicidad por la alegría y la sorpresa. Dentro de estas áreas diversas, sin embargo, existen miles de sentimientos secundarios, los cuales cada ser humano (y quizá también otras formas de vida) experimenta de forma regular o incluso diaria. La felicidad está compuesta por aspectos tan variados como la alegría, la gratitud, la dicha, la calma y la satisfacción. Si abrimos el baúl de la ira, encontraremos la frustración, la irritación, la rabia y muchos sentimientos más.

Las personas más dotadas para la empatía emocional suelen describirse como «altamente sensibles», un rasgo que puede resultar abrumador, pero también beneficioso. Según varios observadores, entre ellos, John D. Mayer, de la Universidad de New Hampshire, quien, junto a Peter Salovey, de la Universidad de Yale, escribió un revolucionario documento en 1990 titulado *Emotional Intelligence* (Inteligencia emocional), las personas con inteligencia emocional, o IE, son capaces de racionalizar las emociones y usar los sentimientos para mejorar el pensamiento elevado. Por ejemplo, las personas que pueden conectar con la tristeza ajena muestran habilidades analíticas más elevadas que las personas que no pueden. Las personas con inteligencia emocional son capaces de gestionar mejor tanto sus propias emociones como las de los demás y conectar su amplia gama de sensibilidades para reconocerlas en los otros.[37] Es más probable que dispongan de un mejor sistema de apoyo social y menos interacciones problemáticas, como peleas y violencia interpersonal. También es menos probable que recurran a las drogas y el alcohol.[38]

No obstante, la empatía emocional tiene su lado oscuro. Un ambiente abusivo puede deformar la empatía emocional innata de una persona. Para poder «autoprotegerse» o sobrevivir, el individuo puede terminar conectando con las emociones ajenas para manipularlas. Puede aprender a usar su tono de voz para silenciar o asustar a los demás, utilizar las pala-

---

37. *Ibid.*

     Peter Salovey y John D. Mayer: «Emotional Intelligence», http://tinyurl.com/msbdwxx
38. John D. Mayer, Peter Salovey y David R. Caruso: «What Does Emotional Intelligence Predict?» University of New Hampshire, http://tinyurl.com/pekq33f

bras de otros contra ellos mismos o convencerlos de mentiras. Una persona con una empatía emocional distorsionada tenderá a decirle a los demás lo que quieren escuchar para así poder satisfacer sus propias necesidades.

Las personas empáticas emocionales también suelen ser extremadamente sensibles y es fácil herir sus sentimientos. Como consecuencia de ello, pueden recurrir a las amenazas como otra forma de autoprotección. Su actitud defensiva tiene como objetivo evitar el dolor adicional, el cual podría volverlos amargados, cínicos y verbalmente violentos. También pueden ser víctimas del sentimiento de culpabilidad; sin embargo, no dudarán en disculparse si eso sirve a sus intereses, otra forma de manipulación si la disculpa no es sincera.[39]

Otro desafío para muchas personas empáticas emocionales es la dificultad para separar sus propias emociones de las de los demás. Miles de clientes me han llamado para preguntarme: «¿Estoy sintiendo esto realmente o es la emoción de otra persona? ¿Me gusta mi trabajo o siento la atracción de otros por este trabajo? ¿Quiero a mi pareja o simplemente siento lo que ella siente por mí?».

Esta forma de simpatía emocional puede desembocar en enfermedad. Una vez trabajé con una mujer que, de pequeña, había estado demasiado unida a su madre. Cuando la hija tenía treinta años, la madre desarrolló varias enfermedades autoinmunes, entre ellas, diverticulitis y síndrome de fatiga crónica. La hija también desarrolló algunas, pese a no existir una correlación genética directa para la fatiga crónica. Estas dolencias físicas, sin embargo, a menudo están relacionadas con problemas emocionales, por eso no me cabía ninguna duda de que la hija se había pasado la vida absorbiendo las emociones de la madre, sacrificándose a sí misma en el proceso. Después de ayudar a la hija a darse cuenta de que no necesitaba asumir las emociones de su madre –que una fuerza mayor o Dios podía ayudarla mejor–, sus síntomas autoinmunes prácticamente desaparecieron. La madre tocó fondo y empezó a ir a terapia, donde se enfrentó a sus propios problemas emocionales.

---

39. S. Hein: «The Dark Side of Emotional Intelligence», http://eqi.org/dark1.htm

Empatía mental: datos, datos por todos lados

Hay algunas personas que simplemente parecen saberlo todo, a pesar de perjurar que no se han leído entera la *Enciclopedia británica*. Son, en el habla actual, nuestras Wikipedias andantes. Si tú eres una de esas personas, podrías tener desarrollada la empatía mental, alguien conectado continuamente a la información y los datos del mundo exterior.

Uno de mis mejores amigos es una de esas personas. Rara vez me aventuro en un proyecto sin antes consultarle. Una conversación prototípica entre ambos podría ser la siguiente: «Creo que el cáncer siempre está provocado por un virus», a lo que él me respondería: «Te recomiendo que investigues la mutación o la transformación de los microbios».

¿Alguna vez ha leído un manual de medicina? No.

Ciertas personas con habilidades empáticas mentales se especializan en determinadas áreas del saber. Hay algunas que pueden acceder a información sobre la vida personal de otras personas, como sus creencias, miedos o deseos profundos. Otras tienen la capacidad de entender las cifras financieras, las anomalías agrícolas o la mejor forma de administrar un proyecto. Y otras se especializan en cualquier campo, desde monedas a ángeles. Sin embargo, el denominador común de todas las habilidades empáticas mentales es el acceso a la información y las percepciones.

La empatía mental puede ser un don exigente que nos obliga a plantearnos la siguiente pregunta: «¿Cómo sé lo que sé?». Fundamentalmente, la empatía es un proceso intuitivo de naturaleza corporal que sólo puede falsearse en virtud de su efectividad. La única manera de corroborar el conocimiento empático de la información es esperar a ver si ésta es precisa. Esta distancia entre la causa y el efecto puede provocar que las personas empáticas cuestionen sus habilidades. También puede hacer que se pongan a la defensiva o que no se sientan preparadas cuando alguien les pide que demuestren o fundamenten sus afirmaciones.

En una ocasión traté a una joven con una capacidad tan desarrollada para la empatía mental que aprobaba con notas excelentes casi todos los exámenes excepto, por alguna extraña razón, en sociales. Tanto sus profesores como sus padres la acusaban de hacer trampa porque casi nunca abría un libro y se quedaba dormida durante la mayoría de las clases. Su empatía mental se traducía en una excelencia académica. Siguiendo mi consejo, la joven aprendió, por lo menos, a fingir que escuchaba y estudiaba, aunque sólo fuera para evitar que la gente la juzgara durante los años de educación obligatoria.

La empatía mental tiene muchas otras facetas; dos de ellas podemos analizarlas a través de los ojos de Daniel Goleman, reputado autor del libro *Inteligencia emocional*. Según Goleman, la empatía cognitiva abarca las siguientes actividades:

- Entender cómo ven las cosas los demás.
- La capacidad de asumir la perspectiva de otra persona.[40]

Cuando entendemos los pensamientos de los demás, podemos comprender mejor su forma de ver el mundo y, por lo tanto, por qué se comportan como lo hacen. A veces es posible que sintamos la necesidad de intervenir para proporcionar información adicional y que la persona pueda tomar una mejor decisión. Por ejemplo, una vez trabajé con una clienta que se negaba a abandonar a su marido alcohólico. Mi estilo empático mental me ayudó a entender que la mujer tenía una baja autoestima. Después de ayudarla a corregir dicha percepción errónea, la mujer pudo finalmente dejar a su marido porque fue capaz de transformar su sistema de creencias, pasando de una actitud de autonegación a una basada en el amor propio. Y durante el proceso, yo misma tuve la oportunidad de «actualizar» mi empatía mental para alcanzar el nivel de compasión, lo que me permitió actuar de un modo más eficaz.

En esencia, la empatía mental nos invita a ver el mundo desde la perspectiva de otra persona, y no sólo en la actualidad. En una ocasión trabajé con un profesor de historia que tenía muy desarrollada la empatía mental. Podía, literalmente, percibir la estructura de pensamiento y la perspectiva de personajes históricos que vivieron siglos atrás. Era capaz de entrelazar en los manuales que escribió sus propias perspectivas intuitivas, lo que le valió los elogios de los críticos, quienes encontraron sus conocimientos misteriosamente perspicaces.

Como he comentado anteriormente, la ventaja de la empatía mental, cuando se utiliza compasivamente, es que, al entrar en el mundo mental

---

40. Daniel Goleman, «Primal Leadership: Learning to Lead with Emotional Intelligence», Center for Building a Culture of Empathy http://tinyurl.com/qjberre

de otra persona, puedes comprenderla mejor y, si es necesario, ayudarla a pasar de una percepción negativa a una más en sintonía con la vida. Puedes ofrecer motivación, conocimientos y promover cambios transformadores. El inconveniente es que los individuos con una empatía mental desarrollada también pueden verse tentados a utilizar sus percepciones para manipular o controlar a los demás. El conocimiento puede ser algo muy positivo si se ofrece con amor.

Empatía natural: de las serpientes sinuosas a las estrellas centelleantes

¿Alguna vez has oído hablar de las personas que susurran a los caballos? Estos individuos especiales practican algo denominado «equitación natural». Se relacionan tan bien con los caballos que no necesitan recurrir a medios de entrenamiento violentos o que provoquen dolor. Existen muchos otros tipos de susurradores, incluso personas que se relacionan de forma natural con perros, pájaros, tiburones, lobos, leones e incluso osos.[41] Todas estas personas forman parte del grupo empático que denomino empatía natural.

Muchos susurradores profesionales atribuyen su capacidad a una comprensión innata de los animales con los que se relacionan, además de dotes desarrolladas de observación y disciplina. Sin embargo, también hay personas con una sensibilidad especial con los animales que se atreven a reconocer abiertamente su empatía psíquica y que son capaces de conectar y comunicarse con los seres del medio natural. Cuando la empatía abarca a los seres y fuerzas de la naturaleza, hablamos de empatía natural.

Una persona con habilidades de empatía natural es capaz de conectar con aspectos de la naturaleza, tanto animados como inanimados. Algunas de estas personas son sensibles a casi cualquier elemento de la naturaleza: animales, reptiles, pájaros, plantas, árboles y rocas. También pueden estar en sintonía con la luna, los planetas, las estrellas y los elementos, como el agua, la tierra, el fuego y el aire. Básicamente, una persona con tendencia

---

41. «Call to the Wild: 7 Amazing Animal Whisperers», http://tinyurl.com/o9s2sno

a la empatía natural puede llegar a percibir lo que ocurre en cualquier lugar del mundo natural.

Algunos de ellos están más en sintonía con un aspecto determinado de la naturaleza que con otro. Por ejemplo, hay personas que se relacionan principalmente con animales y, dentro de este grupo, sólo con perros. De hecho, podrían considerarse algo parecido a especialistas empáticos, dado que podrían empatizar exclusivamente con perros salchicha o golden retrievers. Lo mismo ocurre para el resto de las categorías naturales, desde las serpientes a las estrellas. Aunque las personas con una sensibilidad natural podrían desarrollar cualquiera de las otras cinco formas de empatía (o una combinación de éstas), considerarían que su don es el de la empatía natural si se aplicara únicamente a seres, objetos o fuerzas de la naturaleza.

Sin embargo, algunos individuos pueden conectar *tanto* con seres humanos *como* con seres de la naturaleza, en cuyo caso su denominación podría sumar una larga lista tipológica. A modo de ejemplo, en una ocasión trabajé con un hombre que era capaz de percibir los sentimientos *de todo el mundo,* literalmente de todo el mundo. Independientemente de si la persona estaba cerca o en la otra punta del mundo, él siempre sabía cómo se sentía la persona en la que estaba pensando. También podía percibir las emociones de los animales, y tenía una vinculación especial con los perros, probablemente porque se había criado con ellos cuando era niño y sentía un gran amor por ellos. Podríamos definir la empatía de este cliente como emocional y natural.

Otras personas empáticas naturales tienen una relación parcial o integral con otros tantos aspectos de la naturaleza, como las plantas, los lagos, las estrellas o el viento. En una ocasión trabajé con un chamán de Perú que podía entrar en contacto con todas las plantas curativas de la zona, las cuales cultivaba también en su jardín. En su presencia, descubrí las propiedades curativas de las plantas con sólo tocarlas. En Estados Unidos soy incapaz de reproducirlo, lo que me lleva a preguntarme si «tomé prestada» la empatía natural de aquel chamán gracias a mi propia empatía chamánica, algo que exploraremos más adelante en este mismo capítulo.

He conocido a personas con todas las formas concebibles de empatía natural. Una vez impartí una clase sobre empatía ante una cincuentena de personas. Una de ellas era una astróloga que podía «leer» con su mente tanto a sus clientes como el movimiento de los planetas. Por tanto, su tipología empática era mental y natural. Otra mujer tenía una vinculación especial con las ballenas y era capaz de percibir qué especie concreta de ballena pasaba en aquellos momentos a miles de kilómetros de distancia. Su empatía era, sin lugar a duda, natural. Y otro hombre, aunque se ganaba la vida como joyero, su verdadero don no era tan convencional como su trabajo podría indicar. Tenía la capacidad de percibir información y sentimientos de las rocas. Y otra asistente usaba las rocas con propósitos curativos. Con sólo sostener una piedra en la mano, sabía qué dolencia física o problema personal podía ayudar a solucionar.

Muchas personas con dones de empatía natural recurren a la misma información que los dotados de empatía emocional, mental, física y espiritual, especialmente cuando se relacionan con criaturas de la naturaleza, como peces, aves de corral, animales o pájaros. Pueden sentir los dolores y molestias físicas de un perro, sus sentimientos, entender sus percepciones y saber qué espera la Divinidad de aquel ser tan importante.

Cuando la empatía natural se usa sabia y adecuadamente, el individuo es capaz de conectar con seres y fuerzas a los que rara vez podemos tener acceso en este planeta. Pueden ayudar a otras personas a cuidar a sus mascotas, mantener sus jardines o conectarse con la naturaleza en general. Otros pueden acceder al mundo natural para ayudar a personas o animales que necesitan atención o cuidados. E incluso otros, como los que saben leer las estrellas y las fuerzas naturales, pueden ayudar a otras personas a tomar decisiones o a prepararse para una tormenta.

La empatía natural compasiva permite asegurar que no se hace daño a la naturaleza ni a las personas y que el mundo humano y el natural convivan en equilibrio y armonía.

Algunas personas dotadas de empatía natural están tan influenciadas por la información energética que pueden sentirse abrumadas por el dolor, el sufrimiento o las necesidades de la naturaleza. En una ocasión trabajé con un cliente que no podía circular por la mayoría de las principales carreteras porque era capaz de sentir el dolor de los árboles por la pérdida de sus vecinos talados o podados. Tengo otra clienta que no puede ir de excursión por la montaña si en la zona se ha realizado minería a tajo abierto porque es capaz de sentir en sus propios huesos el corte hecho a las rocas.

Evidentemente, también existen individuos dotados de empatía natural que hacen un uso incorrecto de su don. El caso más paradigmático es el del adolescente mentalmente desequilibrado que tortura o mata animales. El dolor y el sufrimiento infligido a un animal muy probablemente refleja el suyo propio, y al proyectarlo en un animal, de algún modo obtiene una sensación de dominio sobre sus propios problemas de victimización. En general, empero, he descubierto que las personas empáticas naturales suelen ser almas dulces y sensibles y que están entre nosotros para fomentar la armonía entre la naturaleza y la humanidad. Una de mis amigas tiene una empatía natural tan desarrollada que ha adoptado tres perros y diez gatos de la Animal Humane Society y enseña a otras personas cómo rescatar animales.

En la naturaleza todo emite una vibración, y la persona dotada de empatía natural sintoniza con esto. Todo rebosa de vibración y voz, olor y vista, como John Muir capturó con tanta belleza:

Hace unos minutos cada árbol estaba emocionado, cediendo a la tormenta rugiente, agitando, girando, sacudiendo sus ramas en glorioso entusiasmo como adoración. Pero aunque al oído externo estos árboles ahora están silenciosos, sus canciones nunca cesan. Cada célula oculta palpita con la música y la vida, cada fibra vibra como cuerdas de arpa, mientras el incienso siempre fluye de las campanas y hojas del bálsamo.[42]

Para el dotado de empatía natural, todo el mundo está vivo; no sólo resplandece de vida, sino que también nos insufla vida.

Empatía espiritual: viviendo en la luz

Cada uno de nosotros es un espíritu. Somos una chispa inmortal y única nacida de la llama de lo Divino. Ciertas personas, a las que denomino empáticos espirituales, pueden sintonizar tanto con los espíritus de los demás como también con las intenciones y sueños del Gran Espíritu.

Para este tipo de personas, toda la vida es una oración, una expresión de la bendición divina. La empatía espiritual permite descubrir que el

---

42. John Muir, www.goodreads.com/author/quotes/5297

propósito de la vida no es otro que vivir como la bendición que somos, principalmente mediante el servicio a los demás. Si todos pudiéramos vivir como sabe hacerlo la persona con dotes de empatía espiritual, no habría guerras ni violencia, sólo paz y amor.

La empatía espiritual está muy en sintonía con los ideales más elevados y universales, pero también con los más personales. No me refiero a objetivos profesionales o sentimentales, sino a las aspiraciones fundamentales que cada espíritu establece de por vida. Estos objetivos son expansivos e incluyen el desarrollo de virtudes, cualidades espirituales y formas de ser que conducen a lo que denomino iluminación práctica, es decir, la capacidad de expresarse de un modo divino a través del empeño humano.

Este tipo de personas a veces pueden parecer muy moralistas porque son capaces de ver la diferencia entre la forma de vida de una persona, o el modo en que expresa su propósito en la vida, y cómo debería actuar realmente. Los individuos dotados de empatía espiritual a menudo perciben estas diferencias en su propio cuerpo o mediante una revelación inexplicable pero abrumadora.

A continuación, presentamos un par de ejemplos que servirán para entender mejor la empatía espiritual.

Imagina que una persona empática espiritual está en la iglesia escuchando la prédica de un pastor. A medida que el pastor habla, la persona empieza a sentirse incómoda, quizá incluso se pone furiosa o siente un malestar en el estómago. Echa un vistazo a su alrededor para comprobar si alguien se ha dado cuenta de que está sudando y teniendo escalofríos. Aunque tiene la vaga sensación de que algo no funciona con el sermón del pastor, aparentemente nadie más se da cuenta. Todo lo contrario, los fieles miran al frente, embelesados, salvo un niño que, mortalmente aburrido, no deja de dar pataditas al banco que tiene delante.

La sensación de malestar en el estómago aumenta y, entonces, comprende el motivo. El pastor no predica con el ejemplo. Aunque no tiene forma aparente de demostrar su intuición, su cuerpo empático se relaja. De algún modo sabe que el hombre detrás del púlpito no es una persona íntegra.

Otro ejemplo.

Te presento a una mujer empática espiritual que también es terapeuta. Está sentada en su consulta frente a una pareja. Es evidente que el marido tiene algún conflicto interior. Va vestido con ropa desparejada y arrugada, y lleva la barba descuidada. Da la sensación de ser alguien que apenas puede desenvolverse. El aspecto de la mujer, por el contrario, es conservador y meticulosamente pulcro. Los botones de su traje relucen como si los acabara de pulir.

La mujer me cuenta que su esposo es alcohólico. El hombre mantiene la cabeza gacha, como si se sintiera avergonzado de sus propias hazañas. Mientras la mujer habla, la terapeuta se siente sucia, como si algo no terminara de encajar con aquella mujer.

El marido admite su problema y dice que necesita ayuda. A pesar de la complicada vida del hombre, la terapeuta empática percibe una sensación cálida y afectuosa por él. Sin embargo, por mucho que lo intenta, es incapaz de sentirse cómoda con la esposa, y eso que la mujer parece ser casi perfecta.

Las personas empáticas espirituales no se quedan sólo con las apariencias, sino que son capaces de sentir lo genuino y honesto que es alguien. Un alcohólico con problemas es mucho más auténtico y fiable que una persona educada y de éxito, pero vacía e insustancial.

Como puede imaginarse, el don de percibir la integridad espiritual de alguien puede resultar confuso, al menos hasta que se aprende a reconocer los signos internos que indican quién es directo, o está «encarrilado», y quién no. Una vez se ha aprendido a confiar en la detección interna de la honestidad y la ética, la persona empática espiritual puede ayudar a los demás a reconocer sus propias debilidades espirituales y a descubrir qué hacer con ellas. Muchas personas con dotes de empatía espiritual deciden utilizar sus capacidades como líderes religiosos, entrenadores vitales, consejeros espirituales o incluso en el campo del liderazgo empresarial, todos ellos caminos que ayudan a otros a convertirse en aquello que pueden llegar a ser.

No obstante, los desafíos son complejos. A nadie le gusta pensar mal de los demás. Una persona empática espiritual reconoce el verdadero potencial de los demás, pero también entiende las diferencias entre el potencial y la realidad. No es fácil, divertido ni popular reconocer o señalar las discrepancias evidentes. Son muchos los que prefieren ignorar sus propios dones en lugar de enfrentarse a la realidad de otras personas, especialmente si esas personas son familiares o seres queridos.

En última instancia, creo que el siguiente fragmento del libro de Michael Cobley, *Seeds of Earth*, describe mejor que nada el alcance compasivo de la empatía espiritual dirigida a los demás:

—Los sueños persisten —suspiró el Maestro de caminos—. Cuanto más fuerte es el que sueña, más resistente es el sueño. Algunos sueñan hacia fuera, buscando la unidad con lo externo; otros sueñan interiormente, sueños de hambre y conquista, de dolor y de la huida del dolor. Algunos no sueñan con nada.[43]

El individuo empático espiritual puede percibir o sentir de forma intuitiva los sueños de los demás. ¿Están centrados únicamente en reproducir los patrones y esquemas que llevan al egoísmo, la inanición espiritual o el vacío? ¿Han perdido la capacidad de soñar y creer en algo o sueñan con la bondad implícita en todo átomo, hálito e instante? La función de la empatía espiritual es ayudar a los demás y a uno mismo a tener mejores sueños y más ambiciosos.

Empatía chamánica: todas las facetas de la joya

Los chamanes son los sacerdotes-curanderos de sus clanes. Desde el principio de los tiempos, independientemente de si un pueblo estaba situado en el desierto, la montaña, la jungla o incluso en el centro de la ciudad, se ha considerado al chamán el guardián de todo lo místico, especialmente de aquellas cosas que nos devuelven la plenitud corporal, mental y espiritual.

Si bien la mayoría de las personas posee uno, dos o incluso tres dones empáticos, el chamán empático domina todos los dones. Una típica interacción de empatía chamánica consistiría en sentir lo que está ocurriendo en el cuerpo de otras personas, percibir sus sentimientos, saber lo que piensan, advertir lo que está ocurriendo en el mundo natural que les rodea, dilucidar si existe una correlación entre sus acciones y sus creencias espirituales o no y, como si todo lo anterior no fuera suficiente, conectarse a fenómenos extraterrenales.

---

43. Michael Cobley (2009): *Seeds of Earth* (Nueva York: Hachette), 50.

96

Aunque es posible que un chamán no acceda al mismo tiempo a los otros cinco tipos de empatía, puede usar cualquier estilo siempre que lo considere necesario. Como he mencionado anteriormente, yo soy una chamana empática y, por tanto, en más de una ocasión he tenido que esforzarme en filtrar datos empáticos para no sobrecargarme. Por ejemplo, asisto con regularidad a los partidos de béisbol de mi hijo y, a menudo, debo enfrentarme a todo tipo de sensaciones en semejante entorno. Siento la alegría de mi hijo cuando alcanza la base, pero también la decepción del lanzador del equipo contrario. Sé qué padres tienen hambre y si tienen dinero para palomitas o no. (Si no lo tienen, a menudo hago circular las mías). Sé si va a llover o si tendremos nieve, un tornado o un aumento repentino de la temperatura, e incluso qué perro permanecerá sentado en silencio a los pies de su dueño y cuál se dedicará a perseguir las bolas que salen del terreno de juego. A menudo tengo que obligarme a mí misma a centrarme en el bateador para evitar involucrarme demasiado en las percepciones que me impiden disfrutar del juego.

Comparto esta experiencia para mostrar lo sencillo que es para un chamán empático saber *demasiado*. La experiencia chamánica tiene otra complicación: los chamanes conectan con algo más que los acontecimientos cotidianos de los demás y del cosmos. Si me abriera completamente durante un partido de béisbol, es probable que pudiera mantener una conversación con los parientes fallecidos de alguno de los jóvenes. Los chamanes empáticos tienen tendencia a entrar en contacto con seres y situaciones de otras dimensiones y épocas.

Mientras que la empatía física permite tocar un objeto y sentir los problemas físicos de otra persona, un chamán puede tocar el mismo objeto y saberlo todo sobre las vidas pasadas de esa persona, sus mascotas, sus problemas de salud y lo que le depara el futuro. Mientras que la persona empática espiritual es capaz de percibir el destino espiritual de los demás, determinando si están en el buen camino o no, el chamán puede mirar a través de la lente del tiempo para descubrir si el alma de esa persona alguna vez ha estado en el camino hacia ese destino y, de ser así, en cuál de sus vidas.

Además, también puede informar sobre los guías espirituales invisibles de la persona, como, por ejemplo, un ángel o un pariente fallecido, al tiempo que la previene de un posible accidente de coche.

Para mí, así como para muchos otros chamanes empáticos con los que he trabajado, el aspecto que presenta más desafíos de este estilo empático es distinguir entre pasado, presente y futuro, dado que el cuerpo percibe cada uno de dichos períodos de tiempo en este instante, en el presente. También es difícil determinar si lo que sientes se refiere a ti mismo o a otra persona.

A modo de ejemplo, una noche me acosté baldada. Me dolía la barbilla. Estaba asustada. Revisaba una y otra vez la póliza del seguro del coche. Notaba una presencia oscura. ¿Estaba recordando un accidente de coche que había tenido años atrás y que necesitaba revisitar por alguna razón? ¿Iba a tener un accidente en el futuro próximo? ¿Estaba sintiendo una experiencia que un amigo estaba sufriendo en aquel momento?

No obtuve respuesta hasta el día siguiente. Exactamente a las dos de la tarde, mis dos hijos tuvieron sendos accidentes. Michael tuvo un accidente de coche y Gabe se hizo daño en la barbilla mientras estaba en la guardería. Cada una de las sensaciones que había experimentado la noche anterior se reprodujo durante el día, incluido el dolor en la barbilla lastimada de Gabe y la necesidad de llamar a la compañía de seguros. Pasar la noche en vela hizo que mi nivel de adrenalina continuara alto y así pude tomar las riendas de la situación con mayor aplomo.

El chamán compasivo usa su experiencia multidimensional para ayudar a las personas y seres en nombre de lo Divino. No obstante, el chamán sabio no ayuda a todo el mundo, incluso si se lo piden. No captan los sentimientos de todo el mundo ni salvan a todos los sapos que corren peligro de ser atropellados. En su lugar, aprenden a confiar en la inspiración divina, a percibir la información empática que supera el filtro de lo Divino y a no involucrarse a menos que la Divinidad se lo indique.

El chamán empático que cumple con su deber ante la Divinidad puede considerarse un sanador en el estricto sentido de la palabra: aquel que incita a la plenitud donde existe la percepción de carencia. El chamán empático es un auténtico doctor del alma.

Empatía por transmisión:
empatía radiante y los seis estilos empáticos

Como persona empática, recibes continuamente todo tipo de percepciones. Notas, sientes, conoces o estableces contacto con lo que les ocurre a otras personas, formas de vida, objetos o fuerzas energéticas. Si estás comprometido con el amor y la atención al prójimo, puedes dar el siguiente paso y empezar a actuar o pensar compasivamente, encontrar la forma apropiada de aliviar el sufrimiento de los demás o colaborar en su evolución. Sin embargo, existe otra faceta de la empatía que rara vez se discute o comprende. Yo la denomino empatía radiante, y es otro medio para ayudar compasivamente a los demás mediante el uso de medios energéticos en lugar de prácticos.

Si la empatía consiste en recibir información energética, la empatía radiante conlleva el envío de ayuda energética. Es un proceso de transmisión mediante el cual la persona empática envía energía útil y afectuosa para aliviar el dolor y el sufrimiento ajeno o para ofrecer conocimiento y orientación.

Imagina la empatía radiante como si se tratara de un correo electrónico. Todos recibimos correos, tal vez demasiados y con demasiada frecuencia. La persona empática se pasa el día abriendo *emails* que le permiten saber qué está sucediendo en el mundo exterior. Muchos de ellos corren el riesgo de bloquear sus habilidades o volverse demasiado comprensivos porque no saben que no deben responder a todos y cada uno de esos correos. Pueden menoscabar su empatía como una forma de protegerse a sí mismos o volverse demasiado empáticos, e involucrarse demasiado, como una forma de ayudar a los demás.

La empatía radiante ofrece una alternativa. Consiste en responder a las necesidades de los demás enérgicamente en lugar de hacerlo de una forma tangible. En otras palabras, puedes escribir un correo electrónico en lugar de salir de la oficina, ir hasta la casa de la otra persona y sentarte delante de ella. Aunque el destinatario de tu respuesta compasiva no pueda oír, ver o incluso sentir tu mensaje, éste puede ser igualmente eficaz.

Cualquier tipo de empatía es susceptible de una respuesta empática radiante ante las necesidades de los demás. Una persona empática física puede sentir la lesión de otra persona y enviarle energía curativa. O bendecir un objeto para el enfermo y programarlo para que emita energía curativa cuando el destinatario lo vea, lo sostenga o lo use.

Determinadas personas empáticas físicas son tan propensas a la empatía radiante que sus dones evolucionan hacia la telequinesis, la habilidad de mover objetos sin tocarlos. En determinadas ocasiones, una situación traumática abre el campo energético de un sujeto dotado de empatía física. La intensa reacción provocada por su condición puede generar campos magnéticos o electromagnéticos capaces, literalmente, de mover objetos. Otros recurren a su capacidad telequinética para realizar cirugía psíquica, separando enérgicamente la carne para eliminar quistes, tumores, cuerpos extraños u otras afecciones que provocan problemas de salud. También son capaces de percibir los problemas que causan un desorden físico determinado, tales como la represión emocional o una mala postura. Estos sanadores también pueden insertar energía saludable para promover la transformación.

Una persona empática emocional puede sentir la tristeza ajena y enviar seguridad emocional y amor, algo así como un gran abrazo de oso. Alguien con dotes de empatía mental podría percibir si alguien se siente estúpido y sacarlo de su error, reafirmando su inteligencia y brillantez.

Una persona empática natural puede enviar energía curativa a cualquier ser o fuerza de la naturaleza, pero también podría ser capaz de redirigir un ser natural o una fuerza elemental para que ayude a otra persona. Por ejemplo, una mujer empática natural que conozco puede enviar a sus clientes las cualidades vibratorias de las rocas y plantas para ayudarla, a sanar. Otra tiene la capacidad de convocar los poderes animales de sus clientes, esto es, los espíritus de animales, reptiles y aves dispuestos a brindarles orientación.

Una persona empática espiritual puede captar el vencido espíritu de alguien y enviarle el poder de la gracia divina. Un chamán empático puede hacer todo lo anterior, además de alejar a las entidades intrusivas de una persona y pedirles a las entidades benéficas que se presenten y proporcionen ayuda.

Aunque esta transferencia directa puede ocurrir sin contacto personal alguno, en mi caso también puedo sentarme frente a un cliente y enviarle empatía radiante. La cuestión es que no necesito estar presente para lograrlo. Así es la naturaleza de la empatía radiante.

EXPLORACIÓN EMPÁTICA 4. ¿Cuál es tu estilo empático?

Todos tenemos acceso, por lo menos, a una forma de saber o estilo empático. Piensa en el modo en que te relacionas normalmente con las personas. ¿Sientes las emociones de los demás en tu propio cuerpo, sabes lo que saben o eres más propenso al conocimiento espiritual o místico?

Para saber cuál de las seis habilidades empáticas podría describirte mejor, te invito a realizar la siguiente prueba. Lee cada pregunta y haz un círculo alrededor de un número entre el 0 y el 5. El 0 indica que la afirmación no se ajusta en absoluto a tu realidad y el 5, que la afinidad es máxima. Cuando termines, tú mismo podrás evaluar y sacar las conclusiones del cuestionario.

1. Asumo el dolor físico de las personas que me rodean.
   0 1 2 3 4 5

2. Soy sensible a los estados de ánimo y sentimientos de los demás.
   0 1 2 3 4 5

3. Suelo entender las motivaciones de los demás, incluso cuando ellos no las entienden.
   0 1 2 3 4 5

4. A menudo percibo lo que sienten los animales, física o emocionalmente.
   0 1 2 3 4 5

5. Suelo sentir la presencia de seres no físicos.
   0 1 2 3 4 5

6. A menudo me siento como un extraño en este planeta, como si fuera tan consciente de otras épocas y espacios que me resulta difícil conectar con el mundo que me rodea.
   0 1 2 3 4 5

7. Suelo sentir los síntomas físicos de dolor o enfermedad de otras personas en mi propio cuerpo.
   0 1 2 3 4 5

8. Los extraños se acercan a mí y comparten conmigo sus
   sentimientos más profundos sin ningún motivo aparente.
   0 1 2 3 4 5

9. Me resulta difícil explicarle a la gente cómo sé lo que sé.
   0 1 2 3 4 5

10. A menudo predigo cambios de tiempo o ambientales, incluso
    antes de que se anuncien.
    0 1 2 3 4 5

11. Me siento en paz conmigo mismo en torno a personas que
    parecen vivir según lo que proclaman.
    0 1 2 3 4 5

12. A veces me siento abrumado por mi propia sensibilidad psíquica
    hacia las otras personas, animales, objetos e incluso espíritus. Es
    como si tuviera todos los dones empáticos.
    0 1 2 3 4 5

13. A veces, al sostener un objeto, experimento sensaciones
    intensas, tales como mareos, náuseas u otras sensaciones que el
    propietario del objeto pudo haber experimentado en el pasado o
    esté experimentando actualmente.
    0 1 2 3 4 5

14. A menudo me siento muy emocionado justo antes de un
    acontecimiento interesante, independientemente de si al final
    resulta ser positivo o negativo.
    0 1 2 3 4 5

15. Es fácil para mí leer entre líneas y saber lo que la gente
    realmente está pensando o diciendo.
    0 1 2 3 4 5

16. Soy más feliz cuando estoy en armonía con la naturaleza:
    la tierra, el agua y el cielo.
    0 1 2 3 4 5

17. Creo que estamos en este mundo para cumplir el destino
    divino, y me gusta ayudar a los demás a descubrir su propósito
    en la vida.
    0 1 2 3 4 5

18. A veces soy más consciente de los mundos, dimensiones y seres
    no físicos que del mundo físico.
    0 1 2 3 4 5

19. Cuando entro en una casa, siento la energía de los propietarios
    o visitantes anteriores.
    0 1 2 3 4 5

20. Normalmente, sé cuándo alguien está muy triste, incluso si no
    me lo dicen.
    0 1 2 3 4 5

21. Me resulta muy fácil ponerme en la piel de otra persona, incluso
    si no la conozco bien.
    0 1 2 3 4 5

22. Tengo un don para las plantas; siempre sé cuándo debo regarlas
    o necesitan más luz.
    0 1 2 3 4 5

23. Siempre sé cuándo alguien está mintiendo o es deshonesto.
    0 1 2 3 4 5

24. Creo que tengo todos los dones empáticos: físico, emocional,
    mental, natural y espiritual.
    0 1 2 3 4 5

25. Suelo saber con exactitud qué parte del cuerpo de otra persona
    le provoca dolor o está enferma.
    0 1 2 3 4 5

26. A veces me embarga una emoción muy fuerte y después
    descubro que otra persona ha experimentado esos sentimientos.
    0 1 2 3 4 5

27. Normalmente sé qué información es la relevante sin ningún motivo aparente.

0 1 2 3 4 5

28. Los eventos astrológicos o astronómicos suelen afectarme o perturbarme profundamente.

0 1 2 3 4 5

29. Lo que más me molesta es la falta de ética e integridad moral.

0 1 2 3 4 5

30. Tengo *déjà vus* sobre el pasado de otras personas, incluidas sus vidas pasadas.

0 1 2 3 4 5

Análisis de la exploración empática: ¿cuál es tu estilo?

Primera parte: cómputo de las preguntas

Por favor, cuenta los puntos de 0 a 5 para las preguntas relacionadas con los tipos específicos de empatía. Luego suma la cantidad de puntos que has colocado en cada una de las seis áreas.

EMPATÍA FÍSICA

Pregunta 1

Pregunta 7

Pregunta 13

Pregunta 19

Pregunta 25

    Puntuación total de empatía física:

EMPATÍA EMOCIONAL

Pregunta 2

Pregunta 8

Pregunta 14

Pregunta 20

Pregunta 26

    Puntuación total de empatía emocional:

EMPATÍA MENTAL

Pregunta 3

Pregunta 9

Pregunta 15

Pregunta 21

Pregunta 27

Puntuación total de empatía mental:

EMPATÍA NATURAL

Pregunta 4

Pregunta 10

Pregunta 16

Pregunta 22

Pregunta 28

Puntuación total de empatía natural:

EMPATÍA ESPIRITUAL

Pregunta 5

Pregunta 11

Pregunta 17

Pregunta 23

Pregunta 29

Puntuación total de empatía espiritual:

EMPATÍA CHAMÁNICA

Pregunta 6

Pregunta 12

Pregunta 18

Pregunta 24

Pregunta 30

Puntuación total de empatía chamánica:
(Suma) puntuación total combinada:

Como habrás podido ver, se pueden obtener un total de 25 puntos por cada uno de los seis estilos empáticos. Cuanto más alta sea tu puntuación en una categoría, mayor será tu aptitud en esa forma de empatía. Y cuanto mayor sea el total de puntos, mayor será tu potencial o habilidades empáticas generales.

Se puede tener sólo una categoría fuerte o diversas áreas elevadas de empatía. La gente normalmente asegura tener una o dos formas de empatía. Los chamanes, sin embargo, es probable que obtengan una alta puntuación en todas las categorías, además de en el área chamánica, porque, como hemos visto, los chamanes generalmente están dotados en todos los tipos empáticos.

A continuación, ofrecemos una breve interpretación de los resultados que te ayudarán a determinar si tu nivel de competencia es alto, medio o bajo en relación con cada una de las seis formas empáticas.

EMPATÍA ALTA: de 20 a 25 puntos
Eres una persona muy empática en este campo empático. A menudo confías en tu estilo para relacionarte con el mundo exterior, pero deberías aprender a establecer los límites apropiados para que tu experiencia no te abrume. También deberías descubrir el modo de utilizar compasivamente tu estilo empático para ayudar a los demás, dado que podría resultar de gran ayuda si lo empleas consciente y adecuadamente.

EMPATÍA MEDIA: de 12 a 19 puntos
Tienes muchas posibilidades en este campo empático. Hasta ahora te ha resultado muy útil. Es probable que tu don aparezca cuando los demás lo necesitan de verdad. Valdría la pena desarrollar este estilo y aprender a usarlo cuando sientas que puede resultar beneficioso tanto para ti como para las personas que te rodean.

EMPATÍA BAJA: 0 a 11 puntos
O bien no puedes utilizar este estilo empático o bien no es accesible para ti. Puede estar bloqueado debido simplemente a la falta de uso o por traumas infantiles o problemas emocionales no resueltos. No obstante, si decidieras examinar los posibles bloqueos y consiguieras eliminarlos,

podrías acceder a él. También es posible que no estés «destinado» a poseer este estilo empático; si ése es tu caso, no es necesario que lo utilices ni desarrolles.

(SUMA) PUNTUACIÓN TOTAL COMBINADA

La puntuación potencial absoluta es de 125 puntos. Algunas personas son muy fuertes en diversas categorías, lo que se refleja en una (suma) puntuación total combinada más alta, de entre 90 y 125 puntos. Otras tienen capacidades desarrolladas en dos áreas principales, por lo que su puntuación puede quedar limitada a una horquilla que va de los 50 a los 125 puntos; esto indica simplemente que la persona es fuerte en algunos aspectos y débil en otros. La (suma) puntuación combinada total resulta de interés siempre y cuando se obtenga una puntuación considerablemente alta o baja. Un resultado alto es indicativo de una naturaleza empática muy desarrollada, lo que también implica asumir los desafíos subsiguientes, como la necesidad de distinguir entre nuestra propia energía y la de los demás o aprender a protegerse. Te recomendaría que prestaras especial atención tanto al desarrollo de tu sentido del yo como a los límites energéticos. Una puntuación baja, por debajo de los 25 puntos si éstos están repartidos en lugar de concentrados en una o dos categorías, podría apuntar a un bloqueo de la empatía; tal vez deberías realizar algún tipo de terapia personal para descubrir el motivo.

¡Buen trabajo! Ahora tienes una visión más clara del modo en que funciona tu empatía. Con el fin de desarrollar aún más tus dotes empáticas, en la segunda parte veremos su aplicación práctica.

Aplicación práctica

Cómo dominar el don de la empatía

Ahora que dispones de más conocimientos relativos a la empatía, así como una mayor conciencia del papel integral que puede desempeñar en tu vida cotidiana, ya estás preparado para aplicarla a las situaciones y momentos que más te interesan. En la segunda parte descubrirás técnicas prácticas para activar la empatía compasiva en campos como la curación física y emocional, las relaciones personales, el trabajo, la educación de los hijos, el crecimiento espiritual y muchos otros. A medida que utilices diariamente las herramientas y consejos que ofrecemos en las páginas siguientes, experimentarás cambios significativos y emocionantes: la vida fluirá con mayor facilidad, las relaciones se tornarán más armoniosas y satisfactorias y un sentido de conexión divina impregnará incluso el aire que respiras. Independientemente de si tu estilo empático es físico, emocional, mental, natural, espiritual o chamánico, al utilizar estas herramientas en tu vida diaria, dominarás rápidamente los profundos dones espirituales de la empatía.

CAPÍTULO 5

Herramientas para una empatía compasiva

Recuerda, si alguna vez necesitas que te echen una mano,
encontrarás una al final de tu brazo. A medida que crezcas,
descubrirás que tienes dos manos: una para
ayudarte a ti mismo y otra para ayudar a los demás.

Sam Levenson

Los dones empáticos descritos en el capítulo 1 (las percepciones de las que hablamos allí) son una herramienta maravillosa para conectarse con el mundo que nos rodea. No obstante, aprender a usarlos puede resultar algo confuso. Por ejemplo, es posible que, en lugar de ser una persona empática, seas simplemente comprensivo. O puede que seas propenso a cualquiera de las otras experiencias aparentemente empáticas que enumeramos en el capítulo 3, como la personalización o el contagio emocional. Quizás, inadvertidamente, hayas bloqueado algunos de tus dones empáticos o sólo te sientas cómodo usando aquellos que conforman tu estilo empático más desarrollado. Tal vez tú o tu pareja formáis parte de una de las categorías clínicas de deficiencia empática y no sepas qué hacer.

La buena noticia es que no importa en qué punto de accesibilidad y utilidad compasiva se encuentran tus dones empáticos; siempre estás a tiempo de desarrollarlos, fortalecerlos y hacerlos más beneficiosos tanto para ti mismo como para los demás. El objetivo de este capítulo es proporcionar tres herramientas básicas pero esenciales para ayudarte a alcanzar los siguientes objetivos: recurrir a tus dones empáticos, utilizarlos e incluso sanarlos. Gracias a estas herramientas, serás capaz de descubrir:

- La necesidad de comunicación empática de la otra persona.
- Si debes responder mediante una acción o la empatía radiante.
- O si debes relacionarte con personas con deficiencia empática.

Tendrás la oportunidad de utilizar estas tres herramientas básicas durante la segunda parte de este libro. Pero ahora es el momento de recibirlas. Disponte a abrirlas como abrirías tres regalos que alguien ha envuelto cuidadosa y especialmente para ti, ya que son regalos que podrás usar durante el resto de tu vida.

Las tres herramientas principales: el botiquín empático

Hay tres técnicas a las que recurro continuamente, tanto en la esfera personal como en mi práctica intuitiva de sanación. Las enseño en clase y a clientes y describo versiones de éstas en mis libros. De hecho, son las herramientas principales que utilizo para establecer límites, afrontar situaciones complicadas y abrirme a la orientación divina. Aquí las he personalizado hacia el desarrollo de la empatía. Son las siguientes:

1. De espíritu a espíritu
2. Corrientes sanadoras de bendiciones
3. Cinco pasos hacia la empatía compasiva

A medida que lees las diversas técnicas, te invito a que pienses en la forma de ponerlas en práctica de inmediato en tu vida cotidiana. En la práctica es cuando adquieren su auténtico significado.

PRIMERA HERRAMIENTA: de espíritu a espíritu

Ésta es mi técnica favorita, el resultado de veinticinco años de estudios transculturales, estudios chamánicos en otros países e investigación académica. Puedes usarla por cualquier motivo y en cualquier situación, y es una forma especialmente útil de empoderamiento empático.

La técnica consiste en un proceso de tres pasos que permiten reafirmar nuestra parte más elevada y sabia, hacer lo propio con los demás y, finalmente, invocar al Gran Espíritu, el cual puede recibir diversos nombres: Dios, Alá, Cristo, la Divinidad, la Madre, el Espíritu Santo o Poder Superior.

PRIMER PASO: *reafirmar nuestro propio espíritu*

Tu espíritu es tu esencia, la chispa divina que mora en tu interior. Cuando decides interactuar empáticamente con tu espíritu, automáticamente sale lo mejor que hay en ti. También activa la parte de nosotros mismos que puede tomar decisiones con mayor eficacia y compasión respecto a la empatía: qué elegir (y qué no) y cómo reaccionar. Al fijar nuestros procesos empáticos en nuestro propio espíritu también nos incluimos a nosotros mismos en la ecuación. La Divinidad nunca permitirá que recibas un mensaje empático o respondas a una información intuitiva que pueda resultarte dañina.

La forma más fácil de reafirmar tu espíritu es respirar profundamente y concentrarte en tu corazón. El corazón es el centro de la anatomía energética, el hogar del amor y el lugar a través del cual es más fácil acceder a la inteligencia incondicional. Limítate a repetir interiormente: «Sé que mi espíritu se ocupa de mi proceso empático».

SEGUNDO PASO: *reafirmar el espíritu de los demás*

Todo el mundo y todas las cosas son una expresión de la Divinidad, incluso tú mismo. Mediante este paso, reconoces la bondad interior y la percepción de una persona o un grupo de personas, fuerzas o seres naturales, entidades, ángeles o cualquier otra cosa. Si estás solo, incluso puedes conectar con tus guardianes invisibles.

Para afirmar el espíritu de los demás, sólo tienes que respirar en tu propio corazón y pedirle a la Divinidad que alerte a los espíritus, visibles e invisibles, que pueden ayudarte a alcanzar las metas más altas. A continuación, di o piensa: «Invoco al espíritu más elevado de todos los involucrados en este proceso empático».

TERCER PASO: reafirma la presencia del Gran Espíritu

Este paso nos hace más humildes. Manifiesta tu intención de dejar a un lado tus egos y solicita a la Divinidad, y sólo a la Divinidad, que te brinde la información empática, la orientación y las sugerencias para las acciones que debes tomar. Mediante esta fase, dejamos de lado nuestras motivaciones personales y permitimos que la Divinidad gestione todos los aspectos involucrados en el proceso empático, incluida la protección y sanación tanto de los demás como de nosotros mismos.

Para reafirmar el Gran Espíritu, sólo debes creer en la presencia absoluta de la Divinidad y dar permiso para que ésta se haga cargo del proceso en el que estás implicado. Promete seguir el ejemplo de la Divinidad y acepta que todo saldrá bien.

La técnica de espíritu a espíritu puede usarse de muchas maneras, por sí misma o integrada con otras técnicas descritas en este capítulo. Más adelante te mostraré cómo hacerlo. A continuación, encontrarás algunas sugerencias sobre cómo aplicarla en tanto técnica independiente.

- Empieza el día con de espíritu a espíritu. Tras invocar al Gran Espíritu, pídele que gestione tu proceso empático para ese día.
- Si tienes la sensación de que tus límites empáticos empiezan a desdibujarse (te estás volviendo demasiado comprensivo o has caído en la trampa otra vez de la falsa empatía), recurre a la técnica de espíritu a espíritu. Mientras reafirmas la presencia de la Divinidad en el tercer paso, pídele al Gran Espíritu que te libere de la energía que no te pertenece y que reequilibre tu sistema.
- Si deseas poner en práctica de forma consciente tus dones empáticos, decide qué acción compasiva vas a llevar a cabo, ya sea a través de tu presencia física o mediante el uso de tus habilidades empáticas radiantes. Recurre a los tres pasos anteriormente descritos y pídele al Espíritu que te muestre qué debes hacer al llegar al tercer paso.
- Si estás con una persona con discapacidad empática y te sientes angustiado o confundido, recurre inmediatamente a la técnica de espíritu a espíritu. En el segundo paso, asegúrate de reafirmar tanto

a la persona incapacitada como a tu guardián invisible. En el tercer paso, pídele a la Divinidad que te muestre el mejor modo de interactuar con la persona con discapacidad empática.

- Si debes asistir a un evento que desencadena en ti un exceso de empatía o afecta tus facultades empáticas, antes dirígete al Gran Espíritu. En el segundo paso, reafirma a todos los miembros del grupo o participantes, y también a tus guardianes invisibles. Durante el tercer paso, permite que la Divinidad te proporcione protección especial.

SEGUNDA HERRAMIENTA: corrientes sanadoras de bendiciones

Tras años investigando a los mejores sanadores de la historia, he descubierto que existe un denominador común a todos ellos: el convencimiento de la importancia del poder del amor en el proceso de sanación. Muchos de ellos fueron capaces de percibir rayos o hebras de amor divino incondicional rodeando a las personas necesitadas. Cuando dichos rayos de luz lograban penetrar en la persona, ésta se sanaba o transformaba. Sin embargo, la persona incapaz de reconocer o aceptar estos rayos de amor no se veía afectada por los buenos deseos.

Estoy convencida de que estas corrientes de luz representan la bendición, la cual me gusta definir como «amor empoderado» o «amor en acción». Todo el mundo y todas las cosas pueden acceder a la bendición, desde la brizna de hierba más diminuta hasta los líderes mundiales más exaltados. También puede recurrirse a ella para resolver nuestros problemas de autoestima o para encaminarnos hacia la verdad más importante de todas: todos estamos conectados, completa y permanentemente, a una fuente más elevada que sólo desea lo mejor para nosotros.

Las claves para aceptar estas bendiciones no visibles pero tangibles son sentirse digno del amor incondicional y ser consciente de que, a través de éste, podemos propiciar cambios.

Gracias a la empatía, seremos capaces de percibir y sentir estas corrientes de bendiciones y utilizarlas para ayudar tanto a los demás como a nosotros mismos. Son el antídoto perfecto para el exceso de empatía; al rodearnos de bendiciones, estableceremos los límites apropiados de un modo elegante. Son la respuesta al impulso que nos lleva a querer ayudar a los demás, ya que estaremos capacitados para proporcionarles sanación mediante una onda de afecto bendito. Para que prospere nuestras intenciones, sólo tendremos que pedirle a la Divinidad que comparta con nosotros las corrientes de bendiciones.

Estas corrientes no son meras «energías», sino retazos de conciencia que emanan de la Divinidad cuya función es proporcionarnos asistencia gracias a la voluntad del Ser Supremo. Aunque yo suelo recurrir a estos flujos de bendiciones para la sanación y la protección, también pueden utilizarse para protocolos intuitivos y empáticos, incluida la empatía radiante. El protocolo que permite abrir los flujos de bendiciones es sencillo, y también consta únicamente de tres pasos:

PRIMER PASO: *pídele a la Divinidad que te proporcione flujos de bendiciones*

Normalmente, recurro primero a la técnica de espíritu a espíritu para asegurarme de tener una actitud abierta y una alta autoestima. A continuación, pido sinceramente a la Divinidad que me permita (o a cualquier otra persona) el acceso a las corrientes de bendiciones necesarias en aquella situación. Suelo pedirle a la Divinidad que proporcione las bendiciones de tal modo que anulen cualquier resistencia, ayudando tanto a las partes de mí misma o de otra persona que están dispuestas a cambiar como a las que no lo están. (Por lo general, la gente no se muestra dispuesta a aceptar amor si, por ejemplo, se siente indigna o cree que no lo merece, de modo que ayudarlas a resolver estos problemas de resistencia estimula la sanación de heridas y problemas más profundos).

SEGUNDO PASO: *acepta con gratitud*

La gratitud es en sí misma una bendición, aunque a menudo se exprese en silencio. Además, favorece una actitud humilde y la aceptación de la voluntad Divina por encima de la personal.

TERCER PASO: *permite que las corrientes cambien*

Con el tiempo, estos flujos de energía, cuya apariencia psíquica es una luz de varias formas y colores, cumplen con su cometido. Puedes pedirle a la Divinidad que elimine las corrientes de bendiciones que ya no son eficaces y que siga ajustando las transmisiones que deben seguir funcionando, controlando la intensidad y la fuerza de las corrientes restantes hasta que éstas también se liberen automáticamente.

¿Cómo puedes aplicar las corrientes de bendiciones a la empatía y la empatía radiante? A continuación, te damos algunas sugerencias. Para garantizar una actitud saludable y una claridad de propósito, te recomiendo que siempre recurras a estas aplicaciones prácticas tras haber completado los tres pasos de la técnica de espíritu a espíritu.

- Pídele a la Divinidad que te proporcione la energía empática que necesitas sólo en corrientes de bendiciones. Esto asegurará que la energía filtrada resulte beneficiosa y saludable.
- Si debes estar en contacto con un discapacitado empático, solicita a la Divinidad que coloque un límite de bendiciones entre tú y dicha persona para así poder mantener las distancias, pero seguir siendo afectuoso. También puedes pedirle que os rodee de corrientes sanadoras de bendiciones. Es una de las formas para «dejarse ir y recibir a Dios».
- Cuando debas interpretar una percepción empática, pídele que te proporcione una corriente sanadora de bendiciones para estimular la interpretación correcta.
- Cuando debas decidir cómo responder a un impulso empático determinado, pídele a la Divinidad que colme de bendiciones tus acciones compasivas para que sólo den como resultado resultados positivos.
- Si eres o has sido excesivamente comprensivo, pídele a la Divinidad que te ayude a valorar las energías empáticas en lugar de absorberlas y conservarlas. A continuación, solicítale que te libere de las energías internas mediante una corriente sanadora de bendiciones y que las traslade al lugar donde considere que deberían estar.
- Al transmitir empatía radiante, empieza por tener claras tus intenciones. Si eres una persona empática física, ¿deseas enviar sanación física? Si una fuerza oscura se instala en una persona, ¿deseas liberarla de dicha entidad? Solicita una corriente sanadora de bendiciones que te ayude a aplicar tus intenciones y llevar amor a la persona, animal, lugar, objeto o situación implicada. Ten en cuenta que siempre debes mostrarte dispuesto a renunciar a ella; las corrientes sanadoras de bendiciones funcionan mejor para fines superiores que por motivaciones personales.

En una ocasión, el presidente Barack Obama compartió unas maravillosas palabras, en mi opinión, que reflejan perfectamente el uso combinado de las técnicas de espíritu a espíritu y de las corrientes sanadoras de bendiciones: «Pero lo que podemos hacer, por muy imperfectos que seamos, es seguir viendo a Dios en otras personas y hacer todo lo que está en nuestra mano para ayudarlos a encontrar su propia bendición».[44]

Aunque sea «lo único que podemos hacer», a menudo es suficiente.

TERCERA HERRAMIENTA: cinco pasos hacia la empatía compasiva

A veces debemos ser muy metódicos en el modo en que usamos nuestros dones empáticos. Esto es especialmente cierto cuando queremos sanar, utilizar la empatía para fines específicos, emplear la empatía radiante, ayudar a los demás, desmontar un patrón empático como la lástima o la simpatía, o resolver una discapacidad empática propia o de otra persona. En estas situaciones podemos recurrir a los cinco pasos siguientes:

PRIMER PASO: acepta la información empática

Es imposible decidir eficazmente qué hacer con la información empática hasta que no hayas aceptado que la estás recibiendo. Puede que ya hayas completado de espíritu a espíritu cuando recibas la información, o puede que recurras a ella inmediatamente después de darte cuenta de que estás recibiendo información empática. Consulta la página 120, «¿Cómo sé qué es empatía?», para ayudarte a determinar si estás recibiendo datos empáticos y, de ser así, qué tipo de datos son.

SEGUNDO PASO: realiza una evaluación compasiva y pide ayuda

Una vez que hayas determinado que estás recibiendo información empática, debes determinar su mensaje y significado. También tienes que decidir si tu función es la de receptor y si debes responder o no. Ambas actividades requieren que recurras a la compasión: tanto hacia el otro como hacia ti mismo.

Este paso tiene dos fases, ambas necesarias para asegurar que contextualizas adecuadamente la información y sitúas los límites personales necesarios.

---

44. Presidente Barack Obama, www.brainyquote.com/quotes/keywords/grace.html

Primera fase: establece la importancia de la información para la(s) otra(s) persona(s) involucrada(s). La empatía implica comprender el significado de un evento o situación para los demás, no para nosotros mismos.

Segunda fase: decide cómo se siente tu ser interior con respecto a la información. Los datos empáticos pueden obtener una respuesta por distintos canales: el alma, la mente, el espíritu e incluso el niño interior. Algunas partes de nuestro ser son fuertes y pueden lidiar con casi cualquier cosa. Sin embargo, hay otras mucho más inestables, por lo que puede resultar perjudicial interactuar con ciertas cadenas de datos empáticos. Por ejemplo, alguien que está intentando lidiar con el recuerdo de abusos sexuales puede activar tus propios recuerdos de abuso. Si te encuentras ante una de estas situaciones durante la fase 2, tienes varias opciones:

- Solicita para ti mismo corrientes sanadoras de bendiciones.
- Pide que se bloquee la información empática (aunque sea temporalmente) y orientación para saber qué debes decirle a la otra persona en el caso de que sea necesario entablar comunicación.
- Haz una pausa y realiza las actividades más profundas que necesites hacer antes de ayudar o responder al otro.
- Pídele a la Divinidad que proteja aquella parte de ti más inestable con corrientes sanadoras de bendiciones y comprométete a ayudarte a ti mismo más tarde (y después hazlo).

Ahora ya puedes seguir analizando la información empática.

TERCER PASO: solicita la respuesta divina

Aunque este paso es fundamental, a menudo suele omitirse. Antes de responder a una necesidad que percibes mediante una acción externa, pídele a la Divinidad que sea ella quien la resuelva. La Divinidad puede enviar una corriente sanadora de bendiciones, no hacer nada o decirte qué debes hacer, ya sea mediante una acción práctica o por medio de la empatía radiante. Cualquier acción que lleves a cabo será más poderosa y beneficiosa si primero actúa el Espíritu.

CUARTO PASO: actúa con humildad

En este punto, es posible que tengas la sensación de que la compasión te impulsa a pasar a la acción. A veces actuamos hacia el exterior y otras recurrimos a la oración, enviamos una corriente sanadora de bendiciones o incluso cambiamos de actitud. La humildad es fundamental para evitar la tentación de «jugar a ser Dios» y creer que puedes solucionar tú solo los problemas ajenos. Recuerda que sólo eres una pieza más del engranaje, no el actor principal.

QUINTO PASO: renuncia a las consecuencias

Lleves a cabo o no una acción (externa o internamente), el último paso consiste en renunciar a las consecuencias de ésta. Renunciar significa hacer de testigo del cambio de otra persona sin asumir la responsabilidad de ese cambio. Por ejemplo, es posible que sientas el impulso de darle dinero a alguien que no tiene suficiente para comer, aunque no sabes si con ese gesto le proporcionarás todo lo que necesita o simplemente llenarás un vacío. La renuncia te ayudará a evitar la simpatía, el contagio emocional y todas las demás formas enérgicas de codependencia que pueden mantenerte atrapado en una situación difícil que no es de tu incumbencia.

¿Cómo sé qué es empatía?

A veces puede resultar difícil distinguir si estás recibiendo información empática o mensajes manipuladores o conectando con tus propios pensamientos, sentimientos y recuerdos. A continuación, se ofrecen algunas pautas generales sobre información empática que pueden ayudarte en dicha tarea.

- La información empática parece venir del exterior y la calidad de la transmisión indica que no son tus datos. De hecho, el tono vibratorio de dicha información será diferente al de tus propios pensamientos, sensaciones y sentimientos.
- La información empática sana estará en calma, mientras que las órdenes manipuladoras te obligarán o forzarán a obedecer.

- Cuando la información empática física viene acompañada de datos clarividentes o clariaudientes, puedes distinguirla de la clarividencia o clariaudiencia porque la energía es sensorial, palpable e inclusiva y porque transforma o afecta tus sentimientos, pensamientos o conciencia física.

- La auténtica información empática te ayudará a sentirte unido o conectado a la vida o circunstancias de otra persona, pero no te abrumará como lo hace la información simpática. Continuarás estando presente y completo al tiempo que experimentas la realidad de otra persona.

- La empatía manipuladora provocará que te olvides de ti mismo o de tus necesidades; puedes tener dificultades para realizar la segunda fase del segundo paso que lleva a la empatía compasiva, el cual se centra en la autocompasión. Es posible que corras el riesgo de intervenir de inmediato y de solucionar los problemas externos por tu propia cuenta (lástima), de quedar atrapado en la problemática (contagio emocional), de pretender comprender lo que está sucediendo o de creer que estás facultado para cambiarlo (imaginación), de continuar en la segunda fase/segundo paso y de concentrarte únicamente en tus propias reacciones (personalización) o de evitar por completo el quinto paso —renuncia a las consecuencias— y asumir que todo saldrá bien a pesar de las dificultades (hiperoptimismo).

- Si es necesario, la información empática puede esperar. Tienes tiempo para orientarte, hacer una pausa y buscar la ayuda divina.

- Si tienes la sensación de que te están manipulando, siempre puedes recurrir a la técnica de espíritu a espíritu y pedir ayuda o usar corrientes sanadoras de bendiciones para protegerte. Las corrientes de bendiciones también pueden liberarte de la energía manipuladora si la solicitas.

Sugerencias empáticas: cómo reconocer la orientación divina

A veces resulta difícil saber si estamos recibiendo o no orientación espiritual, un factor de suma importancia para acceder a la Divinidad cuando se usan las tres técnicas que hemos presentado anteriormente. Por norma general, todos los mensajes divinos, ya sean enviados directamente por la Divinidad o a través de un mensajero designado por ésta, son afectuosos y cálidos. Aunque es posible que el contenido resulte amenazador (por ejemplo, si recibes la advertencia de un accidente inminente), el mensajero no te asustará ni amenazará.

Sí, podemos recibir mensajes empáticos de seres extraterrenales, como, por ejemplo, ángeles, parientes fallecidos o seres del mundo natural como hadas y otras entidades espirituales. Estos seres pueden percibir empáticamente nuestra situación y reaccionar a ella. Además, a través de nuestros sentidos empáticos, nosotros también podemos percibir lo que ellos sienten y responder a su vez. Por ejemplo, mis guías espirituales a menudo me transmiten su atención, preocupación o compasión. Por desgracia, existen seres sobrenaturales con motivos oscuros o negativos. Pueden acosar a una persona desprotegida o desprevenida y absorber su energía o enviarle sensaciones dañinas o erróneas.

Las revelaciones divinas, a diferencia de las perniciosas, nunca nos perjudicarán ni avergonzarán. Son respetuosas con todo el mundo y fomentan el comportamiento deferente. Las comunicaciones divinas nunca entrarán en conflicto con nuestra ética universal compartida. No recurren a las amenazas, como las que aseguran que iremos al infierno si no seguimos las normas, ni tienen cláusulas ocultas. Nunca te pedirán que mates o hagas daño a otra persona ni a ti mismo. En otras palabras, puedes seguir las órdenes divinas con la conciencia tranquila.

Existen métodos para percibir la orientación divina para cada uno de los distintos estilos empáticos. Conocerlos puede ayudarte a analizar los mensajes o sensaciones empáticas que recibes y descubrir cuáles gozan de aprobación divina.

Empatía física

Si eres una persona empática física, la Divinidad se comunica contigo enviando sensaciones a tu cuerpo. Estas sensaciones pueden ser golpes, dolores, toques, sensaciones incómodas, tamborileo o incluso aromas y sabores. Por ejemplo, la Divinidad podría advertirte de un desastre inminente paralizándote, o alertarte de un posible accidente de coche haciéndote sentir que ya has sufrido uno. La Divinidad podría indicarte que gires a la izquierda en el siguiente semáforo mediante una suave presión en tu mano izquierda. También puedes recibir mensajes de la Divinidad a través del mundo exterior. Una persona con un brazo roto podría dirigirse a ti en una tienda; sientes su dolor, pero también tienes la impresión de que podría pasarte lo mismo si no tienes cuidado.

Empatía emocional

La Divinidad se comunica con las personas empáticas emocionales a través de los sentimientos, las emociones conmovedoras y los impulsos que nos indican a qué debemos prestar atención y cómo debemos actuar.

En realidad, cada sentimiento tiene su propio significado y proporciona un conjunto específico de instrucciones. Los sentimientos alegres sirven para reafirmar, comunicándote que debes seguir por el mismo camino o celebrar lo que te está ocurriendo. Puedes aceptar y hacer caso a las señales o augurios que te proporcionan alegría sin más problema ni análisis en profundidad. La tristeza nos alienta a buscar el amor oculto tras la percepción de una pérdida, y la ira nos dice que ha llegado el momento de establecer límites. El miedo nos invita a reflexionar sobre una acción o idea antes de embarcarnos en algo diferente, mientras que la repulsión es indicativa de que algo o alguien es negativo para nosotros. La culpa nos exige que examinemos nuestros objetivos y comportamientos, y la vergüenza nos alerta de que tenemos un problema de autoestima que debemos solucionar. (Puedes utilizar el ejercicio «Autosanación para personas empáticas» de la página 134 para resolver la vergüenza).

Empatía mental

La palabra clave de la empatía mental es *saber*: la intuición visceral que te indica a qué debes prestar atención. Si eres una persona empática mental, la Divinidad te enviará mensajes que te dejarán una sensación de comprensión física. Esencialmente, la empatía mental es la conexión práctica entre la mente y el cuerpo. Es posible que sientas un nudo en el estómago ante una situación o persona negativa o mariposas en el estómago en respuesta a una idea acertada.

La clave para comprender estos mensajes es detenerse, respirar hondo y elevar de forma consciente dichas sensaciones por la columna vertebral hasta la mente. Incluso te sugiero que le pidas a la Divinidad que traduzca el conocimiento físico en palabras, canciones o sonidos que puedan ser pronunciados en voz alta o por escrito. Muchas personas dotadas de empatía mental tienen el don de la clariaudiencia, por lo que son capaces de convertir su conocimiento intuitivo en palabras. Es muy útil practicar en ese sentido. Debido a esta conexión con la clariaudiencia, es posible que recibas mensajes a través de la realidad física mediante palabras pronunciadas por otras personas, en la radio o la televisión o escritas en libros. Cuando estos mensajes vayan dirigidos a ti, notarás una sensación de hormigueo.

Empatía natural

La naturaleza constituye una importante expresión de la Divinidad y el terreno de juego para la creatividad divina. Si eres una persona empática natural, puedes recibir inspiración o mensajes directos de la Divinidad a través de uno o todos los fenómenos o seres naturales.

Por ejemplo, los amantes de los animales a menudo reciben mensajes de animales que se les aparecen en sueños o incluso durante la vigilia. Cada especie del reino animal representa un concepto diferente de la realidad, lo que significa que, si una bandada de cuervos aparece frente a tu ventana graznando, sería conveniente averiguar qué significado tienen los cuervos y mostrarse receptivo al tema. (Existen muchos libros acerca del significado de los animales de poder o tótems, como a menudo se los denomina. Siempre puedes hacer una búsqueda en Google sobre «el significado espiritual de…»). Por ejemplo, los cuervos siempre anuncian cambios. Por tanto, cuando se hacen especialmente presentes, sabrás que hay algún cambio en el horizonte.

Los seres naturales individuales también pueden transmitir mensajes personales. Por ejemplo, cada vez que tengo miedo cuando viajo, un perro aparece de la nada para ayudarme. En una ocasión hice un viaje para visitar cincuenta círculos de piedra por las islas británicas. Varios de estos círculos estaban, literalmente, en mitad de la nada, rodeados exclusivamente de ovejas, vacas y lluvia torrencial. Muchos días pasé miedo, pero cada vez que estaba asustada, aparecía un perro que me acompañaba en el camino. Al menos en diez ocasiones, el perro era blanco y tenía un ojo azul y el otro marrón. Según tengo entendido, los perros con los ojos de diferente color pueden ver tanto el mundo natural como los planos místicos.

Existen otras fuerzas naturales capaces de contener mensajes o entregar señales divinas. Un viento fuerte puede obligarte a dejar un camino para encontrar la dirección correcta. Un rayo de sol repentino puede transformarse en un faro que te indique hacia dónde debes dirigirte. Una vez cuando me dirigía a casa de un amigo, vi que ésta estaba mojada por la lluvia que había descargado una única nube que había justo encima de la casa. Decidí visitarlo en otro momento.

Muchas personas dotadas de empatía chamánica tienen habilidades desarrolladas de empatía natural y, gracias a esto, pueden interactuar con determinados aspectos sobrenaturales, y no solo en 3D. Si tú tienes ambos dones, te recomiendo que indagues un poco sobre los seres sobrenaturales con los que podrías relacionarte. En general, los seres paranormales presentes en la naturaleza provienen de estos tres mundos:

- Entre los *seres del inframundo* están las hadas, los brownies, los elfos y las ninfas, asociados con umbrales mágicos (como cuevas, lagos y océanos), así como diversos seres elementales (como los espíritus asociados con el fuego, la piedra, el aire, el agua, la tierra, el metal, la madera, la luz, el éter y las estrellas). También residen en este lugar nuestros antepasados y *Daoine Sidhe*, el término gaélico que designa a los dioses y diosas del inframundo.

- Los seres del *mundo medio* incluyen espíritus de árboles y plantas, animales, reptiles, algunos pájaros y los espíritus de nuestros antepasados mortales, así como seres extraterrestres e invisibles que interactúan con los humanos.

- Los seres del *supramundo* incluyen los espíritus asociados con estrellas, lunas y planetas, así como ángeles, demonios y guías espirituales. Nuestros antepasados creían que podemos recibir mensajes divinos a través de presagios y señales en el cielo como meteoros, cometas, movimientos planetarios o fenómenos meteorológicos. También de los pájaros porque los relacionaban con el cielo.

La Divinidad puede obligar a los seres de todos estos reinos a proporcionar ideas, sanación e información a la persona dotada de empatía chamánica natural.

Empatía espiritual

La empatía espiritual se parece a un sensor que reacciona ante distintos grados de oscuridad o brillo. El cuerpo hace las veces de sensor, registrando información espiritual sin la intensa sacudida física que conlleva la empatía física, la tormenta emocional propia de la empatía emocional o el mentalismo de la empatía mental. Sabes sin más lo que la Divinidad piensa, cree o comunica a través de la inefable presencia de la bendición.

La mejor manera de asegurarte de que estás recibiendo un mensaje de la Divinidad es confiar sólo en aquellas sensaciones acompañadas de un sentimiento de unidad con ésta. Muchas personas empáticas espirituales confían en los poderes de la oración, la meditación y la contemplación para alcanzar dicho discernimiento. La oración implica hablar con la Divinidad, la meditación, recibir sus mensajes, y la contemplación, disfrutar de su presencia. Cuando eres capaz de realizar las tres actividades a la vez, significa que estás en auténtica conexión con la Divinidad y que puedes confiar en todos los mensajes que recibas.

Muchas personas empáticas espirituales también tienen habilidades clarividentes, y reciben imágenes, instantáneas y colores relacionados con su revelación. Este don puede ayudarte a interpretar el mensaje exacto que la Divinidad te está comunicando.

Empatía chamánica

El chamán puede recibir mensajes de todas las formas anteriormente mencionadas. La característica distintiva del chamán es que la Divinidad a menudo emplea dimensiones místicas para comunicar sus mensajes.

Casi todas las religiones o tradiciones espirituales tienen alguna influencia chamánica. Los profetas de los textos sagrados cristianos, islámicos y judíos, comunican el mensaje divino mediante visiones, la interpretación de sueños, herramientas de adivinación, canalización o clariaudiencia e interacciones con los ángeles o los muertos. También aparecen sanadores como Elías, Eliseo, Moisés o Jesús, quienes realizan lo que parecen auténticos trucos de magia.

Esta esfera sobrenatural es el terreno natural del chamán, el cual es capaz de obtener las instrucciones divinas del viento e invocar después a un espíritu para sanar a alguien. Del mismo modo, el chamán puede oír la voz de Dios en el revoloteo de las alas de una libélula y predecir una tormenta que se aproxima. Debido a la amplitud y el alcance de su interactividad, el individuo dotado de empatía chamánica, más que cualquier otra persona empática, debe mostrarse especialmente cauteloso a la hora de discernir si un mensaje proviene de la Divinidad o no es más que un comentario caprichoso de un espíritu o la intervención de una fuerza oscura. Recomiendo a los chamanes que centralicen en todo momento su conciencia en el corazón, el refugio interno de la bendición, y que pidan a la Divinidad que se anuncie a sí misma mediante un mantra o sonido determinado, visión o toque del espíritu. Si el mensaje es sincero y se activa dicho código, el chamán puede estar más seguro de su origen divino.

Independientemente de nuestro(s) tipo(s) particular(es) de dones empáticos, todos podemos recurrir cada día a las herramientas esenciales ofrecidas en este capítulo. Después de levantarme, llevo a cabo la técnica de espíritu a espíritu y le pido al Gran Espíritu que me proporcione la bondad necesaria para poder ayudar a los demás durante todo el día. Inmediatamente después de percibir en alguien su estado de ánimo, dificultad o necesidad, vuelvo a recurrir a la misma técnica, incluso si estoy haciendo cola en el banco o asistiendo a un partido de béisbol de mi hijo. Le pregunto cómo debo actuar con lo que estoy percibiendo. A veces debo seguir los cinco pasos que llevan a la empatía compasiva y, después, intervenir haciendo algún comentario, ofreciendo mi ayuda o rezando una oración. Sin embargo, en otras ocasiones me protejo y le solicito a la Divinidad que se ocupe de la situación y envíe corrientes sanadoras de bendiciones. Sin embargo, al final siempre me concentro en el último de los cinco pasos: la renuncia. Renunciar es reconocer que, a veces, es suficiente con percibir, sentir o saber, y que algo mayor que nosotros se ocupará del resto.

Estas tres técnicas especiales te resultarán muy útiles tanto en tu vida personal como profesional, y desempeñarán un papel vital en la sanación, la práctica y el arte de la transformación. Si sanar es completar, que es el tema del próximo capítulo, la empatía es la clave para reconocer que la totalidad ya existe, la percibamos o no.

CAPÍTULO 6

Sanación empática: cómo podemos sanar a los demás y a nosotros mismos

No nos proponemos salvar el mundo; nos proponemos ver cómo hacen las cosas los demás y reflexionar sobre el modo en que nuestras acciones llegan al corazón de otras personas.

PEMA CHÖDRÖN

La empatía nos obliga a ayudar a las personas, los seres o las fuerzas que se mueven más allá de nuestros límites y recurrir a nuestra compasión. A veces, el impulso a ayudar nos abruma y debemos luchar con nosotros mismos. ¿Deberíamos ayudarlo o no? ¿Somos capaces de hacerlo o no?

En otros momentos, la necesidad de brindar ayuda proviene de nuestro interior y está dirigida hacia nosotros mismos. Una parte de nuestro cuerpo, mente o alma está condicionada por un trauma, adicción o problema del pasado. Cuando esto ocurre, debemos dirigir la atención hacia nuestro ser interior y transmitirle amor y sanación desde un lugar de amor.

Este capítulo aborda el profundo deseo que yace en el interior de todas las personas empáticas, independientemente de su estilo: proporcionar sanación o perspectiva tanto a los demás como a nosotros mismos. Para ello, utilizaremos las tres técnicas empáticas que hemos visto en el capítulo 5. Descubriremos el modo de aliviar todo tipo de aflicciones, desde la falsa empatía hasta los problemas físicos.

Esta importante facultad es uno de los pilares fundamentales de todos los individuos dotados para la empatía, puesto que en algún momento todos debemos asumir el rol de sanador.

El sanador empático

Georgia vino a verme porque era capaz de percibir las heridas más profundas de los demás.

—Sólo con sentarme al lado de alguien en una reunión de negocios, empiezo a preocuparme por ellos –me contó–. Soy especialmente consciente del daño emocional que sufrieron durante la infancia. Y créame, casi todo el mundo tiene algún problema u otro.

Georgia me dijo que su mayor desafío era descubrir qué debía hacer.

—No sé si debería decir algo o ignorar el problema. Intento enviar oraciones, pero no creo que sirvan de mucho. La mayoría de las veces no hago nada –añadió con un suspiro–. Aunque eso tampoco me parece bien. ¿Por qué iba a recibir esa información si se supone que no debo hacer nada?

Exacto, ¿por qué? Casi todas las personas con una tipología u otra de empatía me han hecho la misma pregunta:

- ¿Por qué he de saber que el vecino de al lado no cuida bien a su perro si no puedo hacer nada al respecto?
- ¿Por qué siento los cambios de la presión atmosférica antes de que ocurran?
- ¿Por qué sólo con tocarle la mano a alguien siento su dolor físico?
- ¿Por qué he de saber cuándo alguien no es sincero si, enfrentándome a él, sólo conseguiré que me despidan, que me divorcie o provocará una disputa familiar?
- ¿Tiene alguna utilidad ver todas las malditas entidades adheridas a una persona? Si digo algo, la gente creerá que estoy loco.

Existen dos preguntas adicionales que oigo con frecuencia, normalmente en referencia a las deficiencias empáticas:

- ¿Por qué tengo que ser tan tonto? La verdad es que la empatía sólo sirve para que se aprovechen de mí.
- ¿Por qué soy tan distinto a los demás? Mi deficiencia empática sólo me provoca frustración y desconcierto.

Aunque son muchos los que proclaman que la empatía es la fuerza que salvará al mundo y que nos unirá hasta el final de los tiempos, ser una persona empática no es fácil. En pocas palabras, es difícil saber qué obtenemos a cambio, cuál es su función y cómo debemos actuar, especialmente si la información que recibimos está relacionada con la sanación. En este punto, las herramientas que presenté en el capítulo anterior pueden resultar de gran ayuda.

Pero antes de poder aplicar las tres herramientas empáticas a la sanación, primero debemos establecer con claridad qué se entiende por sanación, es decir, qué es y qué podemos esperar de los procesos sanadores, tanto aquellos que se aplican mediante una acción tangible como a través de la empatía radiante. Como hemos mencionado anteriormente, la mayoría de las personas empáticas, incluso aquéllas con deficiencias empáticas, suelen esperar demasiado de sí mismas. Antes de poder convertirte en un sanador empático eficaz, es necesario que aclaremos esta cuestión.

¿Qué significa realmente sanar?

Aunque las personas empáticas pasan gran parte de su tiempo dedicadas a la sanación, a menudo ni síquiera son conscientes de ello. La palabra *sanar* significa «completar». Es el proceso mediante el cual ayudamos a alguien a recuperar un estado más completo de aquél en el que está en aquel momento o incluso a alcanzar un estado más completo que el que jamás ha disfrutado.

Cuando necesitamos sanarnos, debido a un malestar físico, financiero, familiar, emocional, mental o espiritual, normalmente nos concentramos en aliviar los síntomas. No nos resulta agradable estar enfermos o tristes, sentirnos pobres o no amados, estúpidos o padecer algún dolor. ¿Por qué tendría que gustarnos todo eso? A nadie le gusta. Por tanto, el primer, y más importante, objetivo es buscar un alivio temporal.

Por muy instintivo que sea dicho impulso, el problema radica en el hecho de que la sanación no es equivalente al alivio inmediato, ni definitivo, de los síntomas. Podemos lograr la sanación mientras tenemos cáncer y, aun así, acabar muriendo de la enfermedad. Podemos resolver los problemas relacionados con la pobreza y seguir trabajando demasiadas horas por un salario mínimo. Del mismo modo, podemos proporcionarle sanación a alguien y presenciar cómo sigue teniendo los mismos dilemas.

Esta circunstancia incomoda a la mayoría de las personas empáticas. Cuando conectamos con las dificultades de otra persona, experimentamos o conocemos su agonía, pena o dolor. También sentimos que no son los únicos que están sufriendo. ¿Por qué no querríamos proporcionarles un alivio inmediato?

A veces sentimos que alguien está disfrutando o tiene un buen día. A casi todo el mundo le gusta saber que los demás son felices. Percibir que otra persona está satisfecha o que su vida es placentera no suele provocar en nosotros la necesidad de sanar. Esto no es así para ciertos tipos de personas con deficiencia empática, quienes a menudo se enfadan cuando otros son felices. Las personas narcisistas o con otros trastornos de la personalidad, TEPT e incluso esquizofrenia u otros problemas psicoespirituales pueden ponerse celosas por la alegría ajena porque a ellos les parece que queda fuera de su alcance. Todos podemos imaginar encontrarnos en una situación complicada y sentir tanta envidia de la felicidad ajena que les deseemos lo peor.

El impulso por aliviar a los demás o a nosotros mismos de la incomodidad, ya sea porque alguien está consternado o rebosante de alegría, es una causa importante de dificultades empáticas. Para aliviar nuestra propia inquietud, podríamos absorber con ansiedad energía ajena o fingir nuestra reacción, lo que nos haría caer en el contagio emocional. Podríamos obviar las dudas que tenemos respecto a una sanación y mostrarnos hiperoptimistas o intentar ayudar a alguien por pena y quedarnos atascados en los problemas de la otra persona. Si estamos lidiando con alguien malintencionado y con una deficiencia empática, podríamos ser víctimas de sus remordimientos o actitud manipuladora. Si somos autistas o tenemos un TDAH, podríamos sufrir un exceso de estímulos y perder la perspectiva.

Lo cierto es que las energías sanadoras pueden, en algunos casos, proporcionar un alivio inmediato; el problema es que no podemos predecir los resultados. Lo único que sabemos es que, si seguimos la orientación compasiva de la Divinidad, nos ayudaremos tanto a nosotros mismos como a otros a lograr el mejor resultado posible. En última instancia, el proceso de sanación depende del reconocimiento de nuestra incapacidad para aliviar el sufrimiento ajeno. Podemos ayudar, cuidar, auxiliar o aconsejar, pero la auténtica transformación depende de la Divinidad. Irónicamente, cuanto más nos hacemos a un lado, con mayor fuerza puede afirmarse la Divinidad.

El siguiente ejemplo nos muestra la importancia de abrirle la puerta a la Divinidad. Imagina a una mujer empática natural que siente una conexión con un cachorro cuya madre no se encuentra cerca en ese momento. Ella percibe el miedo y la preocupación del cachorro. Lo natural sería intentar calmarlo o acariciarlo. ¿Y si estamos hablando de un cachorro de oso y la madre está cerca? En lugar de tratar de aliviar su incomodidad empática mediante una reacción instintiva, la mujer podría recurrir a las tres herramientas empáticas anteriormente descritas para propiciar la asistencia divina.

Imaginemos que la mujer lleva a cabo la primera técnica, de espíritu a espíritu, y que percibe que la madre está cerca y que lo más seguro es marcharse de allí. Tal vez envía corrientes sanadoras de bendiciones al cachorro, mediante la empatía radiante, y éstas logran calmar al animal. Incluso podría enviar el mismo tipo de corrientes a la madre con el mensaje «apresúrate». Quizá, renunciando al convencimiento de que es capaz de «arreglar todos los problemas por sí misma», podría completar los cinco pasos hacia la empatía compasiva y llamar a un guardabosques o a un experto para que ayudaran al cachorro. Siempre resulta útil solicitar la participación de la Divinidad en el proceso; al hacerlo, puede que no logremos aliviar instantáneamente la incomodidad que sentimos, pero nos aseguraremos de estar en el camino de la mejor solución posible.

El resto del capítulo abordará en mayor profundidad esta cuestión al tiempo que analizamos los procesos involucrados en la sanación tanto propia como ajena.

Autosanación para personas empáticas

Hay muchas circunstancias en las que nos sentimos obligados a sanarnos a nosotros mismos. Tal vez hemos provocado la aparición de un TEPT al sentir empáticamente la situación de otra persona o hemos caído en la trampa de una de las muchas falsas empatías. O podemos ser conscientes de que nuestra empatía está bloqueada. O simplemente queremos utilizar nuestros dones empáticos para propiciar la sanación física, emocional, mental o de cualquier otro tipo para nosotros mismos.

El siguiente es un proceso al cual puedes recurrir por cualquier motivo y que te ayudará a liberar a tu yo empático en aras de una mayor salud y bienestar. En el tercer paso puedes personalizar el proceso según sea tu tipo o estilo empático principal.

PREPARACIÓN: realiza la técnica de espíritu a espíritu

Reafirma tu espíritu interior, el espíritu de todas las cosas y la presencia del Gran Espíritu.

PRIMER PASO: solicita y confirma la información necesaria

Solicita a la Divinidad que te ayude a comprender el motivo de tu situación. Pídele que te muestre los motivos de tus dificultades actuales y que te sostenga y proteja mientras los percibes.

SEGUNDO PASO: lleva a cabo una autoevaluación compasiva y pide orientación divina

Este paso exige que aceptes y cambies las percepciones erróneas que se encuentran en la raíz de las dificultades por las que pasas.

En primer lugar, pídele a la Divinidad que te ayude a percibirte a ti mismo con compasión, como si llevaras unas gafas que el perdón y la luz hacen brillar mientras indagas en las ideas que te llevaron a adoptar una estrategia empática que no te ha beneficiado. ¿Hay algo que necesitas decirle a la parte maltrecha de ti mismo? ¿Necesitas una corriente sanadora de bendiciones para sanar o proteger tu ser interior?

En segundo lugar, pídele a la Divinidad que te ayude a ver tal y como son las personas involucradas en la situación que todavía te está causando dificultades. ¿Qué estaban sintiendo realmente? ¿Con qué problemas estaban tratando de lidiar? ¿Por qué te hicieron daño al interactuar contigo?

Cuando sientas que has logrado alcanzar un estado compasivo, tanto para ti mismo como para los demás, puedes continuar con el siguiente paso.

TERCER PASO: *solicita la respuesta divina*

Ahora puedes pedirle a la Divinidad que te sane completamente, tanto a ti como a las demás personas involucradas. Tómate tu tiempo en cada etapa de la sanación. Es posible que necesites varios días o incluso semanas para concentrarte en tu propio yo interior y para sentirte en paz con los demás. En función de tu estilo empático, la Divinidad puede comunicarse contigo de distintas formas. Una persona empática física puede sentir la necesidad de comer ciertos alimentos o cambiar su rutina de ejercicio físico, mientras que alguien con el don de la empatía emocional puede recibir una gran cantidad de apoyo emocional de sus amigos. Una persona empática mental puede convertirse en el receptáculo de una dosis apabullante de orientación o enseñanzas, mientras que alguien con el don de la empatía natural podría recibir bendiciones de los pájaros. Una persona empática espiritual podría recibir señales directamente del Gran Espíritu, y un chamán, de los ángeles que le visitan mientras duerme. Habitualmente, la Divinidad se comunica con nosotros a través de nuestro don empático más desarrollado. Por tanto, es importante prestar atención a lo que ocurre tanto dentro de ti como a tu alrededor tras haber solicitado ayuda divina.

CUARTO PASO: *actúa con humildad*

Durante esta fase, pregúntale a la Divinidad si debes llevar a cabo alguna acción adicional para reforzar tu sanación. Dichas acciones pueden ser concretas, como recurrir a una terapia u obtener ayuda con una adicción, pero también pueden implicar que debas recurrir a la empatía radiante. Si ése es el caso, debes mantener un control continuo de tu «niño interior» para hacerle saber que tu yo adulto está al mando. Normalmente, las acciones tienen distintos niveles; damos un paso adelante y luego se nos pide que demos otro. Dado que los cambios suelen ser progresivos, pues rara vez se producen como consecuencia de una acción aislada, debemos autoevaluarnos continuamente y preguntarnos si existe una nueva transformación que debemos propiciar. Siempre podemos preguntarle a la Divinidad si podemos hacer o lograr algo más; también podemos pedirle que nos dé coraje para seguir avanzando en la dirección correcta.

En este paso también puedes pedirle a la Divinidad que envíe corrientes sanadoras de bendiciones a todos los implicados, incluidas aquellas partes de ti mismo que corresponden a tu vida actual y a tus vidas pasadas. Estas corrientes se pueden usar para sustituir las creencias erróneas por otras más precisas, calmar las emociones exacerbadas o reemplazar la conexión divina por vínculos enérgicos o personales. Solicita también que se resuelvan todos los problemas del alma. ¿Qué te parecería permitir que la Divinidad recuperara aquellas partes de ti mismo que has perdido en el transcurso del tiempo y que devolviera aquellas partes de los demás que se han ido adhiriendo a ti? Recuerda también solicitar la modificación de tus epigenomas o códigos heredados, así como cualquier otro aspecto de ti mismo que necesite ayuda.

A continuación, puedes preguntar si debes aplicarte a ti mismo empatía radiante. Sí, podemos enviarnos sanación a nosotros mismos mediante nuestro don empático específico y compartir energía física, emocional, mental, espiritual o natural con aquella parte de nuestro ser que necesita sanarse. Los chamanes también pueden solicitar ayuda sobrenatural.

QUINTO PASO: renuncia a las consecuencias

¿A qué renunciamos exactamente cuando nos sanamos a nosotros mismos? No podemos saber cómo terminará siendo nuestro nuevo ser una vez haya sanado o durante el proceso de sanación. Podemos pensar que dejaremos atrás nuestra timidez, la vergüenza que nos produce nuestro estilo empático, y adoptaremos rápidamente la actitud segura de una persona de mundo; pero no es tan sencillo. Es posible que creamos que nuestro estilo dominante se relajará y que a los demás les resultará más fácil relacionarse con nosotros. Tal vez ocurra y tal vez no; quizás antes se producirán otros cambios. Nos sentimos a gusto con nuestra actitud tímida y empezamos a escribir libros por la noche. Convertimos nuestra agresividad en la capacidad para defender a los demás. Se producirán cambios, buenos cambios; lo único que debemos hacer es reconocerlos.

Cuando deseamos sanar a los demás

A veces nos sentimos empáticamente impulsados a ayudar a los demás. Nos gusta recibir un mensaje claro y actuar en consecuencia. Pero como la vida no siempre es tan conveniente, prefiero situar el punto de partida que lleva a la sanación de otras personas en la petición, o reclamación, de ayuda a través de un mensaje empático externo. Mediante los siguientes pasos, dispondrás de múltiples oportunidades para decidir cuál es el camino más adecuado para cada situación: ayudar a otra persona o renunciar a la tarea con claridad y confianza.

Primer contacto: recibir el mensaje

Una persona, situación, ser natural o espíritu se dirige a ti, de un modo consciente o no, y te pide que intervengas para ayudarlo a sanar. Gracias a toda la información previa acerca de la empatía, ahora ya dispones de más recursos para tener en cuenta los siguientes factores y decidir:

- Si eres el destinatario adecuado para la tarea.
- Si resulta beneficioso para ti haber recibido la información.
- Si eres capaz de empatizar en lugar de simpatizar, evitando de ese modo las posibles trampas: imaginación, contagio emocional, pena o personalización, hiperoptimismo o fomento de una persona con dificultades o deficiencias empáticas.
- Si te exigen que respondas a través de una acción concreta o mediante la empatía radiante (me ocupo de este paso más adelante en esta misma sección).

Los distintos estilos empáticos encontrarán la mejor respuesta a los tres primeros puntos de diferentes maneras:

EMPATÍA FÍSICA: percibir los problemas físicos ajenos puede ser una experiencia traumática que haga que te preguntes si el dolor que sientes es tuyo o de otra persona. Si las sensaciones físicas son imperiosas, insoportables o no desaparecen tras pedir la asistencia divina, estás atrapado en una mascarada y necesitas pedirle a la Divinidad que te envíe una corriente sanadora de bendiciones. Sigue adelante sólo si puedes convencerte a ti mismo de que no puedes hacer milagros y si eres capaz de aceptar un resultado que podría interpretarse como un fracaso.

EMPATÍA EMOCIONAL: sentirás el dolor emocional y los sentimientos de los demás como anillo al dedo y sólo provocarán en ti compasión. Si estimulas tu propio ser, serás capaz de diferenciar claramente entre la energía ajena y la tuya propia. No te sentirás agobiado ni excesivamente estimulado, como te sentirías si tu reacción fuera simpática, ni sentirás la tentación de aprovecharte de las emociones del otro para expresar las tuyas. También lograrás liberarte del impulso a ayudar sin tener en cuenta las consecuencias.

EMPATÍA MENTAL: si la información que has recibido está destinada a ti, puedes aceptarla con calma y sin oponer resistencia. Contente si te sientes forzado a responder, sientes náuseas o ansiedad. Tu propia conciencia no puede solventar los problemas ajenos.

EMPATÍA NATURAL: puedes continuar con los pasos empáticos siempre y cuando la idea de participar te provoque una sensación de paz. Si el mensaje empático no es saludable, es posible que te sientas estresado y preocupado. Las reacciones negativas a estresores ambientales como el moho, los materiales inorgánicos, químicos, aditivos o campos electromagnéticos se pueden exacerbar y podrías obsesionarte con la necesidad de ofrecer tu ayuda.

EMPATÍA ESPIRITUAL: una «reacción» afirmativa vendrá acompañada de la sensación de estar en armonía con la Divinidad. Si, en cambio, te sientes desesperado, ansioso, deprimido o tienes un presentimiento o una sensación negativa, solicita que se elimine la información empática. Si sientes frío o escalofríos, es posible que ya hayas absorbido las energías negativas de la otra persona y necesites pedirle a la Divinidad que las elimine.

Existe una señal de advertencia más cuando las personas empáticas espirituales se relacionan con otras personas con una deficiencia empática. Aunque puedan parecer encantadores y cautivadores, incluso resplandecientes, en realidad se trata de personas altamente manipuladoras. Independientemente de las apariencias, sentirás un nudo en el estómago. En cierto modo, esa persona espera de ti que ignores tu percepción espiritual y caigas en la trampa que plantea su apariencia. Pídele a la Divinidad que le envíe una corriente sanadora de bendiciones y que te libere de la tarea.

EMPATÍA CHAMÁNICA: una de las mayores cargas de la empatía chamánica es recibir continuamente necesidades empáticas. Intenta imaginar los miles de seres de miles de mundos que pueden llegar a necesitar ayuda.

Para ser un chamán necesitas establecer unos límites energéticos robustos, lo que puede lograrse pidiéndole a la Divinidad que te envuelva con una profusión de corrientes sanadoras de bendiciones. Si tras tu petición de ayuda los límites no se estabilizan, sánate a ti mismo; los motivos pueden ser internos o deberse a una interferencia de fuerzas oscuras.

Asimismo, te recomiendo que designes a un guardián para ayudarte a supervisar tus motivaciones empáticas. Este protector espiritual, papel que también puede desempeñar la Divinidad, sólo se conectará a los mensajes empáticos aprobados previamente por la Divinidad. Con dichos mecanismos de defensa en funcionamiento, ya puedes proceder a ayudar a los demás si tu guardián da su aprobación.

Desestimación: realiza la técnica de espíritu a espíritu e invoca bendiciones

Es importante descubrir si debes utilizar tus capacidades sanadoras o no. Aunque en ocasiones una persona, un grupo o un animal buscan ayuda, no nos corresponde a nosotros responder. Podrían estar enviando un SOS a ciegas o personalizando su petición para nosotros. De cualquier modo, antes de seguir adelante, lleva a cabo de espíritu a espíritu y pídele orientación a la Divinidad. ¿Debes proporcionar ayuda o no? ¿Existe algún motivo por el que debas abstenerte? A menos que tengas la seguridad de que debes proceder, no lo hagas. En su lugar, pídele a la Divinidad que use corrientes sanadoras de bendiciones para devolver a la otra persona la información o la energía.

También puedes solicitar una corriente sanadora de bendiciones para eliminar la energía turbia de tu propio ser. Solicita también que te envuelva en una burbuja de bendiciones que hará las veces de filtro. Esto te ayudará a evitar que otras personas o seres que no deberían ponerse en contacto contigo dejen de hacerlo. Si una parte de ti insiste en que deberías ayudar incluso sabiendo que resultaría perjudicial para ti mismo, recurre a la autosanación para descubrir los motivos.

Si estás seguro de que debes proporcionar ayuda, pasa a la siguiente fase, en la cual te prepararás para desempeñar el papel de instrumento de sanación.

Preparación: realiza la técnica de espíritu a espíritu e invoca bendiciones

Estás convencido de que debes proporcionar ayuda. Vamos a comprobarlo una vez más. Vuelve a ejecutar la técnica de espíritu a espíritu y solicita una nueva confirmación. Pregúntate a ti mismo si realmente deseas seguir adelante. Si recibes una confirmación, utiliza las corrientes sanadoras de bendiciones para envolverte con una burbuja. Dicha burbuja, o membrana de bendiciones, te conecta directamente con la Divinidad, la cual te protegerá, guiará y ayudará a través de tu intento de sanación. Ahora ya puedes continuar con el primer paso.

PRIMER PASO: solicita y confirma la información

Pídele a la Divinidad que te proporcione la información necesaria para entender mejor tu papel como sanador.

PASO SEGUNDO: realiza una evaluación compasiva y pide ayuda

Profundiza aún más y trata de percibir qué quiere que sepas la Divinidad sobre las necesidades reales de la otra persona. ¿Cuál es la naturaleza del desafío? ¿Existen otros factores que debes tener en cuenta? ¿Debes evitar una palabra, un tratamiento o un tipo de energía que podría resultar dañino?

A continuación, concéntrate en ti mismo. El Gran Espíritu nunca nos encargará una tarea que pueda resultar peligrosa. ¿La sanación podría provocar algún daño? Si crees que sí, pregúntale a la Divinidad si necesitas una capa adicional de protección o si, antes de continuar, debes acometer algún tipo de técnica de autosanación. Pregúntale también si puede ayudarte a analizar la información intuitiva y energética en lugar de absorberla y conservarla. ¿Existe algún modo de proceder que resulte más compasivo contigo mismo? ¿Primero debes ocuparte de algún aspecto de ti mismo? Justo antes de emprender el proceso de sanación, es un buen momento para pedirle a la Divinidad que te envíe corrientes sanadoras de bendiciones para calmarte, sanarte y protegerte.

TERCER PASO: *pide la respuesta divina*

Ahora es el momento de pedirle a la Divinidad que se encargue ella de sanar a la otra persona. Tu función es la de testigo de la actividad divina.

CUARTO PASO: *actúa con humildad*

En este punto, la Divinidad puede encargarte la tarea de sanación. Comienza este paso preguntándole a la Divinidad si debes llevar a cabo algún tipo de actividad energética, como recurrir a la empatía radiante para enviar una declaración o confirmación o para transportar energía; ambas tareas son mucho más efectivas si se contiene la energía mediante corrientes sanadoras de bendiciones. Es posible que sientas la necesidad tanto de enviar un mensaje como de transportar energía. Puedes hacerlo «empaquetando» ambas actividades en el interior de la misma corriente sanadora de bendiciones.

Existen ligeras diferencias en el modo en que cada uno de los estilos empáticos usan la empatía radiante:

EMPATÍA FÍSICA: cuando envías sanación física, es importante que recuerdes no enviar tu propia energía vital. Esto provocaría agotamiento, fatiga y, en última instancia, un sistema inmune deprimido. Por lo general, enviamos una corriente sanadora de bendiciones a la parte del cuerpo o chacra afectado.

Si tienes dudas sobre el lugar al que debes dirigir las bendiciones, pídele a la Divinidad que se encargue ella de enviar la corriente sanadora al espíritu de la otra persona.

Otra técnica que uso a menudo es pedirle a la Divinidad que entrelace energías naturales —como las vibraciones de hierbas, tinturas o incluso de los elementos— en las corrientes sanadoras. Estas corrientes reforzadas se pueden programar para proporcionar la cantidad exacta y la intensidad necesaria y para que se eliminen después de la sanación.

EMPATÍA EMOCIONAL: las corrientes sanadoras de bendiciones que envían las personas dotadas de empatía emocional frecuentemente están compuestas de sentimientos reconfortantes que ayudan a equilibrar las inquietudes emocionales. A algunas personas les gusta visualizar diferentes colores en el interior de las corrientes. A continuación, presentamos una lista de colores con la descripción de las energías que puedes proporcionar:

- El color rojo vigoriza y estimula. Es ideal para las personas deprimidas, agotadas o desesperadas. No lo utilices con alguien que está enfadado, agitado o que sufre un TEPT.
- El naranja fomenta la alegría y favorece la diversión. Invita al entusiasmo a aquellas personas que se sienten atrapadas en la monotonía o en un exceso de responsabilidades y sustituye la apatía o el «¿A quién le importa?» por la empatía y el «Me importa».
- El amarillo promueve la actividad mental y estimula la conciencia. No lo uses en situaciones de ansiedad o frustración.
- El verde fomenta la tranquilidad, la conexión y la buena salud en general.
- El azul relaja, calma y mejora la productividad. No lo uses si alguien está triste o se siente solo, ya que el azul puede exacerbar dichos sentimientos.
- El violeta fomenta la sabiduría, la previsión y la seguridad en el futuro.
- El blanco limpia y nos ayuda a recuperar la inocencia y la pureza.
- El negro estimula el dolor reprimido y renueva nuestras capacidades. También puede sacar a la superficie recuerdos reprimidos, problemas ocultos y entidades amenazadoras. Debe utilizarse con extrema precaución.
- El plateado desvía la negatividad y el mal y fomenta la transmisión de verdades superiores. Es el color ideal para la protección y eliminación de entidades o de las emociones vinculadas a éstas.
- El dorado representa el poder Divinidad y permite la manifestación de la voluntad superior.

EMPATÍA MENTAL: puedes utilizar las corrientes sanadoras de bendiciones para envolver aseveraciones y palabras de apoyo, como, por ejemplo, «has logrado muchas cosas» o «eres digno». Estas afirmaciones son muy buenos antídotos para contrarrestar los mensajes negativos que las personas dotadas de empatía mental suelen percibir.

EMPATÍA NATURAL: no hay mejor manera de proporcionar sanación a los seres naturales que recurrir a la técnica que acabamos de describir para la empatía física. Pídele a la Divinidad que incorpore medicinas, elementos o energías naturales en las corrientes de bendiciones que diriges a la persona que lo necesita. Por ejemplo, concéntrate en la eficacia de las hierbas, la fuerza de las piedras, el calor del fuego y la frescura del agua. La naturaleza contiene todo lo necesario para la sanación. También puedes recurrir al poder de los cuerpos celestes, como la luna, las estrellas y los planetas. Muchas personas con empatía natural responden a las necesidades de los demás como maestros de feng shui, diseñando un ambiente enérgicamente equilibrado o buscando soluciones en la sabiduría de la astrología.

EMPATÍA ESPIRITUAL: muchas personas dotadas de empatía espiritual ofrecen una corriente sanadora de bendiciones mientras rezan. También puedes visualizar la corriente de color blanco, el color más puro y completo, o dorado, lo que dará como resultado la aplicación inmediata de la voluntad divina.

EMPATÍA CHAMÁNICA: la empatía chamánica puede utilizar cualquiera de las técnicas descritas, además de otro recurso importante: los espíritus. ¿Por qué no recurrir a un espíritu de la naturaleza o a un maestro resucitado para obtener visión y sanación? ¿Por qué no pedir a los ángeles que realicen una cirugía psíquica de un tumor o que eliminen una entidad de una persona con una adicción? Los chamanes siempre pueden obtener ayuda sobrenatural.

QUINTO PASO: renuncia a las consecuencias

No puedes controlar los cambios que realizan los demás ni lo que hace la Divinidad por ellos. A veces, las enfermedades u otras afecciones sirven para el crecimiento personal; en estos casos, no percibiremos sanación alguna. En otros casos, la sanación requiere tiempo, por lo que los efectos de ésta no serán aún evidentes. Y, a veces, las transformaciones se producen en un nivel más profundo y no podrán percibirse externamente. Alcanzaremos la paz interior cuando renunciemos a ser Dios.

¿El dilema es mío?

¿Cómo sabes si tus habilidades empáticas te están conectando con tu propia enfermedad, dilema o necesidad de sanación o con los de otra persona? Tras realizar la técnica de espíritu a espíritu para obtener orientación divina, puedes emplear esta otra técnica sencilla para descubrirlo.

Concéntrate en la necesidad de sanación que percibes y luego coge un objeto. Pídele a la Divinidad que te ayude a volcar la carencia en el objeto. Luego deja el objeto y aléjate de él.

Si la necesidad, sensación o problema persiste, es probable que provenga de ti. Si se desvanece o desaparece, el trauma o desajuste puede pertenecer a otra persona. Si se disipa menos de la mitad de la sensación empática anterior, el problema podría ser de otra persona, pero también podría estar desencadenando una reacción similar en ti. Si es así, practica una autosanación para descubrir si la mejor solución es ayudarle o simplemente enviarle una corriente sanadora de bendiciones y pedirle a la Divinidad que la envuelva de luz e interrumpa cordialmente la conexión. Cuando hayas completado este proceso, también puedes pedirle a la Divinidad que limpie tu energía, o la de la otra persona, del objeto con la misma corriente restauradora de bendiciones.

Un ejemplo de sanación: librarse del TEPT

¿Cómo podría ser una sanación empática? He incluido esta sección para ayudarte a comprenderte mejor como sanador y para que puedas percibir las formas en que tus dones empáticos pueden beneficiar a los demás. Doy por hecho que ya puedes emplear las técnicas que acabamos de aprender.

Nos centraremos en el TEPT, el estado provocado por un trauma que se produce después de una catástrofe, una enfermedad, un acontecimiento impactante o una gran pérdida. Creo que el trastorno de estrés postraumático está en el origen de muchos problemas de deficiencia empática, incluidos los trastornos mentales como la ansiedad, la depresión, el abuso de sustancias y otros (para obtener más información al respecto, consulta el apéndice 2). El TEPT puede trasladarse de una vida a otra, provoca la fragmentación del alma, puede ser el resultado de una entidad adherida e incluso puede desencadenarse a través de nuestros epigenomas o desde el estado de desarrollo celular primario.

Para que puedas entender mejor la aplicación de tus poderes empáticos de sanación, imagina que estás en una sala con una persona (o, en el caso de la empatía natural, con un animal) que necesita recuperarse de un trauma, lo que significa que puedes tocarlos o hablar con ellos, dependiendo de tu estilo empático, aunque principalmente te dedicarás a enviar energía a través de la empatía radiante. Supón que debes enfrentarte a la experiencia de acuerdo con tu propio estilo empático.

Ejecuta la técnica de espíritu a espíritu y asegúrate de que debes actuar. Si obtienes la confirmación, pídele al Espíritu que te proporcione información sobre tu papel en tanto sanador. ¿Necesitas alguna información específica? ¿Debes proceder de un modo determinado? ¿Hay algún problema que debes evitar?

Pregúntale también si el proceso cuenta con guías divinos asignados. Por ejemplo, una persona empática natural podría sentir la presencia de un animal de poder o el espíritu de una planta. Podrías sentir la necesidad de envolverte con alguna fuerza elemental: aire, agua, piedra, metal, madera, fuego, éter (ideales superiores), tierra, estrella (fuego y éter) o luz. Alguien dotado de empatía chamánica podría contar con la ayuda de una entidad, fantasma, espíritu o ser angelical. Aunque todas las personas empáticas trabajarán según las características de su propio estilo personal, también podrán recurrir a la clarividencia, clariaudiencia u otro estilo empático.

A continuación, solicita a la Divinidad que te ayude a evaluar los síntomas y las causas del TEPT. La empatía física, en realidad, podría sentir las secuelas físicas de ambos, como, por ejemplo, un dolor en el hombro de un veterano de guerra. Una persona empática emocional podría percibir el impacto emocional de una amiga que encontró a su marido en la cama con otra mujer, así como la vergüenza y la ira posteriores. Una persona empática mental puede percibir las variaciones en la autoestima de la víctima o saber qué ocurrió realmente cuando se produjo el abuso.

Una persona con empatía natural probablemente recurrirá al instinto chamánico para conectarse a las sensibilidades físicas, emocionales, mentales y espirituales de un compañero animal y, de ese modo, percibirá la artritis en la cadera de un perro y su estado de confusión, la culpa por ser los causantes de ese dolor y la certeza de la Divinidad de que la artritis puede curarse.

A través de la empatía espiritual, puedes entender la ira de la Divinidad por el maltrato o los abusos sexuales cometidos contra alguien. Y como chamán, puedes hacer todo lo anterior mientras mantienes una interesante y profunda conversación con el guía espiritual favorito de la otra persona.

Comienza la sanación

Es casi el momento de pedirle a la Divinidad que dé comienzo al proceso de sanación. Primero, pregúntale si necesitas algo específico de ella antes de seguir adelante. Mientras explorabas los síntomas y las causas del TEPT de la otra persona, ¿ha salido a la superficie alguno de tus traumas? ¿Alguna vez has recibido maltratos? Si es así, solicita a la Divinidad una corriente sanadora de bendiciones y pregúntale si debes continuar o no. Si recibes un no por respuesta, envíale a la persona en cuestión una sutil corriente sanadora de bendiciones y sugiérele que trabaje con otra persona. Explícale que no te sientes cualificado o preparado para ayudarle.

Si decides continuar, es el momento de pedirle a la Divinidad que ayude a la persona que estás tratando de sanar. ¿Y después? Limítate a esperar. Siéntate, escucha, observa y siente lo que está ocurriendo. Es posible que debas hablar con la persona sobre lo que está experimentando en ese momento o incluso sobre el incidente traumático que provocó el TEPT. Durante esta fase, muchos receptores de la sanación piensan que el sanador es quien está haciendo todo el trabajo. En realidad, es la Divinidad quien lo hace. Mientras tú hablas, escuchas, asesoras o incluso das un abrazo, la Divinidad se dedica a enviar energía curativa.

146

En este momento es posible que tengas la sensación de que debes participar en el proceso de sanación. ¿Cuál es tu función? ¿Qué debes hacer? Deja que la Divinidad te guíe. Algunas actividades que puedes realizar son las siguientes:

EMPATÍA FÍSICA: sientes la necesidad de posar las manos sobre el paciente y canalizar a través de ellas una corriente sanadora de bendiciones. Incluso puedes sentarte al otro extremo de la habitación y extender las manos con las palmas hacia el paciente. O puedes sostener un objeto, programarlo con una corriente sanadora de bendiciones y entregárselo a la persona. También puedes sentirte impulsado a indicarle algunas acciones físicas específicas que puede realizar para obtener una sanación continua: acudir a un terapeuta masajista, asistir a un programa de los doce pasos, ir a correr todos los días o cualquier otra recomendación que se te ocurra.

EMPATÍA EMOCIONAL: tu tarea es ayudar a que la otra persona exprese sus sentimientos ocultos. Puedes describir las emociones que sientes y preguntarle si vas bien encaminado. ¿Está triste? ¿Asustado? ¿Enojado? Pregúntale qué necesita para poder revelar sus sentimientos, a ti o a otra persona. También puedes imaginar que le envías corrientes sanadoras de bendiciones de varios colores para estimular y aclarar sus emociones. Lo mejor es continuar así hasta que la persona alcance una leve sensación de alegría o ligereza: alivio, gratitud, optimismo o satisfacción, por ejemplo. Otros sentimientos no son malos ni buenos; simplemente indican que existen otras emociones que deben eliminarse, en ese o en otro momento.

EMPATÍA MENTAL: puedes sentir u oír los pensamientos de la otra persona, especialmente aquellos vinculados a la aparición del TEPT. Gracias a tu sensibilidad, puedes sacar a la superficie las convicciones negativas que se han ido desarrollando como consecuencia de la experiencia traumática: percepciones erróneas como «No valgo para nada» o «Soy un inútil». De hecho, son estas percepciones erróneas las causantes de la continua retroalimentación de los síntomas del TEPT, en ocasiones de la intensificación de dichos síntomas e incluso de una deficiencia empática y de los problemas emocionales resultantes. Con frecuencia, las personas empáticas mentales deben ayudar a la persona afectada a experimentar de nuevo el suceso traumático, guiarla a través del dolor persistente para poder identificarlo y, finalmente, corregir las percepciones disfuncionales. Mediante la empatía radiante, envía a la persona en cuestión las percepciones apropiadas envueltas en corrientes sanadoras de bendiciones para reemplazar energéticamente las erróneas.

EMPATÍA ESPIRITUAL: recibirás múltiples sensaciones que te ayudarán a abordar y transformar los sentimientos de vergüenza normalmente asociados a los abusos o sucesos traumáticos. De hecho, creo que la vergüenza es el nexo que une el miedo crónico, el dolor y la pena (así como otros fragmentos derivados de las consecuencias emocionales del suceso original); la vergüenza nos convence de que somos una mala persona porque nos pasó algo malo. El miedo nace de la convicción de que el evento perturbador se repetirá. En el origen de todas estas reacciones encontramos una teoría muy perjudicial según la cual la Divinidad no se preocupa por nosotros o no hizo nada por evitar nuestra desgracia. A través de la empatía espiritual, proporcionamos sanación primaria y primordial compartiendo con los demás el amor incondicional de la Divinidad; la persona con problemas necesita descubrir esta verdad para sanarse. Si se niega a creer que es digna del amor y de la atención de los demás, envíale la certeza de su importancia en una corriente sanadora de bendiciones.

EMPATÍA CHAMÁNICA: puedes llevar a cabo todo o una parte de lo descrito anteriormente y, además, también puedes recurrir a los espíritus, los cuales te ayudarán a eliminar entidades adheridas y fuerzas oscuras. Creo que el TEPT grave, especialmente el que provoca adicciones, ansiedad crónica, depresión u otras formas de empatía disfuncional (como, por el ejemplo, narcisismo, esquizofrenia y trastorno bipolar), casi siempre está relacionado con fuerzas oscuras manipuladoras. Éstas «susurran» a su anfitrión y provocan pensamientos negativos y conductas autodestructivas. La forma más fácil de liberarse de una entidad invasiva es sustituir dicha entidad por una corriente sanadora de bendiciones y, a continuación, pedirle a la Divinidad que se ocupe del resto.

Cuando hayas hecho todo lo que está en tu mano, renuncia a las consecuencias. Pídele a la Divinidad que continúe sanando a la persona en cuestión después de que haya finalizado la interacción de afirmación vital que acabas de experimentar.

Como hemos visto, el impulso que nos lleva a ayudar a los demás, a desempeñar el papel de sanador, está íntimamente relacionado con el hecho de ser empático. Sanar es una expresión natural de nuestra compasión innata, una extensión de nuestra tendencia a la bondad y al amor. No obstante, por mucho que deseemos ayudar, ya sea por una necesidad propia o ajena, siempre debemos detenernos a reflexionar y preguntarnos: ¿es lo que debo hacer? Incluso cuando actuemos en función de nuestros anhelos empáticos, debemos recordar en todo momento que, habitualmente, nuestra función es servir como testigos. Aunque nos preocupemos por los demás, la Divinidad es la encargada de proporcionar la sanación. Sin embargo, nuestro papel no es insignificante, ni cuando nos sanamos a nosotros mismos ni cuando ayudamos a los demás. Ser empático, percibir una necesidad y recurrir al amor para convertirnos en un instrumento de bendiciones son dones incalculables que reflejan la naturaleza divina de nuestras almas.

CAPÍTULO 7

La empatía en las relaciones personales

*Me gusta definir la conexión como la energía existente entre las personas
cuando se sienten observadas, escuchadas y valoradas;
cuando pueden dar y recibir sin miedo a ser juzgadas y cuando
obtienen sustento y fuerza de la relación.*

BRENÉ BROWN

Hace unos años, oí una conversación entre dos niños pequeños en un parque infantil. El niño lloraba desconsoladamente y me pregunté si la niña le habría cogido sus juguetes de playa. Pero no, y entonces oí cómo la niña le preguntaba:

—¿Sabes que tus lágrimas se convierten en sonrisas en cuanto las sacas?

—¡Pero me siento mal! –gimoteó el niño.

—Ya lo sé. Yo también lo siento. –La niña asintió sabiamente–. Vamos a sentirnos tristes y luego felices juntos.

El niño dejó de sollozar y, poco después, los dos se pusieron a jugar juntos.

Esta experiencia fue un ejemplo revelador de empatía. Cuando dos personas, o dos seres, sea cual sea su edad o antecedentes, comparten algo, el resultado sólo puede ser el amor.

A menudo, los vaivenes de la alegría dependen de esta conexión empática basada en el amor. El ser humano está diseñado para relacionarse; nuestra programación empática es una buena prueba de ello. Estamos aquí para entablar relaciones, cada cual según sus propias capacidades y estilo.

El propósito de este capítulo es explorar el papel de los distintos estilos empáticos en las relaciones personales. Para empezar, veremos cada estilo empático y exploraremos cómo enriquece las relaciones personales próximas, así como los problemas más habituales a los que debemos enfrentarnos. A continuación, veremos cómo pueden ayudarnos los diferentes pasos que llevan hasta la empatía compasiva para mejorar nuestras relaciones y resolver los problemas empáticos. Al final del capítulo, incluimos algunos ejemplos prácticos para aprender a lidiar con uno de los problemas más irritantes (y difíciles de resolver) de nuestro tiempo –el narcisismo– y para aumentar nuestra empatía si hemos tenido dificultades para conseguirlo en el pasado. Puedes aplicar todos estos recursos en tus relaciones cotidianas y con las personas que más quieres.

Mientras recorremos este territorio del alma y del amor, prepárate para reír y llorar al recordar tus experiencias empáticas con tus seres queridos. Como me demostraron los dos niños en el parque, el amor sólo existe donde se conviven las lágrimas y las sonrisas.

Conocer el amor

¿Qué hace que dos personas se sientan próximas y conectadas? Todo empieza, y termina, con la intimidad, el arte de ser vulnerable al amor. La intimidad depende por completo de nuestra capacidad de compartir estados de ánimo, atenciones y conocimientos. Lo mismo puede aplicarse tanto a los seres naturales como a los sobrenaturales. La empatía también es esencial para percibir íntimamente la información que contiene un cristal o los principios inherentes al movimiento de los planetas. Independientemente de la naturaleza o tipología de la conexión, lo que establece la unidad es siempre la empatía. Gracias a ésta, podemos ponernos en la piel del otro y llorar cuando está triste. Gracias a la empatía, podemos amar.

Cada tipología empática nos permite acceder a una forma única de comunión a través del amor. Y, como ocurre con todas las cosas buenas, cada estilo empático también presenta desafíos específicos. Mientras exploramos tanto los aspectos ideales como las dificultades de los diversos tipos empáticos, te animo a explorar si tú también los has experimentado. Busca con sinceridad en tus anhelos y empeños más profundos, pues éstos son los deseos del alma que te indicarán dónde hay aún horizontes por descubrir y fuentes de amor por disfrutar.

Empatía física: el otro en el yo

Seguro que conoces la matrioska, la muñeca rusa ovalada y pintada de vivos colores que alberga en su interior otras muñecas. Cuando abrimos la última muñeca, aparece una de pequeño tamaño y de aspecto infantil. En las relaciones personales, las personas dotadas de empatía física suelen funcionar de manera similar. Dentro de la persona con empatía física se encuentran las sensaciones físicas de otra persona, y dentro de éstas, las de otra persona más.

En sus relaciones, las personas empáticas físicas son extremadamente responsables y tienen excelentes dotes para ayudar a los demás. Después de todo, son capaces de sentir las necesidades físicas ajenas, incluidas las materiales, como el alimento, la vivienda, la ropa o la seguridad económica.

Muchas de ellas perciben con facilidad este tipo de carencias básicas y sienten cuando los demás están viviendo sin las necesidades cotidianas cubiertas. Otras, en cambio, perciben las sensaciones físicas de los demás, como el dolor físico, malestares y enfermedades. Son muchas las que pueden percibir todo lo anterior.

Si tu tipo empático es físico, lo más probable es que seas un gran proveedor material, compañero, padre o madre. El peligro se produce cuando tienes una relación con una persona irresponsable que se encuentra muy cómoda dejando que hagas todo el trabajo mientras ella se dedica a disfrutar de la vida. Hace un tiempo, tuve una relación de cuatro años con un hombre que no dejaba de prometerme que iba a ganar dinero, pero que nunca se decidía a hacerlo. Terminé agotada de cuidar a mis dos hijos, a él y a sus hijos. Cuando le puse un ultimátum, decidió irse de casa.

Aquella relación me enseñó que no podemos hacer por los demás lo que deberían hacer por sí mismos, ya sea trabajar para pagar las facturas o ayudar a los demás a sanar. Las personas dotadas de empatía física suelen sufrir agotamiento suprarrenal, fatiga y otras enfermedades provocadas por la simpatía. Otra posible afección es el agotamiento o estrés del cuidador, como resultado de asumir los síntomas de la otra persona. Si bien las personas empáticas emocionales también suelen padecerlo, en el caso de las dotadas de empatía física el problema es aún más grave; a pesar de sus protestas aparentes, a menudo establecen relaciones con personas que requieren asistencia o trabajan con personas enfermas.

El vínculo entre la empatía física y el agotamiento del cuidador apareció por primera vez en un artículo académico que describe los orígenes de la «compatía»: los sentimientos («patía») compartidos («com») de la empatía física. Según los autores del estudio, los individuos con empatía física muestran una «respuesta compática», lo que da como resultado en uno de los siguientes cuatro escenarios:

- Dos personas tienen los mismos síntomas, lo que dificulta saber quién está realmente enfermo.
- Los síntomas se transfieren; por ejemplo, un hombre experimenta el mismo dolor de espalda y los mismos antojos que su mujer embarazada.
- La tercera posibilidad se denomina «compatía conversa»: el receptor de las sensaciones empáticas modifica los síntomas para compartir el proceso de sanación con la otra persona. Por ejemplo, mi empatía física hace que, a menudo, perciba las dolencias de mis clientes en mi propio cuerpo. En una ocasión, sentí la rotura en el muslo de un cliente. El dolor era bastante agudo. Tras notar el dolor, hice que mi psique calmara el dolor hasta convertirlo en una sensación apenas perceptible. A continuación, recurrí a la empatía radiante para transferir aquella leve incomodidad a mi cliente, utilizando una corriente sanadora de bendiciones para sustituir el dolor agudo por la versión mejorada. El cliente suspiró inmediatamente y me dijo: «Este dolor es más tolerable».
- Y una cuarta posibilidad es la «compatía iniciada», la cual se produce cuando una persona envía sus síntomas a otra.

Según los autores del artículo, la belleza de la empatía física radica en el hecho de que un cuidador sea capaz de percibir lo que le ocurre a otra persona y pueda ofrecerle la mejor atención posible. El problema, como hemos visto antes, es que la persona empática trabaje en exceso, se sobrecargue, se consuma o, en última instancia, caiga enferma.[45]

---

45. Janice M. Morse, Carl Mitcham y Wim J. van Der Steen (1998): «Compathy or Physical Empathy: Implications for the Caregiver Relationship». *Journal of Medical Humanities*, vol. 19, n.º 1, 51065, DOI: 10.1023A:1024988002129.

También hemos aludido a la posibilidad de que el individuo con empatía física sea sensible a la energía acumulada en los objetos. Yo misma he sido testigo del lado positivo y negativo de dicha habilidad. Recuerdo que, en una ocasión, me alojé en un *bed and breakfast* y no pude conciliar el sueño en toda la noche. Percibía una «energía negativa» procedente de un escritorio que había en un rincón de la habitación. Por la mañana descubrí que una mujer había escrito una nota de suicidio en ese mismo escritorio. Por supuesto, esta misma habilidad también puede resultar beneficiosa; con sólo tocarle la mano a alguien, o su objeto favorito, puedes detectar lo que le está ocurriendo.

En teoría, en el caso de mi sensibilidad hacia el espíritu suicida, podría pedir ayuda a la Divinidad para asegurarme de que «vuelve a la luz» o alcanza la dulce compañía de los ángeles en el «más allá». Lo mismo es aplicable a todas las vibraciones negativas o incluso aterradoras. Si nos abrimos a la inspiración y ayuda divina –y adoptamos una actitud protectora–, seremos capaces de usar prácticamente todo para hacer el bien.

Otro recurso positivo de la empatía física consiste en programar con buenas intenciones los objetos y regalos que damos a nuestros seres queridos. Puedes sostener la nota que dejarás en la fiambrera de tu hijo, un brazalete que quieres regalar a un amigo o una piedra preciosa o reloj que has elegido para tu pareja y utilizar tus poderes empáticos radiantes para enviar bendiciones al objeto en cuestión. Después, tu ser querido recibirá estas bendiciones. Acciones sencillas como ésta son una excelente forma de compartir tu don.

Empatía emocional: rotuladores del amor

Audrey era una mujer empática emocional prototípica.

—Mi mundo es una colección de rotuladores de colores. Cada uno representa una sensación diferente, un tono diferente de mi yo interior –me dijo–. Tengo mucha suerte porque mi segundo marido es un hombre muy sensible. Nos lo pasamos muy bien juntos. En cambio, mi primer matrimonio fue un desastre. Bob nunca expresaba ningún sentimiento; yo era la única que lo hacía. De hecho –añadió Audrey–, mi primer marido creía que tenía algún problema porque todo me emocionaba. Tardé mucho en darme cuenta de que simplemente estaba sintiendo y expresando todas las emociones que él reprimía.

En las relaciones personales, las personas empáticas emocionales se dedican a dar color a la vida a través de los sentimientos. Son capaces de sentir lo que sienten sus seres queridos, entender sus propias necesidades emocionales y, a veces, llenar los vacíos emocionales en el alma de los demás.

Por lo general, las mujeres suelen mostrar mayores capacidades para la empatía y expresión emocional que los hombres, aunque es probable que esto responda a diferencias culturales y educativas. Hace miles de años, nuestros antepasados hicieron un pacto social que separó las tareas humanas en función del género. Los hombres se dedicaban a la caza mientras las mujeres se reunían. Debido a esta división, los hombres desarrollaron un estilo estoico y las mujeres, uno emocional. Pero siempre hay excepciones.

En mi familia, yo tiendo a la empatía emocional, como uno de mis hijos, Gabriel. Gabriel es capaz de conectar con los sentimientos de los demás, como yo. Imagina cómo son nuestras conversaciones.

—Mamá, ¿qué te pasa?

—Mmm, nada.

—No es verdad. Estás asustada.

—¿Sabes qué, Gabe? Tienes razón. Y te estoy contagiando mi miedo.

Mi otro hijo también es capaz de sentir emociones muy profundas, pero en su caso funcionan de otro modo. Siempre recurre a mí para que le ayude a expresarlas. Recuerdo una vez en la que estaba molesto por algo. La conversación discurrió más o menos así:

—Yo en tú lugar estaría muy triste.

—Sí –me dijo con la voz rota.

—También estaría muy enfadada si alguien se comportara así.

—¡Lo estoy! –reconoció.

Aunque tengo una relación muy íntima con mis dos hijos a través de mi empatía emocional, uno de ellos tiene más desarrollada la empatía emocional y el otro, otros tipos empáticos. Es importante tener en cuenta que no debemos relacionarnos sólo con personas que tienen nuestros mismos dones; simplemente, debemos ser capaces de usarlos y que los demás los acepten.

Los individuos empáticos emocionales necesitan, más que ningún otro tipo empático, que los demás acepten y reconozcan sus emociones, y esto resulta mucho más fácil en las relaciones con personas capaces de reconocer sus propias emociones. Si no es así, corren el peligro de mostrarse excesivamente comprensivos, asumiendo las emociones ajenas y sintiéndolas como propias. Es lo que ocurre cuando uno de los miembros de la pareja expresa histriónicamente sus sentimientos mientras el otro permanece inexpresivo. Debido a la tendencia a cargar con todo el peso emocional de la relación, la persona dotada de empatía emocional debe poner en práctica los pasos hacia la empatía compasiva para diferenciar sus emociones de las de los demás y así evitar aceptar o asumir sentimientos que no le pertenecen.

En ocasiones, el individuo dotado de empatía emocional atrae a amigos o parejas con escasas habilidades emocionales o a personas que manipulan las emociones de los demás, pero que son incapaces de establecer relaciones profundas. Estas personas pueden mostrar un contagio emocional o rasgos narcisistas, o estar profundamente deprimidas y ser incapaces de conectar con sus propias emociones. El individuo dotado de empatía emocional puede llegar a sentir una preocupación tal por estas dificultades que pierda su propia brújula emocional en el proceso. El aspecto positivo es que las personas empáticas emocionales tienen una gran capacidad para relacionarse con personas con deficiencias empáticas como el TEA (trastorno del espectro autista) o TDAH (trastorno por déficit de atención con hiperactividad), o incluso con personas con depresión o ansiedad.

Empatía mental: las animadoras del universo

Cuando se trata de interpretar situaciones, como descubrir qué está sucediendo realmente y cómo debemos proceder, la empatía mental se lleva la palma. Como un ordenador, la persona empática mental es capaz de clasificar grandes cantidades de datos ajenos y concentrarse en la información pertinente.

Si tu tipología empática es mental, tienes mucho que aportar a la relación de pareja. Sabes cuándo el ánimo de tu pareja empieza a decaer y cómo ayudarle. Identificas las causas de la baja autoestima o la falta de confianza y eres capaz de reconocer las actitudes de autosabotaje. Aún más importante, conoces las verdades que deberían sustituir a las mentiras que provocan dichos comportamientos. Reconoces el camino que lleva tanto al éxito como al fracaso. Además, eres un gran padre o figura paterna; tienes la capacidad de resolver cualquier problema y encontrar la mejor solución para seguir adelante.

La empatía mental también tiene sus desventajas. En primer lugar, puedes llegar a sentir que te están utilizando. Dado que eres capaz de percibir las necesidades de los demás, pueden acudir a ti en busca de ayuda e ignorar el hecho de que tú también necesitas ayuda. Asimismo, es posible que confíes demasiado en tus facultades mentales, en detrimento de tus propias necesidades emocionales o anímicas. Podrías recurrir a herramientas como la imaginación o el hiperoptimismo para intentar encajar con una persona muy emocional o entablar una relación con alguien con una empatía extremadamente emocional, física o chamánica para completar tu personalidad. Las personas empáticas mentales a veces desarrollan trastornos de ansiedad debido a su incapacidad para detener el flujo de información; todo puede volverse «demasiado». Este problema podría estar detrás de ciertos casos de TDAH, ya que los individuos que lo sufren podrían estar recibiendo tal cantidad de información mental intuitiva que les resulta muy difícil procesar la información relevante.

La belleza de la empatía mental se encuentra en la evolución gradual de la sabiduría gracias a un uso apropiado de ésta. Gracias a su vinculación con la clariaudiencia, la persona empática mental puede convertirse en un intérprete del conocimiento, un paladín de la verdad y el ancla racional necesaria en toda relación.

Empatía natural: representación de la madre y el padre de la naturaleza

¿Qué puede resultar más satisfactorio para una persona dotada de empatía natural que la conexión con un animal, un árbol o una fuerza de la naturaleza? Aunque, obviamente, las personas empáticas naturales pueden establecer vínculos con una pareja, familiares y amigos, los seres de la naturaleza con los que tienen una conexión única ocupan un lugar especial en su corazón.

Tengo una amiga que tiene una relación especial con sus perros. A lo largo de los años ha acogido a muchos, a menudo dos a la vez, y siempre parece saber exactamente lo que están pensando y sintiendo. La mayoría de ellos vive más años de lo que indican las estadísticas, y estoy segura de que la razón es su empatía. En casa tenemos un conejillo de indias. Max tiene nueve años, más del doble de la esperanza de vida de su especie. Vive en el comedor y ve todo lo que ocurre en la casa desde su posición privilegiada. Creo que es el gran coreógrafo de la mayoría de las actividades de nuestro hogar.

Aunque las personas empáticas naturales pueden relacionarse con un tipo particular de ser natural o con la mayoría de ellos, suelen entablar una relación especial con sus compañeros animales. En una ocasión, una clienta, vino a mi casa para una sesión y, antes de irse, me entregó un bloc de notas lleno de las ideas de mis perros, los cuales habían estado «hablando» con ella durante la sesión. Las conversaciones inaudibles parecían notas de rescate, y decían cosas como: *No te molestaremos a las cinco de la mañana si nos das huesos.*

Los individuos dotados de empatía natural suelen compartir mensajes del mundo natural con sus seres queridos y, a veces, combinan una sensibilidad con el mundo vegetal y planetario con habilidades de sanación empática. Una vez trabajé con una mujer capaz de conectar energéticamente con un cliente o un ser querido y percibir qué tipo de energía estelar necesitaba. Luego podía sentir qué estrella en concreto podía proporcionar aquella inusual energía curativa y enviar la luz de la estrella a la persona en cuestión. Otras personas, normalmente aquéllas con una sensibilidad chamánica, son capaces de establecer una conexión con el follaje, los árboles o incluso los elementos y luego conectarse con los espíritus de estas fuerzas y solicitar que envíen empatía radiante para sanar a otra persona.

En las relaciones sentimentales o familiares, los individuos empáticos naturales suelen erigirse en los representantes del mundo natural, instruyendo a las personas a su alrededor para que se relacionen mejor con éste. Podemos encontrarlos poniendo piedras debajo de la cama de un niño o regañando a un compañero por matar a una mosca. Esto puede provocar algunos problemas con las personas que no son sensibles a la naturaleza y simplemente quieren convivir con la persona empática natural en lugar de tener acceso a la misma sensibilidad.

Empatía espiritual: conocer mejor

—Mi esposa no siempre dice la verdad —se quejaba un hombre—. Todo el mundo la cree, pero yo sé cuándo miente. Por supuesto —añadió sarcásticamente–, ella nunca se equivoca, así que, por lo general, me siento invalidado.

Al final, se demostró que el hombre tenía razón y que las mentiras no eran simples mentiras piadosas. Un año después, el marido descubrió que la mujer había estado sacando dinero en efectivo de su cuenta y gastándoselo en apuestas durante sus viajes de negocios, durante los cuales también le había sido infiel. Su personalidad aparentemente generosa no había alertado a nadie más que a él, principalmente porque el hombre era empático espiritual y tenía el sexto sentido necesario para identificar el sistema de valores, o sus carencias, de otra persona.

En una relación, no puedes encontrar a una pareja más decente que aquélla dotada de empatía espiritual. Son incapaces de actuar de un modo que no se atenga a su propio sistema de valores. Cuando consideran que algo es verdad, harán todo lo posible para demostrarlo. Si poseen profundos valores familiares, asistirán a todos los partidos de fútbol en los que jueguen sus hijos. Si creen en la fidelidad, no serán infieles ni siquiera cuando su pareja sí lo sea. Por desgracia, la misma sensibilidad que les permite calibrar su comportamiento en función de sus creencias también los alerta del nivel fluctuante de responsabilidad y respetabilidad en los demás.

Por ejemplo, una de mis clientas está casada con un reconocido abogado y tiene que asistir a muchos eventos relacionados con su trabajo. La mujer no soporta este tipo de actos, principalmente porque sólo tiene que sentarse cerca de alguien o deambular por la mesa del ponche para saber si la persona es deshonesta o hipócrita. Lo percibe físicamente. También tiene muy desarrollada la empatía espiritual, lo que le permite conocer la auténtica misión de otra persona. Después de un acto para recaudar fondos, le comentó a su marido:

—¿Crees que hay *algún* abogado que prefiere ser misionero, dentista, escritor o algo así?

Sus poderes espirituales están tan desarrollados que es capaz de percibir quién tiene la profesión equivocada y es infeliz por ello.

Si una persona empática espiritual se asocia o tiene una relación con una persona honesta, no se producirá ninguna dificultad. Los problemas aparecen cuando las otras personas ocultan algo.

Irónicamente, los individuos dotados de empatía espiritual suelen tener, al menos, una relación importante con personas poco fiables con el fin de poner a prueba sus dones y convencerse de su eficacia. El vernos reflejados en una persona deshonesta también nos permite analizarnos a nosotros mismos en busca de aspectos menos auténticos. ¿Nos engañamos a nosotros mismos? ¿Creemos lo que queremos creer en lugar de en lo que deberíamos creer? ¿Podemos dejar de sentirnos avergonzados y empezar a aceptar que los demás nos traten como merecemos?

Paradójicamente, las personas empáticas espirituales también son muy susceptibles a la baja autoestima y, como consecuencia de esto, a los maltratos en las relaciones, sencillamente porque sus estándares son muy altos. Hay una diferencia entre poder detectar nuestras capacidades espirituales y ser capaz de vivir con ellas. En última instancia, la mejor protección son las bendiciones y a la compasión para con uno mismo, que posteriormente pueden extenderse a los demás.

Debido a su sensibilidad espiritual, muchas personas empáticas espirituales suelen relacionarse con individuos manipuladores y con deficiencias empáticas que se ocultan detrás de una falsa apariencia de «bienhechor» para ganarse el respeto ajeno. También pueden ser altamente sensibles con personas con deficiencias empáticas que se enfrentan a problemas causados por el TEA, el TDAH, la depresión, la ansiedad o enfermedades mentales como la esquizofrenia. La empatía espiritual permite descubrir la pureza en el alma ajena, pero no la forma en que la persona se presenta al mundo. Esta característica es positiva cuando el individuo con la deficiencia empática tiene buen corazón, pero devastadora cuando la persona en cuestión es narcisista o manipuladora y sólo utiliza a la persona empática para su propio beneficio.

Algunos individuos empáticos espirituales también padecen deficiencias empáticas. Puede afectarles de tal modo la negatividad de una familia que terminen con depresión y se sientan mal porque son incapaces de cambiar el sistema familiar. Pueden volverse bipolares, separando su parte oscura de su parte luminosa, debido a la incapacidad de asumir del todo la parte oscura de ellos mismos necesitada de amor y sanación para poder evolucionar. Creo que incluso pueden llegar a desarrollar el tipo de tendencias bipolares o esquizofrénicas que normalmente se relacionan con las almas divididas. Una parte de ellos puede estar fuera del cuerpo, tratando de ayudar a los demás, mientras que la otra parte se siente atrapada dentro del cuerpo.

Los empáticos espirituales son una auténtica luz, tanto para ellos mismos como para el resto del mundo, siempre y cuando su vida discurra por el camino de la bendición.

Empatía chamánica: aquí, allá y en todas partes

El chamán empático tiene a su disposición mundos enteros donde encontrar a compañeros. Esto puede hacer aumentar la propensión al amor y la alegría en las relaciones personales o puede desmerecer la experiencia.

Como hemos visto anteriormente, el panteón de ayudantes espirituales incluye seres naturales, parientes fallecidos, guías espirituales y almas conocidas en vidas pasadas. En teoría, todos ellos pueden ayudar en las relaciones personales del chamán. Además de añadir su propia cornucopia de conexiones en las relaciones del chamán, a menudo también pueden conectar con ayudantes vinculados a los seres queridos de éste.

Esta reserva de ayudantes puede robustecer una relación, ya que los seres invisibles pueden desempeñar múltiples papeles, desde casamenteros a asesores de los padres. Sin embargo, como podemos imaginar, la gran cantidad de «personas con información privilegiada» también puede ser abrumadora e intrusiva tanto para el chamán como para sus seres queridos.

Recuerdo que, en una ocasión, pasé la noche en vela en un hotel porque sentía la presencia de espíritus visitantes. Mi marido no estaba precisamente contento con la procesión de seres que desfilaron por la habitación porque estaban acaparando tanto mi energía como mi atención. Desde entonces, he aprendido a bloquear a todos y a todo excepto a la Divinidad, a menos que ésta dirija mi atención hacia un espíritu o ser en particular. No obstante, tardé muchos años en conseguirlo.

Los chamanes empáticos pueden acceder, al menos parcialmente, a las demás capacidades empáticas, lo que les da la posibilidad de vivir, tanto ellos como sus seres queridos, otra experiencia emocionante. El elemento clave para unas relaciones saludables son los límites; si carece de ellos, el chamán puede sufrir en casi cualquier relación o desafío empático. Las herramientas que presenté en el capítulo 5 son muy útiles para establecer límites saludables.

Relación Rx: aplicación de los cinco pasos hacia la empatía compasiva

¿Cuál es la mejor forma de asegurar que tus dones empáticos te ayudan a tener relaciones satisfactorias y basadas en el amor en lugar de conflictivas? Aplicando apropiadamente las técnicas que conducen a la empatía compasiva. Te sugiero que practiques estos pasos mientras piensas en una relación especial. Teniendo presente ese vínculo con un ser querido, intenta descubrir más cosas tanto de él como de tus propios dones.

Durante el ejercicio, que puedes realizar en cualquier momento que lo necesites, en presencia de un ser querido o no (e incluso si no te gusta la persona por la que normalmente sientes empatía), combino las preguntas relacionadas con cada estilo empático. A veces, cuando abrimos un tubo de pintura o un color empático, descubrimos que surgen otras habilidades. Por esta razón, invito a tu ser interior a que ponga a prueba todas las formas empáticas. Si no obtienes respuesta a cierto estilo, ignóralo y sigue adelante.

Preparación: realiza la técnica de espíritu a espíritu

Vuelve a reafirmar tu espíritu interior y el de tu compañero o confidente. A continuación, reafirma la presencia del Gran Espíritu.

PRIMER PASO: *solicita y confirma la información necesaria*
Concéntrate en la relación y pídele a la Divinidad que te proporcione información sobre tu función en ella. ¿Qué estás haciendo? ¿Qué significa para ti? ¿Qué debe ofrecerte y qué debes ofrecer tú? Luego pregúntale si debes concentrarte en algún aspecto concreto del ejercicio y si te puede facilitar información empática de la otra persona.

SEGUNDO PASO: *lleva a cabo una evaluación compasiva y solicita orientación*
Pídele a la Divinidad que te ofrezca un análisis más profundo de la información empática. ¿Tu ser querido tiene otros sentimientos que debes conocer? ¿Hay percepciones mentales que pueden ayudarte a comprenderlas mejor? ¿Percibes su estado físico o cuentas con la ayuda de un ser o fuerza natural que te proporcione información? ¿Recibes datos directamente de

la Divinidad, sabes lo que está bien o mal en la situación actual de esa persona o percibes los problemas de la relación? Finalmente, ¿recibes sugerencias procedentes de otros mundos que atraen tu atención? También puedes preguntarle si tiene algún mensaje clarividente o clariaudiente para ti.

Ahora concéntrate en ti mismo durante un momento. ¿Cómo te sientes con respecto a la información que has recibido? ¿Provoca en ti una respuesta emocional o mental? ¿Te sientes físicamente cómodo con ella? ¿Has asumido los sentimientos, pensamientos o problemas físicos de la otra persona no para analizar los datos, sino de un modo tal que terminarán provocándote problemas al absorberlos y contenerlos? Si la respuesta es afirmativa, libera inmediatamente la energía sobrante mediante una corriente sanadora de bendiciones para reequilibrarte.

¿La Divinidad parece querer que sigas adelante para comprender mejor la situación del otro o de la relación? ¿Hay una forma correcta o incorrecta de proceder? ¿Las entidades o espíritus presentes parecen ser beneficiosos o perjudiciales para tu ser querido, para ti o para el proceso? ¿Hay algún asunto ancestral o relacionado con una vida anterior que pueda afectar el proceso? Sigue la orientación divina y usa corrientes sanadoras de bendiciones si necesitas protegerte, liberar una entidad o curar traumas del pasado. Renuncia al proceso si la Divinidad así te lo indica; si no es el caso, sigue adelante.

TERCER PASO: *pide la respuesta divina*
Pídele a la Divinidad que sane a la otra persona, a ti mismo y la relación. ¿Hay una parte de ti que desea otorgarse la función divina y sanar a tu ser querido? Detente y renuncia.

CUARTO PASO: *actúa con humildad*
¿Te sientes destinado a ayudar? Entonces pregúntate cómo debes proceder. ¿Debes hacer algo por la otra persona? ¿Sólo una vez o de forma continua? ¿Hay algo que debes dejar de hacer? A la inversa, ¿necesitas que los demás hagan algo por ti? Las relaciones funcionan en ambos sentidos y debemos examinarlas desde distintos ángulos.

¿Qué hay de las emociones? ¿Puedes atender mejor el bienestar emocional del otro o pedirle un favor a cambio? ¿Ha habido menosprecio o falta de comprensión por ambas partes? Si es así, ¿cómo se podría corregir?

¿Hay creencias que apuntalen la relación o deberían abordarse y aclararse los roles individuales de cada uno, tal vez incluso cambiarse? ¿Cuál es tu función en dicha labor? ¿Podéis compartir algo que os sirva a ambos?

¿Un vínculo más estrecho con la naturaleza ayudaría a la relación? ¿Necesitáis, solos o los dos juntos, pasar más tiempo al aire libre o tener un perro? ¿Puedes obtener alguna idea o remedio de la astrología o el feng shui? ¿Puedes invocar fuerzas naturales? ¿Eres consciente de algún tipo de conocimiento espiritual?

Asimismo, pregúntale a la Divinidad cuál es el auténtico objetivo de la relación. Para alcanzar su destino más elevado, ¿en qué debe convertirse la relación? ¿Qué podría pasar en el futuro?

Ahora desempeña el papel de «terapeuta chamánico» de la relación. ¿Qué ideas obtienes al examinar las vidas pasadas de ambos o la interacción entre vuestras almas? ¿Hay problemas relacionados con las vidas pasadas o el alma que debas examinar para consolidar la relación o dar un paso definitivo? ¿Tienes a tu disposición un «consejero de relaciones» invisible que pueda ayudarte? De ser así, ¿qué te indica?

Finalmente, pregúntate si hay respuestas empáticas radiantes a las que puedas recurrir y ofrecer a la otra persona, a la relación o a ti mismo.

QUINTO PASO: *renuncia a las consecuencias*
Independientemente de los cambios que hayas introducido en tu vida después de los pasos anteriores, pídele a la Divinidad que tome el mando a partir de este momento. Da gracias a ti mismo, a la otra persona y a la Divinidad por el trabajo realizado.

Tratando con gente difícil

«Querida Abby» es el nombre de una columna de consejos inaugurada en 1956 por una mujer con el seudónimo de Abigail van Buren. A través de su columna, Abigail dispensó inteligentes consejos basados en el sentido común a diversas generaciones de mujeres y hombres. Para lidiar con personas con deficiencia empática, o con aquellos aspectos dañados de nosotros mismos, necesitamos la mezcla de límites saludables y humor compasivo que Abigail utilizaba en sus artículos. (Recordatorio: para un detallado análisis de las variedades de la deficiencia empática, consulta el apéndice 2).

Las tres técnicas para una empatía compasiva que hemos visto resultan de gran utilidad en las relaciones personales. Aun así, siempre pueden surgir situaciones problemáticas que nos dejen confundidos y angustiados. Por ese motivo debemos aprender algunos consejos que nos ayuden a recuperar nuestro poder. A continuación, veremos algunos de los escenarios más habituales.

Perdido en la multitud

Muchas personas empáticas desean aislarse de las energías ajenas cuando están en un lugar lleno de gente, como una escuela, un centro comercial, una fiesta o cuando se detienen en mitad de la calle en el centro de una gran ciudad. Los individuos dotados de empatía emocional pueden terminar asfixiados con los sentimientos de los demás, y las personas empáticas mentales, «excluidas» por los pensamientos ajenos, especialmente los negativos. Las personas empáticas físicas pueden sentirse agobiadas y afligidas por los dolores y molestias de los demás, y los individuos con empatía espiritual podrían prestar demasiada atención a los sorprendentes retos de un ruidoso ecosistema que aparentemente no deberían existir. Los chamanes empáticos pueden llegar a sentir que están, literalmente, a punto de explotar debido a la intensa conciencia de todo lo anterior, por no mencionar la presencia de fuerzas angelicales, demoníacas y de otras entidades.

El individuo empático natural podría captar los elementos inorgánicos de un entorno construido por el hombre y sentir la imperiosa necesidad de huir; puede sufrir náuseas o incluso fiebre como reacción a las colas, pinturas, cables eléctricos y otras fuentes de energía que provocan estrés. Podrían percibir el sufrimiento de una margarita que crece junto a la acera o el esfuerzo de una planta que intenta prosperar en la esquina de un centro comercial.

Las personas empáticas naturales también suelen definir las multitudes de manera distinta a cómo lo hace el resto de las personas empáticas. Para ellos, una multitud puede ser un bosque talado lleno de tocones o un nuevo pozo donde se realiza fracturación hidráulica; su empatía les permite sentir las lamentaciones de la tierra ante su cruel destino. También podrían percibir la reacción de la atmósfera ante la contaminación o el miedo de una bandada de pájaros acuáticos enfrentándose al petróleo derramado. Ten siempre presente que tu mejor amigo empático es la técnica de espíritu a espíritu. Pídele al Espíritu que filtre y examine los mensajes y energías que recibes, y que los aleje de tu entorno inmediato cuando no sean beneficiosos. Me gusta imaginar a la Divinidad colocando un gran ventilador delante y detrás de mí para redirigir dichas energías de vuelta al cielo.

Recurre también a las corrientes sanadoras de bendiciones, y pídele a la Divinidad que te envuelva con diversas capas de bendiciones. Éstas filtrarán las energías que no te pertenecen y dejarán pasar sólo aquellas que sirven a un bien supremo. Si es necesario, aléjate del lugar que te incomoda. Si estás en un aula, siéntate cerca de la puerta para no sentirte atrapado. Busca un baño y lávate las manos; imagina que el agua también despeja tu campo energético. Concéntrate en tu(s) chakra(s) más empático(s) y visualiza un potente rayo de color que te ilumina desde la parte posterior, la parte de tu cuerpo abierta a las energías celestiales. (Para obtener más información sobre el significado de los colores, consulta la página 142). Reclama la presencia de tus guías espirituales y pídeles que te protejan. Aunque no lo creas, puedes estar completamente solo en medio de una multitud.

Encerrarse en uno mismo

Por muy desarrollada que esté nuestra empatía, en determinadas circunstancias nos encerramos en nosotros mismos. Antes, yo también me encerraba en mí misma durante las reuniones familiares y, en consecuencia, después de las vacaciones siempre cogía la gripe o un resfriado, ya que mi organismo era incapaz de eliminar las toxinas. También me aislaba en mí misma en compañía de narcisistas, alcohólicos o personas con trastorno bipolar. En mi familia hay muchas personas afectadas por estos problemas, de modo que el mecanismo de defensa cuando era niña consistía en imaginar que podía refugiarme en mí misma y cerrar la puerta con llave. El problema de esta reacción es que, aunque creamos que nos estamos protegiendo de los problemas ajenos, en realidad no lo hacemos; seguía percibiendo todo lo que ocurría a mi alrededor. No sólo eso, además desarrollé mecanismos de defensa que han demostrado ser muy perjudiciales durante mi vida adulta. ¿Cómo puedes mantener una relación adulta saludable si te encierras en ti mismo cuando estás bajo presión? Dependiendo de tu estilo empático, puedes aislarte del dolor que siente un animal si, consciente de que no puedes ayudarlo, es mejor que te distancies de él, o encerrarte en ti mismo cada vez que sientes la presencia de un fantasma si crees que eres incapaz de defenderte de intrusiones incorpóreas.

¿Cómo sabes que estás encerrado en ti mismo? Tu cuerpo te da algunas pistas. Es posible que sientas frío, lo que significa que tus chakras están bloqueados y el campo energético que te rodea se ha venido abajo. Por desgracia, cuanto menos flujo eléctrico tenga tu cuerpo, más permeables serán tus límites energéticos. También es posible que experimentes un calor repentino, lo que podría indicar que estás permitiendo que te inunde la energía de otra persona. El calor indica una entrada de energía. Si te resulta incómodo, significa que estás permitiendo la entrada de una energía no deseada, lo que, a su vez, disminuye tu propia energía e inteligencia receptiva.

Si notas una insensibilidad física parcial, es posible que tu ser consciente haya abandonado esa parte de tu cuerpo. El peligro de esto es que las energías ajenas pueden aprovechar esa vía de entrada. Además, puede incapacitarte e impedir que te conectes a una parte necesaria de la sociedad cuerpo-mente-alma para resolver el problema. También puedes tener una sensación de alejamiento respecto a tu propio cuerpo, como si estuvieras flotando a cierta distancia. Esta desconexión revela una disociación y que una parte de tu alma –y, por tanto, tu poder– ha huido de tu cuerpo. Como consecuencia de ello, puedes ser coaccionado y controlado fácilmente por personas manipuladoras o entidades que desean aprovecharse de la fisura provocada por tu miedo.

Si experimentas alguno de estos síntomas, te sugiero que dejes de hacer inmediatamente todo lo que estés haciendo y recurras a la técnica de espíritu a espíritu. Respira profundamente hasta que sientas que has vuelto a conectarte contigo mismo. A continuación, puedes pedirle a la Divinidad que te inunde de corrientes sanadoras de bendiciones. Si estás con alguien, dile que necesitas unos momentos de descanso o una pausa. Si la otra persona te pide que hagas algo, contéstale que necesitas tiempo para pensarlo. Si tienes la sensación de que te están manipulando, limítate a decir que no te sientes bien y que necesitas tiempo y espacio. Llama a un amigo, sal a la calle, da un paseo, ve a clase de yoga, haz lo que creas conveniente para volver a integrar la parte de tu ser que te ha abandonado. Más adelante, cuando dispongas de tiempo, realiza el ejercicio «Autosanación para personas empáticas» descrito en la página 134.

Sentir pena por los demás

¿Con qué frecuencia sientes pena por una persona o animal herido en lugar de confiar en la empatía? ¿Con qué frecuencia sientes lástima de ti mismo en lugar de recurrir a la empatía? Aunque parezca fácil, no es útil ni para ti mismo ni para los demás.

Por ejemplo, una amiga mía tiene un hijo con un TDAH agudo. Samantha tiene una empatía emocional muy desarrollada, de modo que no le cuesta conectar con la frustración y el dolor de Jared. Jared no entiende por qué no puede hacer las cosas al mismo ritmo que su hermano o por qué los otros niños a veces no se acercan a él (los niños con TDAH suelen entrar en los espacios energéticos de los demás, provocando su incomodidad, Samantha sufre tanto por su hijo que lo libera de las tareas domésticas, le hace los deberes y le asegura que si los demás niños no quieren ser sus amigos, «ellos se lo pierden».

Aunque mi hijo pequeño también tiene un TDAH agudo y, además, es disléxico, me niego a sentir lástima de él. De hecho, creo que su desorden es un don inherente. Como Gabe tiene que esforzarse el doble para hacer el mismo trabajo que los otros niños, es muy trabajador. En lugar de compadecerlo y compensar sus problemas, desde los cuatro años trabaja con un terapeuta especializado en el TDAH. Tuve que aprender a establecer reglas rígidas de organización, lo cual es muy bueno para mí, y controlar mis reacciones emocionales para evitar sentir lástima por él.

¿Siento lástima de mí misma por tener que esforzarme el doble, o el triple? Confieso que a veces me siento agotada, pero también honrada de poder ayudar a mi hijo.

En lugar de caer en la trampa de la pena, podemos usar la empatía para encontrar los dones de la otra persona y descubrir nuestras debilidades y corregirlas. En mi caso, aprender a ser más paciente y organizada me ha ido muy bien. Digo esto porque éstas son dos de las cualidades que me han permitido escribir libros, dirigir talleres, dar clases y orientar a miles de personas.

Un ejemplo de relación:
el narcisismo en los demás o en uno mismo

Examinemos uno de los diversos tipos de deficiencia empática para descubrir cómo podemos relacionarnos empáticamente con las personas afectadas por dicho trastorno, entre las cuales podemos estar también nosotros. Me he decidido por el narcisismo porque se trata de un trastorno muy extendido. Los mismos conceptos y técnicas que nos ayudan a relacionarnos con las personas narcisistas, o con nuestro narcisista interior, también son aplicables a individuos excesivamente egocéntricos, con adicciones, trastorno bipolar e incluso con depresión y ansiedad.

Los narcisistas son individuos que piensan principalmente en sí mismos. Son personas encantadoras y brillantes. Aunque en realidad son empáticas, normalmente se las define como empáticas mentales puesto que no entienden –o no les importan– las emociones ajenas.

El estándar actual de empatía sólo considera dos tipos básicos de empatía: la mental y la emocional. Creo que los narcisistas usan sus percepciones mentales para manipular a los demás, pero pueden hacer lo mismo con la empatía chamánica, accediendo a fuerzas oscuras para obtener información sobre otra persona y utilizarla para satisfacer sus necesidades. Aunque también he conocido a narcisistas dotados de empatía física, la mayoría de ellos recurre a la empatía radiante para redirigir sus problemas físicos a los demás, principalmente a su parejas o hijos. (Esto recibe el nombre de «compatía iniciada», como hemos visto anteriormente en la sección sobre la empatía física). He conocido a pocos narcisistas dotados de empatía natural o espiritual. Un narcisista cree que, en tanto humanos, el mundo natural queda «por debajo» de ellos. Hay dos razones principales por las que un narcisista podría estar bloqueando su empatía espiritual innata. En primer lugar, para evitar que un ser espiritual descubra su auténtica naturaleza. A las personas narcisistas no les gusta que los demás descubran su parte más oscura, en parte porque ellos mismos se niegan a verla. La segunda razón es que desean erigirse en el ser más poderoso o consciente de su universo personal. Reconocer que un ser espiritual opera a un nivel más alto que el suyo les haría sentir fracasados o «disminuidos».

Frecuentemente, las personas amables o altamente empáticas se sienten atraídas por individuos narcisistas porque el niño interior de éstos les pide ayuda. Las personas dotadas de empatía emocional perciben su angustiosa sensación de abandono y su sufrimiento, mientras que los individuos empáticos mentales perciben sus tortuosos procesos mentales. Las personas dotadas de empatía emocional y mental anhelan ayudar o sanar al bebé o niño encerrado en el interior del narcisista.

Las personas con empatía física se identifican con el estancamiento del narcisista; desde un punto de vista energético, el narcisista está encerrado en una especie de armario interior. Los individuos con empatía natural quedan embelesados si un narcisista los manipula a través de sus animales de compañía, por ejemplo, fingiendo que se preocupa por el animal, y las personas con empatía espiritual quedan cautivadas ante la perspectiva de «salvarlos», ya que, generalmente, son personas con un sistema de valores inadecuado. Los chamanes pueden caer en las redes del narcisista si las fuerzas oscuras de éste consiguen seducirlo y manipularlo.

La mejor forma de reconocer —y evitar— a las personas narcisistas es prestar atención a nuestra empatía, no a nuestros ojos. En presencia de un narcisista, suelo sentirme emocionalmente desequilibrada. Mi empatía mental hace que se me revuelva el estómago cuando hablan. Mi temperatura corporal desciende, mi organismo se bloquea y la naturaleza suele enviarme señales perturbadoras de advertencia. En una ocasión, decidí no salir con un hombre porque, después de soñar con él una noche, a todos los lugares adonde íbamos había cientos de coches de policía. Llegué a la conclusión de que debía evitar a aquella persona. En otra ocasión salí con un narcisista durante un tiempo, y cuando me planteaba pasar a la siguiente fase de la relación, un árbol de mi patio se llenaba repentinamente de cuervos, cientos de cuervos, que graznaban cada vez que pensaba en aquel hombre. Estas experiencias me recuerdan que la empatía espiritual nos ayuda a percibir cuando alguien nos está mintiendo, lo que nos permitirá desenmascarar sus falsedades por el bien de todos los interesados.

El mundo del chamán es, muy probablemente, uno de los mejores antídotos para detectar y tratar con narcisistas, así como con aquellas personas que pueden despojarnos de nuestro orgullo, valor e incluso de nuestros más preciosos recursos. En pocas palabras, los narcisistas son como hechiceros.

La mejor manera de tratar con un narcisista es considerarlo como un brujo que lanza encantamientos, primero a él mismo y después a los demás. Se dedica a tejer una seductora red que después instala en su campo energético para mostrarse competente, atractivo e inteligente, aunque en realidad podría serlo. Las personas narcisistas no soportan de ninguna de las maneras parecer débiles, feas o equivocadas.

Cuando te sonríen o te prestan atención, recurren a su empatía física radiante para convencerte de su atractivo. Emplean todas las habilidades empáticas para analizarte y encontrar tus puntos débiles no sólo para complacerte, sino también para avergonzarte si no reciben tu aprobación. Para ello, el narcisista (normalmente de una forma inconsciente) utiliza fuerzas oscuras para fomentar su actitud manipuladora, y a la inversa. Los individuos narcisistas son pasto fácil de las fuerzas oscuras, las cuales los alientan a ocultarle al mundo y a ellos mismos su sufrimiento. Las fuerzas oscuras los mantienen embelesados y los incapacitan para alcanzar su propósito superior.

A través de tus dones empáticos, podrás detectar a las personas narcisistas y utilizar las tres técnicas principales: de espíritu a espíritu, las corrientes sanadoras de bendiciones y los cinco pasos hacia la empatía compasiva. La forma más sutil y apropiada de romper el hechizo, de alejar el encantamiento, es enviar corrientes sanadoras de bendiciones al bebé o niño atrapado en su interior. Aunque cabe la posibilidad de que no decidan de inmediato enfrentarse a sus problemas más profundos, al menos tú serás capaz de deshacerte de la codependencia y el anhelo que te impulsa a sanar a aquellos que lo necesitan. Mediante las corrientes sanadoras de bendiciones, sueltas lastre y permites que actúe la Divinidad.

¿Y qué ocurre si *tú* eres el narcisista? Como he mencionado anteriormente, lo cierto es que todos tenemos algún rasgo narcisista, una herida psicológica que recibimos durante nuestra infancia o juventud. En el contexto de la empatía intuitiva, estas heridas pueden heredarse de una vida anterior o activarse a través de nuestros epigenomas. También pueden provocar la fragmentación del alma o que nos sintamos vulnerables ante la interferencia de una entidad.

Estas heridas, que pueden dar lugar a un trastorno de la personalidad narcisista, están provocadas por la incapacidad de nuestros padres para satisfacer nuestras necesidades emocionales cuando éramos niños. El resultado es una sensación de vacío y desconexión que intentamos compensar a través de la pomposidad y el perfeccionismo, y proyectando nuestros

172

problemas a los demás. La parte de nosotros mismos que se siente constantemente difamada o superior a los demás podría tener un problema de narcisismo. Si caemos en la trampa de creernos mártires o víctimas, podríamos estar en presencia de nuestro narcisista interior. Además, si somos un polo de atracción de individuos narcisistas, deberíamos averiguar si tenemos un problema de narcisismo que intentamos compensar sintiéndonos bien, e incluso mejor que otros, intentando solucionar los problemas de los demás.

No debemos rechazar a nuestro ser narcisista, pero tampoco debemos ponerlo al mando de nuestras relaciones. Te recomiendo que realices el ejercicio de autosanación que presentamos en el capítulo 6. A continuación, presta atención a los indicios que podrían indicar que estás dominado por tu narcisismo o actúas en función de él. Por ejemplo, el exceso de autocompasión, la continua sensación de que los demás te menosprecian o no te valoran, el deseo de culpar a otros o la necesidad de hacerte cargo de la situación porque «nadie más puede hacerlo bien». También puedes realizar el ejercicio «Un ejemplo de sanación» del capítulo 6 para examinar un posible TEPT.

También puedes recurrir a los sueños para diagnosticar y sanar. Antes de acostarte, pide un sueño que te ayude a percibir a tu niño herido. Cada vez que despiertes, escribe el sueño, o la sensación que te ha producido si no lo recuerdas. Puedes hacerlo varias noches seguidas. Cuando creas que por fin entiendes los traumas que provocaron tu sensación de abandono, solicita sanación antes de acostarte. Realiza también un seguimiento de estos sueños. Continúa con este ejercicio hasta que tengas la sensación de que necesitas más trabajo de sanación.

Abrirse al conocimiento empático

¿Estás intentando comprender algo o a alguien? Concluiremos el capítulo con un ejercicio simple que puede ayudarte a desarrollar tu empatía.

1. Realiza la técnica de espíritu a espíritu.
2. Siéntate cómodamente y respira profundamente. A continuación, concéntrate en la persona o ser con quien quieres empatizar.

3. Permite a tu mente establecer conexión con todos los sentimientos, pensamientos, conciencia, percepciones e incluso palabras, tonos, colores, formas, símbolos e imágenes que surjan. (También puedes sostener un objeto relacionado con esa persona, especialmente si tu empatía física está muy desarrollada).

4. Evita analizar qué asociaciones proceden de la empatía y cuáles de tu mente. Limítate a continuar con el proceso hasta que todas las percepciones converjan en una sola idea y sensación compasiva.

5. Concéntrate en esa información destilada y pídele a la Divinidad que te proporcione una mayor comprensión de su significado y te comunique qué debes hacer con ese conocimiento.

6. Envía corrientes sanadoras de bendiciones a la otra persona y regresa a tu estado habitual.

En el nivel más fundamental, entender tus dones empáticos en el ámbito de las relaciones es la base fundamental para entender tus dones empáticos. Las semillas de la empatía se siembran en nuestro interior para que den frutos de conexión en el exterior. Paradójicamente, al analizar la forma en que interactuamos con los demás, física, emocional, mental, natural, espiritual y chamánicamente, es inevitable que nos acerquemos más «a nosotros mismos», a nuestra auténtica naturaleza compasiva. De este modo, cumplimos con el prerrequisito de conocer mejor cómo llevar a cabo nuestra vocación de ayuda a los demás.

CAPÍTULO 8

La empatía y tu vocación: el impulso a ayudar

*El poder no proviene del cañón de un arma, sino de
la conciencia de la propia fuerza cultural
y la capacidad ilimitada para empatizar, sentir,
cuidar y amar a nuestros hermanos y hermanas.*

ADDISON GAYLE, JR.

La empatía nos une para que podamos cuidarnos los unos a los otros. Qué mejor forma de alcanzar este gran objetivo que dentro del círculo de compasión que denominamos «trabajo». Dedica un momento a reflexionar sobre tu propia relación con el trabajo. Desde niño sentías el impulso de alcanzar grandes metas. Sabías que estabas aquí para cambiar las cosas, en gran medida a través de tu trabajo, el cual, cuando refleja tu espíritu y tus dones espirituales, denominamos vocación o inclinación.

Puede ser que trabajes en tu vocación o que sigas buscando el camino que conduce a esa meta. Tal vez ya te has dedicado a ese noble objetivo y ni siquiera eres consciente de ello, etiquetándolo como «sólo hago de padre» o «un trabajo para ganarme la vida». La verdad es que si estás empleando tu empatía y los otros dones intuitivos, ya estás viviendo tu destino. Aunque siempre habrá más tesoros por descubrir, otras carreras que explorar, nuevos caminos que recorrer, vas en la buena dirección. Gracias a una mayor comprensión tanto de tus dones empáticos como de tus capacidades, lograrás perfeccionar aún más tu vocación.

Uno de los aspectos inesperados de la empatía es que la comprensión de tu estilo empático puede ayudarte a descubrir tu principal vocación. ¿Quieres saber algo sobre tus inclinaciones? Éstas tendrán que incorporar tus dones espirituales.

En este capítulo, vamos a explorar las diversas aplicaciones de la empatía en el trabajo, mostrando cada estilo por separado. Veremos cómo podemos aplicar cada uno de los estilos para conseguir el éxito en nuestro trabajo a través de distintos ejemplos de dichos estilos empáticos aplicados al mundo laboral. A continuación, ofreceremos algunos consejos para el acceso y la aplicación en este ámbito de las tres técnicas principales que llevan a la empatía compasiva. Para terminar, veremos cómo usar, pero también cómo encubrir, nuestra empatía en ambientes de trabajo que no fomentan la participación.

La siguiente información es aplicable tanto si trabajas para ganarte la vida como si no o si lo haces por cuenta ajena o por cuenta propia. Tu vocación no depende del dinero, sino de seguir la inclinación de tu alma.

La empatía en el trabajo

¿Cómo es y cómo funciona tu empatía en el trabajo? Las siguientes descripciones te ayudarán a comprender y utilizar mejor estos dones esenciales.

Empatía física: la superpersona robusta

¿Alguna vez has visto una película o serie de *Superman?* Superman y sus formidables compañeros tienen muy desarrollada la empatía física: trabajan arduamente para salvar a la humanidad de sí misma. Su gran capacidad física les permite mover, literalmente, la materia por una noble causa. (Naturalmente, en tanto superhéroes, también cuentan con otras habilidades altamente perfeccionadas).

Si tu estilo empático es físico, tu cuerpo no es sólo tu uniforme humano sino también el vehículo de tu alma. Tu cuerpo registrará todo aquello que debes conocer, sentir o arreglar en este universo mecánico.

Si bien las personas empáticas físicas pueden desempeñar cualquier profesión, incluso ocuparse de la crianza de los hijos o de las tareas domésticas, su principal función será la de proporcionar, de una forma u otra, bienestar físico a los demás. Dada su gran facilidad para conectar con las dolencias ajenas, a menudo se deciden por la profesión médica. Muchos de ellos también trabajan en el sector financiero porque saben que, en nuestro mundo, el dinero no es algo trivial. Por supuesto, también pueden ser jugadores de fútbol o entrenadores, joyeros o sastres, pero sea cual sea su ocupación, siempre intentan mejorar la existencia física de las personas que los rodean.

Como hemos indicado en varias ocasiones, los individuos dotados de empatía física deben cuidar su salud y evitar la tendencia a asumir responsabilidades que no les corresponden. Evita arruinarte; guarda un poco de dinero para ti. De igual modo, evita la avaricia y la codicia. Tu compromiso con el mundo físico puede conducir a la obsesión si no consigues introducir algo de equilibrio en tu vida. Recuerda que debes sustentar a tu ser físico prestando atención también a tu mente, emociones y espíritu.

Empatía Emocional: ¿quién se atreve a tener sentimientos?

Hace muchos años trabajé en una gran empresa. Una de las vicepresidentas me llevó aparte y me dijo: «Sólo hay una regla: evita las emociones. En todo momento. Si quieres llorar, hazlo en casa».

Si ésa es la actitud en su lugar de trabajo, una persona empática emocional podría decidir que lo mejor es recoger sus cosas y marcharse a casa. La empatía emocional no permite dejar de percibir los sentimientos ajenos ni renunciar a los propios. Afortunadamente, este don es ideal para muchas profesiones, incluso en aquellas que se desarrollan en un entorno corporativo.

Los individuos dotados de empatía emocional destacan en tareas que requieren amabilidad, piedad, compasión, atención y toque humano. Muchos terapeutas, profesionales de la capacitación, padres, trabajadores sociales, expertos en recursos humanos y creativos tienen una empatía emocional muy desarrollada. Sin embargo, no es imperativo dedicarse a profesiones de asistencia o creativas. Tengo una clienta empática emocional que es contable, aunque no en el sentido típico que todos tenemos en mente. Mi clienta se dedica a contratar y colocar personas en los equipos contables de su empresa porque tiene la especial habilidad de percibir cuál es la ocupación ideal de cada uno de ellos.

Por supuesto, el individuo empático emocional debe tener cuidado de no consumirse emocionalmente en el trabajo. Percibir los sentimientos de todos resulta agotador y es habitual terminar desbordado. Asegúrate de equilibrar tu receptividad emocional con otras actividades, como, por ejemplo, ejercicio físico, ocio, tiempo a solas y pasar tiempo con personas que te escuchan a ti y no tú a ellas.

Empatía mental: organizar el tapiz de sueños de otra persona

Las personas empáticas mentales centradas en el conocimiento son activos muy valiosos en el mundo del trabajo, ya que pueden distinguir fácilmente entre lo que ocurre y lo que debería ocurrir. También disponen de muy buenas habilidades para la resolución de problemas. Descubren rápidamente la personalidad de los demás, especialmente sus motivaciones, de ahí que pueda construir sistemas basados tanto en información intuitiva como lógica, ambos tendentes a alcanzar objetivos específicos y metas superiores.

Los individuos empáticos mentales son brillantes en profesiones vinculadas a la investigación, la gestión de proyectos, las habilidades analíticas, la resolución de problemas, el razonamiento y la motivación externa. Son excelentes profesionales para organizaciones con o sin fines de lucro que requieren de estas y otras habilidades. Sus dones organizativos también resultan adecuados para la gestión competente de inversiones financieras o la administración empresarial eficaz.

Si tu don empático es mental, ten cuidado con las personas y sistemas que dependen de tus habilidades y que no suelen reconocer tus méritos. Algunos preferirían arrojarte al barro antes de mejorar su propio rendimiento. También es importante tener en cuenta que podrías no caerle bien a determinadas personas, ya que te pueden considerar demasiado quisquilloso o analítico.

Empatía natural: sal al exterior o interioriza el exterior

Las personas empáticas naturales recurren a su amor por la naturaleza para obtener orientación fiable y siempre procuran convertirse en la voz de sus compañeros naturales y celestiales. Su capacidad de percibir lo que les ocurre a las fuerzas y seres naturales a menudo va acompañada de instintos chamánicos y la capacidad de relacionarse con las energías naturales centradas en el espíritu y las sensaciones físicas, emocionales, mentales y espirituales que están experimentando.

A las personas con empatía natural les gusta trabajar en el exterior o llevar un poco del exterior a los lugares y espacios creados por el hombre. Aquéllos con una vinculación especial con las plantas suelen trabajar de jardineros, paisajistas, guardabosques o agricultores; los amantes de los animales pueden ser veterinarios, acompañantes de perros, observadores de aves o especialistas en la pesca. Los que sienten una tendencia a la sanación física podrían ser herbolarios, naturópatas o chefs orgánicos, y aquéllos con una fuerte dosis de empatía emocional podrían convertirse en comunicadores psíquicos de animales o instructores de delfines. Las personas con una especial capacidad visual pueden trabajar como constructores ecológicos, diseñadores de interiores o maestros del feng shui. Hay cientos trabajos adecuados para este tipo empático.

Como hemos visto anteriormente, es importante que el individuo dotado de empatía natural establezca límites adecuados (los cinco pasos que llevan a la empatía compasiva es un excelente método) para no perderse a sí mismo en su amor por la naturaleza. Además, puede ser especialmente sensible a diversas sustancias inorgánicas y campos electromagnéticos habituales en los entornos de trabajo: productos químicos nocivos, la iluminación artificial, el zumbido producido por los ordenadores y las líneas eléctricas. Recomiendo el uso de amuletos para contrarrestar los campos electromagnéticos; los que fabrica BioGeometry son especialmente útiles. (Consulta la página web de Vesica Institute para ver los medallones en la sección de joyería de su tienda virtual).[46] Además, recuerda que las personas también son seres naturales; todos merecemos amor y ayuda.

Empatía espiritual: convertir la ética en una prioridad

La mochila de la persona empática espiritual contiene algunas de las cualidades divinas más importantes: valores, ética, misión, moralidad, conciencia y bondad. Todos estos factores son diversas facetas del amor, a través del cual acercamos un poco más el cielo a la tierra.

Aunque las personas dotadas de empatía espiritual pueden desempeñar cualquier profesión, suelen ostentar la función y el tratamiento de sacerdo-

____

46. Vesica Institute for Holistic Studies, www.vesica.org

te, entrenador, pastor, rabino o consejero espiritual. Eres capaz de percibir si los demás están consumando su destino o no, si actúan con integridad o no. También tienes la capacidad de reconocer fácilmente las intenciones ocultas y las mentiras.

Si dispones de una inclinación chamánica, también puedes conectar con fuerzas angelicales o demoníacas y ser consciente de los efectos que éstas tienen sobre los demás. Conozco a muchos individuos empáticos espirituales que han terminado trabajando como consejeros de personas con adicciones, básicamente exorcizando a las fuerzas oscuras que controlan a sus clientes, o como terapeutas que realizan la misma función para sus pacientes.

No caigas en la trampa de creer que las decisiones equivocadas, maliciosas, manipuladoras o inmaduras de otra persona son culpa tuya. Tu capacidad para percibir la verdad no significa que estés en la obligación de enseñar a los demás a ser auténticos.

Empatía chamánica: una persona, muchos mundos

Las personas dotadas de empatía chamánica suelen tener dificultades para encontrar su lugar en el mundo, sobre todo en el mundo occidental, porque hay muy pocos lugares adecuados a su nivel de sensibilidad. Cuando se encuentran en un entorno indígena, pueden llamarse abiertamente chamanes o curanderos y hacer todo lo que sus dones les permiten hacer; en el mundo moderno, sin embargo, a menudo deben ocultarse detrás de uno o varios de sus dones.

A modo de ejemplo, un chamán con dotes especiales de empatía física podría dedicarse a la medicina holística o a la quiropráctica; alguien con una fuerte orientación emocional podría trabajar como terapeuta especializado en regresiones a vidas actuales o anteriores. Un chamán con una tendencia a la empatía mental podría dedicarse al *coaching* transformacional, mientras que aquél con una inclinación a la empatía natural podría trabajar como guía de grupos en el Machu Picchu u otras maravillas naturales o disfrutar de la vida como agricultor de productos orgánicos. El chamán con una empatía espiritual desarrollada puede aprovechar sus dones para ayudar a otras personas a eliminar entidades y cuerdas (conexiones energéticas con otros seres) o a hacer la gran transición a la muerte en el más allá.

Si tu tipología empática es chamánica, nunca olvides que mereces disfrutar de tu propia vida. No estás aquí sólo para ayudar a los vivos y a los muertos, a los seres de este mundo y a los de los otros mundos; tu vida también es importante. ¿Te gusta ayudar a los demás? Disfruta también ayudándote a ti mismo.

Poner en práctica en el trabajo los cinco pasos hacia la empatía compasiva

En el trabajo (o incluso el ocio), las tres técnicas que introdujimos en el capítulo 5, incluidos los cinco pasos hacia la empatía compasiva, te servirán para establecer unos límites energéticos adecuados, ofreciéndote el espacio vital necesario para no caer en ninguna de las trampas empáticas, como, por ejemplo, la extralimitación, la simpatía o la manipulación. A continuación, ofrecemos una sinopsis de dichos pasos aplicados al ámbito del trabajo y las finanzas.

Cuando trabajes con temas orientados a un objetivo, te recomiendo que le pidas a la Divinidad que te proporcione orientación para aplicar tus dones de la mejor manera posible.

Preparación: aplica la técnica de espíritu a espíritu

PRIMER PASO: *solicita y confirma la información necesaria*
Centra tu atención en el tema laboral en cuestión. Puede ser un proyecto, un problema financiero o una reunión. Puede ser que estés haciendo planes en tu carrera o determinando tu auténtica misión espiritual. ¿Qué información empática necesitas de la Divinidad para guiarte correctamente o proporcionarte los conocimientos necesarios? También dedica algo de tiempo a establecer cuál es el objetivo en el que la Divinidad quiere que te centres.

SEGUNDO PASO: *lleva a cabo una evaluación compasiva y solicita ayuda*
Durante esta fase permanece abierto a la corriente de información empática necesaria para comprender mejor la naturaleza del problema, así como las ideas, consejos o información relacionados. A veces nos muestran

escenarios del pasado como una forma de explicar cómo hemos llegado a nuestra actual situación: por qué no nos conviene el trabajo, por qué estamos confundidos, por qué nos agobian los problemas financieros, etc. Si crees que necesitas asumir errores pasados o presentes, empieza por aceptar la compasión divina y asegúrate de aplicarla también a ti mismo.

TERCER PASO: *solicita la respuesta divina*

Ha llegado el momento de hacerse a un lado y permitir que la Divinidad actúe sin obstáculos. Despeja tu mente y pídele a la Divinidad que te aconseje sobre el objetivo en cuestión o temas relacionados. La información relativa al objetivo tiene que ver, en última instancia, con tu misión en la vida o el motivo por el que estamos en este mundo como espíritus encarnados. La vocación que nos emociona y motiva. Nuestro propósito abarca no sólo las lecciones del alma, las experiencias a veces «difíciles» que nos impulsan a amar cuando preferiríamos no hacerlo, sino que también activa la perfección espiritual que ya hemos logrado tras nuestra máscara humana.

Al solicitar respuestas de la Divinidad, ten en cuenta que no hay límite para tus ambiciones. Puedes solicitar empatía radiante o una mayor percepción. Siempre puedes recurrir a las corrientes sanadoras de bendiciones, mediante las cuales podrás alcanzar desde inspiración hasta nuevas oportunidades. También puede resultar útil solicitar a la Divinidad que despeje el camino hacia el futuro eliminando obstáculos y barreras. Cuando hayas completado el tercer paso, puedes interrogar a la Divinidad sobre la función que seguirá desempeñando a medida que avanzas. Así podrás mantener el contacto durante el proceso.

CUARTO PASO: *actúa con humildad*

En este paso puedes llevar a cabo un gran número de actividades y puedes incluir diversas fases, desde buscar trabajo en Internet a escribir tu currículum. Es posible que necesites un cambio de actitud, como, por ejemplo, empezar a creer en ti mismo. También podría traducirse en el uso de tus dones empáticos radiantes y la transmisión de energía a otras personas, una situación o incluso a una visión u objetivo que la Divinidad quiere que desempeñes en el futuro.

En realidad, este paso puede continuar mucho después de que empieces a meditar sobre él. Actuar en aras de un propósito es un proceso continuado, uno que no tiene paredes ni parámetros claros. A fin de cuentas, ¿en qué momento de nuestra vida no tenemos «ningún propósito»? ¿Tu espíritu está fuera de servicio cuando termina tu jornada laboral y vuelves a casa? ¿Eres menos tú porque estés durmiendo o preparando el desayuno?

Por ejemplo, una posible acción espiritual consiste en solicitar un sueño que nos ayude a tomar una decisión laboral. O mostrarse sincero con un amigo, compartir con él tus traumas de la infancia, para poder reconocer más claramente los patrones que debes modificar. Dado que un propósito espiritual tiene que ver con nuestro espíritu, es decir, la totalidad de nosotros mismos, casi cualquier aspecto de nuestra vida puede considerarse como una actividad dirigida a un propósito. No obstante, como puedes imaginar, este tipo de pensamiento también puede provocar adicción al trabajo, un desequilibrio en el impulso hacia el éxito. Una de las razones por las que siempre recomiendo pedir de forma consciente a la Divinidad que nos muestre el curso de acción más adecuado es evitar la hiperactividad. Al prestar atención a las sugerencias de la Divinidad y a lo que nosotros mismos consideramos actividades importantes, indirectamente estamos liberándonos de hacer otras cosas.

Tras emprender el camino más adecuado en función a tu propósito, pide seguir recibiendo señales y augurios a medida que avanzas. La Divinidad puede comunicarse contigo a través de las emociones y las percepciones, o manipulando tanto tu cuerpo como el mundo físico para provocar ciertas actividades. Puedes recibir ayuda de seres naturales, o tu propio sentido del bien y del mal, o de la bondad, puede indicarte el camino que debes tomar (o no tomar). Los chamanes pueden, entre cosas, recibir sueños o visitas de seres invisibles. Permanece en contacto con la Divinidad para permanecer en contacto contigo mismo.

QUINTO PASO: *renuncia a las consecuencias*
En realidad, nunca sabemos qué nos reserva la Divinidad o lo que otras personas o seres podrían hacer o dejar de hacer. La vida es un viaje, una bendición, un diálogo continuo entre lo conocido y lo desconocido; el trabajo también es una bendición en constante desarrollo. Aprovecha cada oportunidad y situación y recuerda que la Divinidad está contigo.

Ocultar la empatía en el ámbito laboral

Aunque preferiría no tener que escribir sobre este tema, a veces necesitamos ocultar nuestras habilidades empáticas y respuestas en el trabajo. Me pregunto cuántos directores ejecutivos podrían decir tranquilamente algo como «Percibo tu tristeza» o cuántos contables pueden permitirse el lujo de decirle a alguien que está mintiendo. No obstante, existen estrategias para revelar nuestros puntos de vista empáticos y seguir comportándonos de una manera profesional en tanto jefes, compañeros de trabajo, empleados, proveedores o cualquier otra categoría laboral.

Por ejemplo, una persona empática emocional puede recurrir al lenguaje corporal para abordar las emociones de un compañero de trabajo. La gente confía en aquellos que imitan sus gestos faciales o posturas, ya que es una forma de mostrar compasivamente que nos interesamos por su situación. Puedes recurrir a estas dos formas de comunicación sensorial para ayudar a los demás.

¿Sientes que alguien está triste? Tuerce ligeramente los labios hacia abajo mientras te inclinas hacia adelante para proporcionar consuelo. ¿Alguien está enojado? Frunce el ceño y échate un poco para atrás, como si te sintieras vulnerable, de este modo estarás reconociendo su ira mientras te muestras receptivo enfatizando que no tienes miedo.

También puedes usar un lenguaje corporal que indique preocupación por la otra persona, pero sin mostrar directamente tus emociones. Si notas que está asustado, puedes confirmar su preocupación diciendo algo como «Este proyecto de investigación da miedo» o «Guau, estaba nervioso porque llegaba tarde».

Los individuos dotados de empatía mental pueden reafirmar el ego o rendimiento de los demás mediante comentarios inspiradores que contengan elementos positivos que ayuden a cancelar los negativos. Un simple comentario como «Tu proyecto es una contribución muy valiosa» puede liberar a la otra persona de sus sentimientos de incompetencia.

Si la otra persona sufre ansiedad o no se valora lo suficiente, puedes emplear técnicas de relajación. Muchos empáticos mentales se dedican a ayudar a otras personas o a un equipo guiándolos paso a paso hacia una perspectiva o conjunto de actividades más positivas. Por ejemplo, puedes decir algo como esto: «¿Qué tal si primero examinamos los números y luego vemos lo que significan?». Crear un marco lógico permite a los demás mejorar su trabajo y desarrollar mejor sus capacidades.

Las personas con empatía física, como aquéllas con empatía emocional, también pueden utilizar el lenguaje corporal y otros recursos para mitigar de forma creativa los problemas o miedos ajenos. Una de las ejecutivas con mayor éxito que he conocido me confesó en una ocasión que era capaz de percibir en su propio cuerpo los problemas de todos sus empleados. Dado que no podía hacer comentarios como «Bob, el dolor que tienes en el hombro te impide concentrarte en tu trabajo» o «Jamie, me gustaría que te enfrentaras a tu adicción al alcohol», recurría al entorno.

Llenó la oficina de adornos, café, té y comida. Le daba a Bob una piedrecita cargada de energía sanadora y le decía jocosamente que la piedra deseaba quedarse todo el día sobre su escritorio. Le servía té continuamente a Jamie durante las reuniones hasta que se ganó su confianza y pudo recomendarle que acudiera a un centro de tratamiento. Los individuos empáticos físicos, como demuestra el caso de la ejecutiva, pueden usar su ecosistema para que haga el trabajo por ellos.

Las personas dotadas de empatía natural a menudo suelen trabajar con seres o fuerzas de la naturaleza, incluso si no les pagan por ello. Sus mayores desafíos, como hemos visto anteriormente, son la hipersensibilidad provocada por su tendencia a percibir el sufrimiento de los seres naturales y su sensibilidad a las sustancias o energías artificiales.

El secreto para sobrevivir en un mundo contaminado consiste en recurrir a la ayuda natural. Por ejemplo, imagina que eres un guardabosques que percibes el dolor de todas las criaturas del bosque. Puedes conectarte al espíritu viviente de una estrella para enviar energía sanadora a un animal herido. O puedes llevar encima piedras como el cuarzo rosado, que emana amor, para recordarte a ti mismo que la Divinidad lo gestiona todo y que no debes sentirte culpable por aquello que escapa a tu control.

Pongamos que los campos electromagnéticos impiden que tus límites energéticos te protejan adecuadamente. Puedes llevar en el bolsillo un pequeño retal de franela rosa; la franela rosa absorbe los campos electromagnéticos. Lava el retal de franela todos los días y vuelve a utilizarlo. También puedes usar zapatos con suela de goma, lo que te mantendrá conectado a la tierra y enviará las energías negativas al suelo, o puedes llenar tu oficina de plantas y piedras.

¿Eres una persona empática espiritual? A veces puede resultar difícil distinguir el bien del mal cuando casi nadie más lo hace. Igualmente problemática puede ser tu capacidad para determinar quién vive según su vocación y quién no. Si deseas usar tu don y seguir siendo popular, no le digas a nadie que es un mentiroso, un hipócrita, un malversador o un ladrón. Es mucho mejor utilizar comentarios positivos como, «Sé que quieres hacer lo correcto, ¿qué te parece si lo hacemos así?» o «Vamos a dejarnos guiar por nuestra ética y probarlo de esta forma».

Debido a tu sensibilidad espiritual, te recomiendo que intentes trabajar en una empresa o negocio que represente tus valores fundamentales. Las empresas a menudo necesitan ejecutivos de proyectos éticos, formadores, líderes de equipo y otros cargos que requieren de personas visionarias. Muéstrate tal cual eres y el resto vendrá solo.

Los chamanes destacan en un trabajo normal como un cactus en un jardín de rosas. La gente suele considerarlos quisquillosos, desafiantes o diferentes; por tanto, ve con pies de plomo. Erígete en la persona «a quien los demás recurren» para resolver problemas y analizar la situación desde otros ángulos. Intentando no provocar reacciones contrarias, comunica a los demás que eres una persona con una gran intuición y ofrece opiniones significativas para que empiecen a confiar en ti. Encuentra a personas que, como tú, también estén interesadas en el mundo no visible y forma una alianza con ellas; ayudaros mutuamente en la sutil exploración y aplicación de vuestros dones. Es posible que trabajes mejor solo, como una especie de consultor encubierto. A fin de cuentas, sabes que no estás realmente solo, sino que hay un mundo lleno de ángeles dispuesto a ayudarte.

Asume tus dones: el placer de la empatía

*Tocar el alma de otro ser humano
es como caminar sobre tierra sagrada.*

STEPHEN COVEY

Cada vez que leo la última página de un libro, tengo la sensación de que he terminado un viaje. Las vacaciones, un viaje de trabajo, una odisea o un viaje han terminado. Debo hacer balance antes de regresar a casa. ¿Tengo alguna experiencia que compartir con los demás? ¿Por qué me he comprado ese ridículo atuendo que nunca volveré a ponerme? ¿He comprado algún *souvenir* que me recordará el tiempo que estuve lejos de casa?

Pueda o no cerrar la maleta, los mejores viajes son aquellos que me cambian, los que me afectan íntimamente y provocan una transformación. Ésa es la señal de un viaje fructífero. Es lo que ocurre cuando hemos aprendido cosas y hemos crecido en lugar de simplemente comprar y visitar monumentos. Cuando ocurre lo primero, incluso la palabra «hogar» adquiere un significado distinto. Se convierte en algo más que el lugar donde vivimos, independientemente de si ese «donde» es nuestra morada física o nuestro templo corporal. Se convierte en la forma en que expresamos el espíritu inmortal que alberga lo realmente importante: la bondad, la fe, la verdad y, por supuesto, el amor.

Mi deseo más sincero es que, aunque nuestro tiempo juntos esté llegando a su fin, tu viaje empático no haya hecho más que empezar. Después de pasar la última página de este libro, espero que hayas adquirido una nueva conciencia, más profunda y ampliada, del significado de la empatía, cómo funciona y las innumerables formas en que se manifiesta. Aún más importante, espero que dicha comprensión te pertenezca, que haya dejado de estar oculta detrás de las palabras y que se encarne dentro de tu ser. Si es así, es posible que quieras hacerte las siguientes preguntas:

- ¿Qué voy a hacer con mis nuevos conocimientos?
- ¿Cómo voy a utilizar mis dones espirituales para enriquecer mi propia vida y la de los demás?

Tras haber profundizado en el funcionamiento de los dones empáticos, ahora eres consciente de que la empatía es una joya con múltiples facetas. A medida que íbamos descubriendo los aspectos físicos, emocionales, mentales, naturales, espirituales y chamánicos, estoy convencida de que te has reconocido a ti mismo en muchos de ellos. Has tenido la oportunidad de descubrir dónde se encuentran tus fortalezas empáticas y qué aspectos te gustaría desarrollar más en el futuro. Te has familiarizado con algunas cualidades que se parecen mucho a la empatía pero que, en realidad, sirven para socavarla; estás en el proceso de reconocer cuál es la diferencia. Sabes que hay una empatía en la que sólo recibimos y otra que puedes irradiar a los demás, y que toda la empatía se desarrolla en el nivel energético del cuerpo sutil.

Sabes que hay algo que recibe el nombre de deficiencia empática y has tenido la oportunidad de reflexionar sobre algunos desafíos mentales y emocionales muy comunes bajo esta nueva perspectiva. Es posible que hayas tenido dificultades para entender el concepto de la empatía aplicada al pasado. Te sientas o no identificado con todo lo anterior, a partir de ahora dispones de herramientas comprobadas para guiarte y protegerte, todo bien ordenado dentro de tu botiquín empático, o quizá mejor, la «bolsa de la compra», llena de prendas nuevas que te permitirán mostrarte al mundo con un aspecto renovado.

Todo el poder de la empatía ahora te pertenece. Te he entregado encantada las llaves. Cuando recurras a tus dones empáticos, te estarás convirtiendo en el mejor antídoto para combatir el trastorno de déficit empático que sufre nuestra sociedad, y lo estarás haciendo desde hoy mismo. Eres un contrapeso al narcisismo generalizado de nuestra época. Lo que significa que, decidas o no utilizar tus dones para aplicarlos a la sanación empática, tu mera presencia consciente ya te convierte en una fuerza sanadora en este mundo.

Los viajes auténticamente poderosos nunca terminan. Si eres empático (y si has leído este libro, no me cabe duda de que lo eres), sólo te queda asumir tus dones con satisfacción mientras continúas el viaje que llamamos vida. Por favor, no pienses demasiado en el destino. Lo que realmente importa es el camino, la *conexión,* el tejido mismo del amor.

La simpatía (y otras falsas empatías)

Cuando alguien te escucha de verdad, sin juzgarte,
sin tratar de asumir tu responsabilidad,
sin tratar de cambiarte, te sientes condenadamente bien...

CARL ROGERS

Todos queremos que nos escuchen y nos vean. Nos gusta la sensación que provoca que nos entiendan y se preocupen por nosotros. En eso consiste la empatía. Sin embargo, a veces experimentamos o provocamos emociones que no tienen nada que ver con la empatía. En realidad, son un sustituto de la empatía. La sensación que producen no es precisamente buena, especialmente cuando somos nosotros los que utilizamos la simpatía en lugar de la empatía.

Como señalé en el capítulo 3, la simpatía puede detectarse cuando estamos sintiendo en exceso, cuando resulta difícil separar nuestra propia experiencia de la de los demás. Si a menudo te preguntas (es posible que incluso constantemente) por qué te sientes abrumado con sensaciones, sentimientos, conocimientos, espíritus o un mayor estado de conciencia, es probable que estés experimentando simpatía en lugar de empatía.

En esta sección, exploraremos más a fondo las diferencias entre simpatía y empatía, y lo haremos siempre mediante un ejemplo que las ilustre. También profundizaremos en los diversos síntomas que puede provocar un exceso de simpatía, para pasar después a establecer las conexiones entre simpatía y sus fieles seguidores: personalización, imaginación, lástima, contagio emocional e hiperoptimismo. Finalmente, abordaremos las diversas formas en que un exceso de simpatía puede afectar adversamente cuando utilizamos nuestros dones para una empatía radiante (*véase* capítulo 4).

Mientras avanzas en la lectura, realiza un seguimiento de las diferentes formas en las que podrías desviarte hacia la simpatía en lugar de la empatía. Consulta los capítulos de la segunda parte del libro en busca de ideas y técnicas que te ayuden a mantenerte íntegro y seguro al enfrentarte a situaciones vitales que pueden favorecer la simpatía. Disfrutar de tus dones empáticos y utilizarlos de un modo compasivo significa renunciar a la simpatía y comprometerte únicamente con la empatía.

La mujer empática simpática

Janice, sentada en un sofá delante de mí, no dejaba de llorar. Tenía tantos problemas que no sabía por dónde empezar.

—Me duele todo el cuerpo. Me duele tanto que sólo quiero llorar –me dijo mientras retorcía las manos por culpa del dolor–. Pero ésa no es la única razón por la que estoy triste. Simplemente estoy deprimida, y los medicamentos y la terapia no funcionan.

Le pregunté cómo se sentía cuando no estaba triste.

—No lo sé –me respondió desconcertada tras unos segundos–. De hecho, siempre estoy triste.

Janice continuó contándome su vida.

—No le caigo bien a mis compañeros de trabajo porque sé más que las otras secretarias, y eso no les gusta. Peor aún, siempre sé si la gente miente, lo que echa por tierra todas mis relaciones personales. Así que salgo unos minutos para calmarme, pero termino por sentirme aún peor. O sea, ¿cómo puedes salir a la calle y ver a todos esos animales tan tristes? ¿O las plantas asfixiándose con la contaminación?

Cuando creía que su vida no podía ser más estresante, Janice añadió:

—Pero la verdadera razón por la que he venido es porque siento cosas.

—¿Cosas? –indagué.

—Ya sabes. Intuiciones –dijo ella–. Cosas… cosas que se oyen por la noche.

En tanto consultora intuitiva, estoy familiarizada con todo lo místico: espíritus, fantasmas, guías, el *déjà vu,* señales, augurios y predicciones sobre el futuro. Mediante la tipología empática de más amplio espectro, la empatía chamánica, es posible percibir lo que está ocurriendo en el mundo de los espíritus. Necesitaba determinar qué relación tenía Janice con el mundo sobrenatural.

—¿Qué sucede cuando percibes espíritus o notas que contactan contigo? –le pregunté.

—Me ocurre todo el tiempo –me dijo Janice, y se puso nuevamente a llorar–. Cuando entro en una habitación, sé quién ha estado allí hace poco. También percibo la presencia de todos sus guías y ángeles, pero no sólo los buenos, también los malos. De hecho, creo que a veces las entidades negativas se meten dentro mí y no puedo sacarlas. Tienes que ayudarme. No sé qué hacer.

Mientras trabajaba con ella, comprendí que Janice era una persona dotada de empatía chamánica, lo que significa que podía recibir información física, emocional, mental, natural y espiritual, además de la información procedente del mundo sobrenatural. Su problema no era la falta de dones empáticos, sino que dichos dones estaban perjudicándola en lugar de beneficiarla. De hecho, su empatía, por muy hermosa e instintiva que fuera, le estaba provocando una gran confusión. Como Janice aún no entendía cómo gestionar sus dones, se habían puesto en marcha patrones de comportamiento que activaron a los «sustitutos mortales» de la empatía, como el sentimiento de lástima por los demás o la ingenuidad en las relaciones personales.

Después de examinar más a fondo el dilema entre simpatía y empatía, volveremos con Janice para descubrir cómo superó su problema por sí misma, y con algo de ayuda tanto por mi parte como de otras personas.

Simpatía versus empatía: retención en lugar de reconocimiento

La empatía es la capacidad de experimentar recíprocamente lo que les ocurre a otras personas, seres, fuerzas u objetos más allá de nosotros mismos. Además de ser una capacidad innata de supervivencia, se trata de un don espiritual. Nos permite abandonar nuestro cuerpo y, por un momento, convertirnos en algo que no somos. Si sentimos el impulso, podemos responder compasivamente a las necesidades de los demás, aliviando su dolor y sufrimiento y, tal vez, incluso disfrutando de su alegría de vez en cuando. En última instancia, este proceso nos permite convertirnos en algo más de lo que hemos sido hasta entonces.

Aunque, en nuestra cultura, a veces usamos la palabra «simpatía» para describir la experiencia empática, los mecanismos son muy diferentes. La simpatía puede ser una forma potencialmente dañina, e incluso peligrosa, de interactuar con información etérea e intangible; a veces puede ocasionar que perdamos el control de nosotros mismos, la salud y la integridad personal. La empatía, por el contrario, no conlleva ninguno de estos riesgos.

Expresado en términos muy sencillos, la simpatía conlleva la *retención* de la energía ajena y la empatía, el *reconocimiento* de dicha energía. Trata de establecer la diferencia entre estas dos formas de interacción mediante el siguiente ejemplo:

Imagina que me acerco a ti con un gran fajo de extractos, facturas y reclamaciones impositivas que he ido recopilando durante diez años. Aunque pagué algunos, me sentía tan abrumado que finalmente empecé a meter todos mis documentos financieros problemáticos en una gran caja. Es obvio que no me apetece lidiar con esas facturas, de modo que te pido que me eches una mano.

¿Qué harías?

El enfoque simpático nos impulsará a decir que sí. Te entregaré la caja y, pese a ser consciente de los problemas que te acarreará, pienso que ahora es problema tuyo. Al fin y al cabo, aceptaste la petición.

El enfoque empático hará que me mires con preocupación y me digas:

—Guau, menudo papeleo. Entiendo que te sientas abrumado.

Si sientes el impulso espiritual de ser compasivo o altruista, podrías preguntarme si quiero que me eches una mano con las facturas o si necesito el contacto de un buen gestor. En otras palabras, reconoces o aceptas que lo estoy pasando mal, pero no asumes como propio un problema que es mío y me lo arrebatas.

¿Cómo sería la vida de Janice si recurriera menos a la simpatía y más a la empatía? De hecho, ella misma experimentó los cambios que veremos a continuación durante el proceso de aprendizaje para reconocer la información externa en lugar de aferrarse a ella. Debes tener en cuenta que, dado que Janice es una persona dotada de empatía chamánica, estos cambios abarcan las seis categorías empáticas.

CAMBIOS FÍSICOS: mejora del estado de salud. Los dolores y malestares de Janice desaparecieron gradualmente en cuanto comprendió que estaba asumiendo problemas y dolencias inflamatorias de los demás. Dicha interacción basada en la simpatía la había iniciado cuando aún era una niña, con su madre, al creer de una forma inconsciente que su madre la querría más si cargaba con sus malestares físicos, que eran muchos. Finalmente, Janice comprendió que era una persona digna de recibir amor tal y como era y que no necesitaba ganarse el aprecio de los demás absorbiendo sus dolores y padecimientos físicos. (En cuanto Janice dio los siguientes pasos, también decidió comer alimentos más saludables, lo que se tradujo en una disminución de su inflamación corporal).

CAMBIOS EMOCIONALES: menos tristeza y más alegría. Janice había establecido un acuerdo inconsciente con su padre, un alcohólico apesadumbrado. De niña, estaba convencida de poder «ayudar» a su padre absorbiendo y reteniendo su tristeza. Janice continuó reproduciendo dicho patrón energético absorbiendo simpáticamente la tristeza de los demás. Al haber sido incapaz de empatizar con su padre a través del amor que los unía, Janice se había hecho daño a sí misma. Y al recurrir a la simpatía en lugar de la empatía, tampoco había logrado ayudarle a él.

CAMBIOS MENTALES: más amigos. Janice era considerada una «sabelotodo» en el trabajo porque se pasaba el día recibiendo información mental que luego compartía con los demás. No hay nada de malo en ser inteligente. Las personas mentalmente empáticas a menudo usan sus percepciones para resolver problemas de manera brillante, administrar proyectos, ofrecer charlas motivacionales y proponer soluciones creativas. El problema era que Janice estaba recopilando información que no era necesaria para su propio desempeño laboral y, sin ser consciente de ello, dominando mediante su conocimiento a los demás. Durante las sesiones, Janice aprendió a bloquear la información y a conectar únicamente con la energía mental que podía ayudarla a ella, y posteriormente también a los demás. Tras unos meses fortaleciendo sus límites mentales, sus compañeros de trabajo empezaron a verla con mejores ojos y, de hecho, actualmente a dos de ellos incluso los considera sus amigos.

CAMBIOS NATURALES: le encanta estar al aire libre. Para las personas como Janice, dotadas de una extraordinaria empatía natural, puede resultar muy difícil incluso pasear por el jardín sin percibir las protestas de las flores porque alguien las acaba de podar. Cuando Janice aprendió cómo bloquear conscientemente los sentidos innecesarios utilizando las herramientas presentadas en este libro, empezó a disfrutar nuevamente de la naturaleza. Su nivel de estrés disminuyó significativamente cuando pudo realizar largas caminatas por el parque de su localidad.

CAMBIOS ESPIRITUALES: aceptación de los demás. Su capacidad instintiva para saber empáticamente cuando otras personas no decían la verdad estaba provocando que adoptara una actitud moralizante, por eso la gente reaccionaba negativamente. Sin saberlo, estaba cometiendo un error común a muchas personas que recurren a la simpatía: creerse responsable de los asuntos espirituales y éticos ajenos. Después de las sesiones, Janice pudo concentrarse en sí misma y en su propia honestidad. Durante este proceso de cambio, descubrió que otras personas compartían con ella de forma espontánea sus dudas más profundas sobre el propósito y significado general de la vida. Su don espiritual empático estimuló a otros a confiarle sus preocupaciones más ocultas, y ella fue capaz de ayudarles.

CAMBIOS CHAMÁNICOS: independencia a la interferencia sobrenatural. A la mayoría de nosotros nos gusta recibir revelaciones e ideas procedentes de la Divinidad. Personalmente, creo que al menos el 90 por 100 de nuestro mundo queda fuera de nuestra percepción visual, y en ese reino conviven seres, fuerzas y energías a las que sólo podemos acceder mediante nuestras capacidades y dones empáticos. Sin embargo, no todo lo que habita el mundo sobrenatural es positivo. Como a veces digo durante mis clases, el hecho de que una persona muerta esté muerta (y que actúe como fantasma o guía) no significa que sepa más que los vivos.

Janice estaba demasiado expuesta al lado oscuro del mundo sobrenatural, a seres que no tenían nada que ver con su vida. Cuando las fuerzas del otro mundo intervienen hasta el punto de que eso nos afecta negativamente, las denominamos *interferencias,* un término que describe claramente su propósito. El nivel de simpatía chamánica de Janice había alcanzado proporciones gigantescas, como lo indica el hecho de que los espíritus habían entrado y ocupado su cuerpo.

Desde el punto de vista de los principios espirituales, dicha actividad queda fuera de los límites aceptables. Nuestro cuerpo nos pertenece; no está destinado a ser utilizado por otros, ya sean éstos seres vivos o muertos. Aunque tuvo que esforzarse considerablemente, con el tiempo Janice aprendió a evitar que los espíritus poseyeran u ocuparan su cuerpo, además de establecer un límite a su exposición al conocimiento que no le interesaba, como la información sobre las personas fallecidas que en el pasado habían vivido en una casa determinada.

Con el paso del tiempo, Janice empezó a emplear y disfrutar de su empatía chamánica. Decidió perfeccionar su capacidad para recibir sueños que pudieran ayudarla, a ella y otras personas. Más adelante, montó un pequeño negocio de interpretación de sueños, lo que actualmente le genera un dinero extra y la ayuda a sentirse bien.

Para ayudar a Janice a lograr estos grandes avances, utilicé las herramientas básicas que presentamos en el capítulo 5. El primer paso, sin embargo, fue ayudarla a decidir que no necesitaba usar sus dones empáticos para simpatizar o aferrarse a las energías de los demás; por el contrario, podría encontrar otro camino que le diera acceso a una exploración y uso adecuado de sus dones empáticos, una exploración que respaldara su propia vida en lugar de prepararla para reaccionar ante los demás.

¿Cómo podemos reconocer la simpatía?

Hay muchos síntomas que pueden indicarnos que estamos utilizando la simpatía en lugar de la empatía. Si son recurrentes o muy habituales en una persona, grupo o situación, las señales pueden ser alguna de las siguientes:

- Sentirse abrumado o superado.
- Una sensación de confusión: de estar fusionado con algo o con alguien de una manera que conduce a la desorientación o la falta de claridad.
- Pérdida de energía, agotamiento o fatiga.
- Sufrir numerosas enfermedades o percibir profusos sentimientos, pensamientos, creencias, sensaciones y sueños o sentir la presencia de fuerzas o entidades de las que no te puedes deshacer.
- La sensación de que no puedes controlar lo que te sucede.
- Sentimiento de culpa si no puedes ayudar o asistir a los demás.
- Dolor físico en el punto donde absorbes la energía ajena.

Estos son sólo algunos de los síntomas que describen lo que puede ocurrir si recurrimos a la simpatía en lugar de a la empatía. La siguiente lista de las diferencias entre una y otra puede ayudarte a reforzar aún más tus capacidades de discernimiento.

	Simpatía	Empatía
General:	Asume la energía de los demás, absorbiéndola para sí mismo	Percibe la energía de los demás y reconoce conscientemente lo que se está transmitiendo
	Se absorbe la energía de otra persona	Se reconoce la energía de otra persona
	Se desplaza o daña la energía propia	Se aumenta la energía propia
	Se alivia o excusa la responsabilidad ajena	Se refuerza el sentido de la responsabilidad ajena
	Se causa confusión al fusionarse con otra persona	Se crea más claridad para uno mismo y para el otro
	El deseo de ayuda puede derivar en preocupación y agobio	Puede estimularse la compasión y el altruismo
	Limita la conexión con la Divinidad	Necesita de la conexión con la Divinidad
	Nos impide ayudarnos a nosotros mismos	Nos permite ayudarnos a nosotros mismos y a los demás

	Simpatía	Empatía
Física:	Puede provocar la asunción de problemas, molestias, dolores y enfermedades de otras personas	Mejora la capacidad de entender los problemas físicos de los demás
	Evita que nos diagnostiquemos los problemas físicos	Nos ayuda a diagnosticar el estado físico de los demás
	Nos priva de nuestras funciones inmunes; nuestros anticuerpos trabajan para los demás	Activa nuestra respuesta inmune para ayudarnos a nosotros o los demás
	La sensibilidad a determinados objetos puede agobiarnos y podemos tener dificultades para tocar o ponernos cualquier prenda	La conciencia de la energía de los objetos puede ayudar a tomar decisiones (cuando compramos, fabricamos, vendemos, compartimos o comerciamos)
Emocional:	Crea confusión entre nuestras emociones y las ajenas	Ayuda a los demás a aclarar sus emociones y necesidades emocionales
	Provoca que reprimamos nuestras emociones y necesidades (las emociones reprimidas pueden derivar en problemas de salud)	Al ayudar a los demás, aprendemos a clarificar nuestras emociones y estrés, mejorando así nuestra salud
	Puede derivar en depresión, ansiedad y carencia afectiva	Mejora nuestra capacidad de conexión
	Puede limitar el éxito profesional, ya que las personas con problemas emocionales no suelen caer bien	Favorece las nuevas amistades y el éxito
Mental:	Provoca desórdenes mentales y ansiedad	Puede ayudar a que los demás aclaren sus ideas, percepciones, interpretaciones y necesidades
	Incapacidad para distinguir nuestras creencias de las ajenas	Entendemos mejor las creencias ajenas

	Simpatía	Empatía
Mental:	Limita nuestro éxito porque nos centramos excesivamente en el ajeno	Permite la conexión mental y la aplicación de nuestra inteligencia
	Apoyo mental e intelectual a los demás en detrimento propio	Apoyo mental e intelectual a los demás y a uno mismo
	No puede diferenciar entre sus problemas y los de la naturaleza	Puede pedir ayuda a la naturaleza para sanarse o su bienestar
	Le afecta negativamente la actividad planetaria y cósmica	Vive en armonía con la actividad planetaria y cósmica
	Las fuerzas naturales afectan su vida y su salud	Las fuerzas naturales favorecen su flujo vital y su tranquilidad
Espiritual:	Le cuesta confiar en la gente debido a la naturaleza hipócrita de ésta	Es capaz de discernir en quién puede confiar y en quién no
	Cansado de percibir la diferencia entre cómo es alguien y cómo debería ser	Ayuda a los demás en su camino vital, tanto el presente como el potencial
	La gente suele considerar que juzga demasiado a los demás	Capaz de aceptar a cada cual como es
	Se hace responsable de la ética y moral ajena	Capaz de dar buenos consejos a los demás
	Puede sentirse agobiado por fuerzas malignas	Puede distinguir entre los seres negativos y positivos
	Puede percibir las vidas anteriores de los demás; le cuesta diferenciar entre vidas actuales y anteriores	Puede aconsejar a otros con relación a sus vidas anteriores
	Puede sentirse constantemente agobiado por la energía de una habitación	Capaz de percibir qué ha ocurrido y eliminarlo

	Simpatía	Empatía
Espiritual:	Puede terminar poseído por fuerzas maliciosas	Puede ayudar a los demás a liberarse de fuerzas maliciosas
	Potenciales acontecimientos futuros pueden llegar a asustarle	Puede tomar decisiones eficaces sobre el futuro
	Puede ser víctima de sueños, apariciones nocturnas y fantasmas	Puede participar en sueños que pueden mejorar la realidad
	Puede perder la noción de la realidad	Puede llegar a ser tan poderoso que sea capaz de transformar la realidad

Los efectos de la simpatía: múltiples problemas

Es probable que hayas llegado a la conclusión de que no deseas simpatizar en lugar de empatizar. Sin embargo, si hasta ahora has utilizado la simpatía más que la empatía, no te sientas mal. Aferrarse a la energía en lugar de reconocerla es una práctica habitual cuando somos niños y reaccionamos a nuestro entorno familiar. En pocas palabras, absorbemos energía y nos aferramos a ella como una forma de garantizar nuestra supervivencia.

Por ejemplo, asumimos las dolencias físicas de los padres para que éstos puedan cuidarnos mejor. Nos apropiamos de las emociones de un hermano para que le causen menos problemas a nuestra madre. Adoptamos las creencias de nuestro padre para complacerlo, o nos volvemos ambientalmente sensibles para sentirnos cerca de los animales (las criaturas de la naturaleza como refugio). Podríamos incluso desarrollar una hipersensibilidad al nivel de honestidad de nuestros padres con el objetivo de descubrir cuándo nos mienten, o conectar con los espíritus para mitigar una infancia solitaria.

El patrón inconsciente resultante de contener la energía en lugar de reconocerla nos acompaña hasta la edad adulta. No te sientas culpable por haber tenido que recurrir al mecanismo simpático o de atadura emocional para sobrevivir. La buena noticia es que puedes cambiar tus patrones de comportamiento mediante las prácticas del capítulo 5 y restaurar la capacidad de empatizar de una forma afectuosa tanto con los demás como contigo mismo.

La simpatía puede acarrear problemas más serios que una simple retención de energía. También es la base de algunas de las otras experiencias que se disfrazan de empatía y que introdujimos en el capítulo 3. A medida que explores cada una de dichas experiencias, trata de recordar alguna ocasión en la que confundiste la empatía con alguno de sus falsos compañeros.

Personalización

A veces creemos estar identificándonos con otra persona cuando en realidad estamos experimentando sus sentimientos. En cierto modo, estamos «tomando prestados» sus sentimientos, sentidos, problemas o necesidades y jugando con ellos.

Podemos reconocer esta experiencia cuando nos mostramos más emocionados o angustiados que la persona con la que supuestamente estamos relacionándonos. Por ejemplo, podríamos estar hablando con una amiga que ha perdido a su padre. Mientras ella sólo tiene los ojos humedecidos, nosotros no podemos dejar de llorar. Evidentemente, es natural tener sentimientos o emocionarse cuando nos identificamos con alguien. Al personalizar, sin embargo, nos volvemos demasiado emocionales.

En cierto modo, estamos robando la energía de la otra persona y pidiéndole que suspenda su propia realidad y necesidades para atendernos. Incluso podríamos querer que la otra persona asumiera nuestra energía y, de ese modo, sintiera simpatía por nosotros, descargándonos de ella en el proceso. Personalizar las experiencias de otros hará que se sientan vacíos y desatendidos, y nosotros perderemos el control.

Imaginación

Muchas personas se esfuerzan por diferenciar entre imaginación y empatía. Cuando empatizamos, sentimos realmente lo que está sintiendo el otro. No fabricamos la idea de que la otra persona está enferma o triste, necesita hablar con alguien o un abrazo. Sin embargo, todos somos culpables de dejar volar alguna vez nuestra imaginación hasta el punto de convencernos de lo contrario, como la idea de que alguien es muy feliz cuando, en realidad, está triste, o que un avión en el que viaja un amigo se estrellará al día siguiente.

A veces, nuestra imaginación hiperactiva es el resultado de tratar de evitar una tendencia simpática. Para evitar caer en la simpatía, bloqueamos inconscientemente toda la información entrante. Es como poner una gran señal de stop para desviar todos los datos entrantes.

No podemos funcionar a ciegas. A menos que seamos capaces de relacionarnos de algún modo con los demás o el mundo exterior, terminaremos sintiéndonos alienados y aislados. Si nos resistimos a la simpatía hasta el punto de dejar de recibir datos externos, nuestra imaginación podría actuar creando fantasías, posibilidades e incluso mundos enteros que percibimos como reales.

He trabajado con muchos clientes que tenían una empatía innata, pero que bloqueaban la información entrante para evitar caer en la simpatía. Por ejemplo, un hombre insistía en que su hija era un ser humano estable, equilibrado y feliz, obviando los evidentes signos de problemas e inestabilidad. Sólo vino a verme cuando la policía la ingresó en un centro psiquiátrico. Tras ser arrestada por hurto, la chica había mostrado todos los signos habituales de las personas afectadas por depresión maníaca y otros trastornos mentales graves. Inconscientemente, mi cliente se había negado hasta tal punto a sentir lo que le estaba ocurriendo a su hija que su falta de empatía estaba poniendo en peligro su vida.

Lástima

La lástima se define, literalmente, como la compasión que sentimos por el sufrimiento o la angustia ajena. A primera vista, puede parecer beneficioso sentir lástima por alguien o por nosotros mismos, decir cosas como «Pobrecito(a)» o «No puedo(puedes) con todo» o «Nadie podría lidiar con lo que estoy (estás) pasando». Sin embargo, cuando recurrimos a la lástima en lugar de a la empatía, podemos debilitar severamente tanto a la otra persona como a nosotros mismos.

Cuando sentimos lástima en lugar de empatizar con alguien, estamos enviando energéticamente un mensaje que dice que sus problemas no tienen solución. Al expresar nuestra lástima, reconocemos que están experimentando un desafío o problema abrumador, pero también estamos sugiriendo que la situación es desesperada. Peor aún, la lástima supone que la Divinidad tampoco puede hacer nada para solucionar el problema, lo que provoca una mayor ansiedad y depresión y fomenta la irresponsabilidad. Reafirmar esta postura sólo aumentará la angustia de la otra persona, y también evitará que adopte una actitud responsable o receptiva a la plegaria. La autocompasión es igualmente perjudicial porque tiende a reafirmar la idea de que no podemos hacer nada para mejorar nuestra vida; es el modo más eficaz de perder el control de nuestras acciones.

Peor aún, la lástima nos predispone a asumir los problemas ajenos. Al creer que la otra persona es incapaz de resolver sus propios problemas, o que la Divinidad no puede hacer nada, aunque creamos que estamos siendo compasivos, en realidad estamos fomentando que sus problemas pasen a nosotros. Su angustia se alivia, pero aumentan nuestras propias cargas.

A menudo siento lástima ante situaciones de abusos o adicciones. En una ocasión aconsejé a una mujer que sentía mucha lástima por su marido. Él tenía un problema de adicción a las drogas como resultado de los abusos físicos severos que había sufrido durante la infancia. No obstante, también utilizaba dichos abusos como una excusa para no trabajar mientras su mujer sí lo hacía, perder la paciencia con sus hijos y apostar para poder pagar su adicción a las drogas. Cuando le pregunté a la mujer por qué toleraba dicho comportamiento, ella respondió: «Siento lástima por él».

Del mismo modo, nunca nos ayudaremos a nosotros mismos si en lugar de sentir empatía, nos regodeamos en la autocompasión.

Contagio emocional

A primera vista, es posible que el contagio emocional no nos parezca un problema demasiado grave. Sin embargo, se trata de un proceso simpático que puede provocar graves dificultades.

Generalmente, definimos el contagio emocional como el proceso mediante el cual nos vemos arrastrados por los sentimientos ajenos hasta el punto de actuar en función de ellos, independientemente de si resulta beneficioso o perjudicial para nosotros. El ejemplo más claro es la simpatía emocional, mediante la cual hacemos nuestro algún sentimiento ajeno y actuamos en función de él. Si un amigo está triste, empezamos a llorar.

Podemos captar tanto los sentimientos de otras personas como otro tipo de información empática de personas y grupos. En la tipología física, en una ocasión atendí a una clienta con una enfermedad renal que, aparentemente, había heredado de su familia. En las dos últimas generaciones, todos los miembros de la familia habían sido diagnosticados con idéntica enfermedad.

Le sugerí a la mujer que cabía la posibilidad de que hubiera absorbido simpáticamente la enfermedad familiar en lugar de tenerla de forma innata. Obviamente, era posible que tuviera una predisposición genética, le aseguré, pero ¿y si había algo más?

En cuanto decidió bloquear el problema renal familiar, sus riñones se curaron.

El contagio espiritual puede ser especialmente peligroso. Sólo debemos considerar el surgimiento de grupos religiosos o políticos dogmáticos y violentos para comprender hasta dónde son capaces de llegar los afectados. El régimen de Hitler, por ejemplo, confió en su capacidad de adoctrinar a sus seguidores con la energía de los principios espirituales arios. Soy de la opinión de que el pueblo alemán y otros seguidores nazis absorbieron una gran cantidad de ondas energéticas hipnóticas. El gancho era la promesa de que dichos ideales mejorarían sus vidas. También creo que cualquier religión o culto fanático o fundamentalista opera de idéntica forma, difundiendo el dogma espiritual que es absorbido enérgicamente por individuos susceptibles.

En numerosas ocasiones he atendido a personas con una gran sensibilidad chamánica que se sentían superadas por energías o seres sobrenaturales. Una vez trabajé con un hombre adicto al crack, pero que no lo hacía por decisión propia. El hombre insistía que, cada vez que tenía dinero, sentía una energía oscura que entraba en su cuerpo y lo arrastraba por las calles en busca de la droga. Después de drogarse, sentía cómo aquella fuerza oscura actuaba a través de él. Como queda claro en estos ejemplos, el contagio emocional puede tener profundas consecuencias personales y colectivas.

Hiperoptimismo

Ser optimista es algo bueno, ¿verdad? ¿No demuestran los estudios científicos que las personas optimistas tienden a estar felices y saludables en lugar de deprimidas y enfermizas?

Aunque el optimismo sea una cualidad inspiradora, no podemos decir lo mismo del hiperoptimismo. Podríamos definir el hiperoptimismo como el fenómeno recurrente de predecir un resultado beneficioso a pesar de todas las circunstancias, evidencias e indicadores que indican lo contrario. El exceso de optimismo puede conducir a otros o a nosotros mismos a un territorio peligroso.

A modo de ejemplo, una vez trabajé con una clienta convencida de que las terapias holísticas le curarían su cáncer de mama. El cáncer había comenzado como un tumor de grado uno, los cuales pueden tratarse eficazmente mediante cirugía alopática. No, me dijo la clienta, lo único que debo hacer es cambiar mi dieta y el tumor desaparecerá. A pesar de recurrir a numerosas terapias complementarias, cuatro años después, el cáncer era ya de grado cuatro y se había extendido por todo el cuerpo. Creo que el hiperoptimismo de mi clienta le impidió reconocer los beneficios de la integración de las terapias alopáticas y complementarias.

¿Por qué actuó así esta clienta? Porque estaba rodeada de gente que creía en los tratamientos holísticos, pero no en la medicina alopática. A pesar de que su familia estaba preocupada por ella, el sistema de mi clienta sólo asumió la filosofía de este grupo extremista, rechazando cualquier información que contradijera unas promesas excesivamente optimistas.

Podemos absorber energía física, emocional, mental, natural, espiritual o chamánica de tal modo que excluyamos la información que nos haría caer en el pesimismo o los pensamientos negativos. El problema de recopilar únicamente los datos positivos es que nos negamos a nosotros mismos la posibilidad de disponer de una panorámica general. También debemos tener en cuenta el lado oscuro para tomar decisiones lógicas y eficaces. Sin conocer las potenciales consecuencias o los resultados destructivos, seremos incapaces de cribar y ponderar nuestras elecciones de manera eficaz para después elegir la más realista.

¿Cuál es el aspecto energético de la simpatía y las otras falsas empatías?

¿Quieres visualizar qué aspecto tienen dichos estados? Imagina una esfera de luz.

La esfera representa la energía que emana de un objeto o de una persona y a la que tú sientes el impulso de responder. Puedes decidir responder a la información empáticamente: reconocerla y luego responder compasivamente. No obstante, si estás atrapado en una respuesta simpática, puede ocurrir alguna de las siguientes cosas:

SIMPATÍA: la esfera de energía penetra en tu cuerpo y se asienta en la zona con una mayor susceptibilidad a ésta. Ahora tienes la sensación de que la energía te pertenece: física, emocional, mental, natural, espiritual o chamánica. Entonces empieza a provocar estragos en tu vida.

PERSONALIZACIÓN: la otra persona está expresando su realidad emocional, y esto desencadena o estimula tus propios problemas o sentimientos. Mientras éstos se expresan, crean una esfera de energía basada en su propia realidad interna y, esencialmente, reproducen la realidad del otro. Aunque puedes llegar a pensar que estás respondiendo a un proceso ajeno, en realidad estás experimentando el tuyo propio. En algún momento, puede que en realidad le entregues tu bola de energía enérgicamente a la otra persona, lo cual es una manera de pedirle que te cuide en lugar de cuidarla tú a ella. De esta forma, la invitas a compartir tus problemas con simpatía.

IMAGINACIÓN: como sólo puedes absorber algunos retazos de la esfera de energía, construyes una realidad falsa alrededor de éstos.

LÁSTIMA: la esfera de energía que emana del otro penetra en tu cuerpo y se asienta en la parte de ti más vulnerable. No crees que la otra persona pueda resolver el problema sola, por lo que lo absorbes e intentas solucionarlo dentro de tu propio cuerpo.

CONTAGIO EMOCIONAL: la esfera de energía penetra en tu cuerpo y se asienta en la zona donde se sitúa tu sensibilidad, la atraviesa y barre todo lo que encuentra a su paso. Terminas actuando en función de dicha energía, independientemente de las consecuencias.

HIPEROPTIMISMO: la esfera de energía aparece delante de ti. Sólo procesas los mensajes positivos, especialmente aquellos que hacen que te sientas esperanzado, pero eres incapaz de reconocer toda la realidad de la otra persona.

En cambio, una persona empática se asegurará de que la esfera de energía permanezca más allá de su campo energético y su cuerpo, acogiendo únicamente el destello de energía proyectado por la esfera. ¿Recuerdas cuando hablamos de reconocer en lugar de absorber la energía ajena? Reconocer significa mantener la energía de la esfera a distancia, pero permitir que brille su luz, es decir, la información que contiene. Si te sientes hipersensible, agotado, demasiado alterado o, a la inversa, completamente desconectado de los demás, significa que la energía de la esfera ha penetrado en tus límites o se ha fusionado con ellos.

En el caso de que una desconexión, lo más probable es que hayas reaccionado ante una posible invasión y posterior pérdida de identidad protegiéndote en exceso. Comprueba intuitivamente por dónde está entrando la energía de la otra persona y usa las técnicas presentadas en este libro para establecer parámetros claros. Si te desconectas de las demás con demasiada frecuencia, reflexiona sobre las razones que te llevan a hacerlo. Mientras trabajas en este patrón de miedo, puedes empezar a reconocer la información; siempre y cuando seas capaz de mantener la esfera a distancia, puedes utilizar tu empatía de forma segura.

La brillante energía que desprenden las experiencias ajenas puede convertirse en una luz reveladora para la comprensión y la respuesta empática apropiadas.

Simpatía y empatía radiante: cuando lo que recibimos afecta a lo que enviamos

La mayoría de nosotros respondemos más a las necesidades ajenas a través de la energía que mediante las acciones concretas; de hecho, somos una especie de generador energético. Sin embargo, cuando nuestra capacidad empática radiante se infecta con la energía de los demás, se ve afectada negativamente; la energía retenida puede bloquear o deformar la energía positiva que deseamos enviar.

Por ejemplo, imagina que has absorbido y estás conteniendo la dolencia física de otra persona. La energía de dicha enfermedad está atrapada en tu cuerpo, provocando un bloqueo. Tu sistema es incapaz de enviar sanación a la otra persona. Peor aún, tu propia salud física se agota. De hecho, podrías incluso mostrar los síntomas de la enfermedad y experimentar el agotamiento que provoca el esfuerzo por erradicarla.

El vínculo simpático, sin embargo, podría crear una conexión energética entre tú y la persona enferma. Visualiza dicha conexión como una manguera o tubo gigantesco: lo denominamos cordón. La energía afectada por la enfermedad fluye continuamente hacia ti. Tu tendencia empática radiante se activa y empiezas a enviar automáticamente energía sanadora a la otra persona, estableciendo un ciclo en el que tú siempre saldrás perdiendo. Estás continuamente absorbiendo energía dañina mientras envías tu energía sanadora a la otra persona.

Una situación similar puede producirse con cualquiera de los dones empáticos si éstos operan simpáticamente. Imagina que absorbes la depresión de otra persona hasta el punto de que sólo puedes sentir tristeza. Una de las consecuencias es que serás incapaz de enviar bendiciones o ayudar a alguien que también esté triste porque tu propia empatía emocional radiante estará bloqueada. El otro escenario consiste en la continua absorción de la tristeza ajena y la continua pérdida de alegría —el mejor antídoto contra la tristeza— durante el proceso de conexión simpática. Como puedes ver, es sumamente importante dejar de simpatizar y aprender a empatizar, tanto para tu propio bienestar como también para el bienestar de los demás.

Todos hemos experimentado alguna vez simpatía en lugar de empatía. Personalmente, dediqué mucho tiempo y trabajo enérgico y terapéutico en descubrir la diferencia, ya que crecí en el seno de una familia en la que los otros miembros se beneficiaban de mi capacidad para absorber sus emociones, enfermedades, percepciones e incluso cuestiones y apegos espirituales. Mi seguridad y autoestima eran secundarios; lo primordial era ayudar a los miembros de mi familia a resolver sus problemas, lo que derivó en una incapacidad por su parte para resolver sus propios conflictos, y a mí me negó el conocimiento de mis propias necesidades. La decisión más importante que tomé para poder utilizar mis dones empáticos de una manera eficaz para los demás fue reconocer mis tendencias simpáticas. La autoconciencia lleva a la autocompasión y, con el tiempo, a la autosanación.

APÉNDICE 2

Deficiencia empática

Entonces, ¿es usted incapaz de reconocerlo
a menos que tenga su mismo sonido?

ANDRÉ GIDE

La empatía está codificada y enhebrada en nuestro interior para permitirnos entrar en contacto con el mundo exterior. Estamos diseñados para conectar, hemos sido creados para amar y sentir el impulso de la compasión. Sin embargo, como suele ocurrir con todo lo relacionado con la condición humana, hay excepciones a la regla.

Como veremos en esta sección, determinadas categorías de personas sufren lo que se conoce como «deficiencia empática», una expresión utilizada para indicar que las personas en cuestión deben enfrentarse a ciertos desafíos empáticos. Analizaremos estos amplios grupos, los cuales incluyen individuos con trastornos mentales, del estado de ánimo y de personalidad, problemas de aprendizaje y ciertos tipos de estrés. Veremos qué tiene que decir la investigación sobre estos desafíos, y sobre el rol complementario de la empatía, antes de sacar algunas conclusiones sobre el funcionamiento de los dones empáticos. También examinaremos las creencias acerca de las causas de estos trastornos y las posibles razones que explican por qué las respuestas empáticas de las personas afectadas pueden ser deficientes.

También destacaremos las causas potenciales de la deficiencia empática, enfatizando algunas razones que no encontrarás en los manuales universitarios. Si bien este capítulo presentará las causas clásicas de la deficiencia empática, como los problemas neurológicos y genéticos, añadiremos otras causas como cuestiones relacionadas con las vidas anteriores y nuevas teorías científicas. También examinaremos cómo puede verse afectado alguien que tiene una relación con una persona con deficiencia empática.

Aunque, a menudo, se entiende por deficiencia empática la carencia total o parcial de dones empáticos, a veces el exceso de empatía también se considera un problema. Son muchas las razones por las que determinadas personas o grupos muestran deficiencia empática. Hasta cierto punto, como vimos en el capítulo 2, nuestros dones empáticos son de naturaleza bioquímica; si nuestro cuerpo es incapaz de realizar las funciones involucradas en la empatía, no podremos acceder a nuestros dones empáticos o lo haremos sólo parcialmente.

Nuestras habilidades empáticas también son electromagnéticas. Si nuestras facultades CEM están distorsionadas o tienen algún problema, nuestras habilidades empáticas también podrían estar distorsionadas. Además de estas razones de orden físico, existen muchas otras, por ejemplo, las diferencias personales, la educación de la familia de origen, las experiencias vitales, la capacitación y educación, los problemas espirituales, la sobrecarga simpática, etc.

Antes de adentrarnos en la cuestión, debo hacer una importante advertencia. Si encajas en alguno de los grupos descritos en este capítulo, debes saber que hay esperanza. Tener una deficiencia (según los estándares comunes) no significa que seas peor que los demás. En ocasiones, la vida es demasiado hostil para el bienestar de nuestra alma. En otras, la deficiencia puede resultarnos insalvable. Si éste es tu caso, debes saber que existen formas de cambiar nuestra realidad empática mediante terapia o accediendo a nuestra empatía a través de diferentes medios. En la segunda parte del libro presentamos distintas formas de acceder a una empatía más saludable y productiva.

Aún más importante, te animo a leer este apéndice a través del prisma del amor. Estamos en este planeta, básicamente, para aprender a amar. Algunos de nosotros nos encontramos en uno de los extremos, sufriendo nuestra capacidad empática excesivamente desarrollada y deseando reducir nuestra exposición e implicación. Otros se hallan en el otro extremo, con habilidades empáticas aparentemente bloqueadas e inaccesibles. Sea cual sea nuestra posición en dicho espectro, el objetivo final es escuchar la música de nuestra propia alma, de las almas de los demás, crear armonía a medida que avanzamos en este viaje que llamamos vida y disfrutar juntos de la sinfonía.

¿Qué es una persona con deficiencia empática? (Advertencia: queda prohibido sentirse avergonzado)

La palabra *deficiente* significa «disminuido en fuerza, calidad o utilidad». Las personas con problemas de deficiencia empática tienen una capacidad reducida para empatizar o todo lo contrario, un paladar emocional hipersensible. Cualquiera de las dos situaciones puede dar como resultado una disminución del sentido del yo o una capacidad reducida para prosperar y evolucionar.

No es difícil de entender que la carencia de empatía puede presentar desafíos. Una vez trabajé con un chico llamado Kyle que estaba extraordinariamente cerrado en sí mismo. Aunque no estaba diagnosticado como autista, tenía muchas de las características de las personas que lo son. Casi no respondía al estado de ánimo de sus familiares. Golpeaba a sus hermanas para conseguir un juguete y se sorprendía al verlas llorar. Parecía no darse cuenta de lo que les ocurría a los demás. Sus graves problemas para relacionarse socialmente señalaban hacia una deficiencia empática severa que le auguraba una vida de relaciones difíciles.

No obstante, aunque Kyle tenía problemas con la empatía emocional y mental, en cambio tenía un don innato para la empatía natural. Perros, gatos, conejillos de Indias… Kyle sonreía cuando estaban contentos y felices y fruncía el ceño cuando estaban tristes o hambrientos. Su incapacidad para conectar con la gente era problemática tanto para él como para sus seres queridos. Sin embargo, su vínculo con los animales era el camino que conducía a su alma, y posiblemente también a las relaciones humanas. Puede que no pudiera compartir un juguete o una pelota con sus seres queridos, pero sí un abrazo con un cachorro.

A veces cuesta imaginar que el exceso de empatía, una condición también denominada sensibilidad o hipersensibilidad, resulte problemático, a menos que lo padezcas. Como hemos indicado anteriormente, ser demasiado abierto en cualquiera de las seis áreas empáticas puede hacer que nos sintamos como una hoja arrastrada por el viento; y no sólo por una ligera brisa primaveral, sino también por un huracán. Sentir que eres incapaz de protegerte de los dilemas de otras personas es una sensación agotadora.

Los cuadros clínicos y las dificultades de aprendizaje se caracterizan por causar un deterioro empático, y algunas personas asumen que lo contrario también es cierto: que los problemas empáticos podrían incluso provocar determinadas enfermedades. Normalmente, se describe a las personas diagnosticadas con trastorno bipolar y depresión como poco empáticas. Sin embargo, como veremos más adelante, esta rígida suposición se está empezando a poner en entredicho. Por ejemplo, actualmente los investigadores consideran que la depresión está provocada, al menos en parte, por un exceso de empatía en lugar de por una carencia de ésta.

Hasta cierto punto, podría decirse que la mayoría de la gente tiene una deficiencia empática. Por ejemplo, podríamos decir que una persona con empatía emocional que no puede acceder a los otros cinco tipos de empatía sufre una deficiencia empática. Del mismo modo, podríamos asegurar que un individuo dotado de empatía chamánica, y que debe enfrentarse a los límites en todos los niveles, también sufre una deficiencia porque el alcance total de sus dotes empáticos le provoca dificultades.

Dada la gran variedad de las capacidades empáticas y las diferentes razones que provocan deficiencias, es importante no sentirse avergonzado frente a las condiciones empáticas y sus desafíos, independientemente de si la persona con una deficiencia empática pueda ser diagnosticada terapéutica o clínicamente o no. Ciertas dolencias, especialmente las enfermedades mentales de origen bioquímico, se ven muy afectadas por factores genéticos y biológicos. ¿La culpa es de la persona afectada? Algunas situaciones, incluidas la ansiedad y la depresión, pueden tener sus raíces en factores físicos, pero también pueden ser causadas por la educación, el abuso o el estrés coyuntural. Otros problemas, como el autismo y el TDAH, están claramente relacionados con el cerebro.

En esencia, todos somos seres espirituales. Las personas con un diagnóstico clínico no son «malas personas», y aquellas que no lo tienen tampoco son automáticamente «buenas personas». De hecho, las enfermedades mentales son más comunes de lo que pensamos. Uno de cada cuatro adultos experimenta un trastorno mental todos los años, y uno de cada diecisiete convive con una enfermedad mental grave.

De entre todas las personas con una enfermedad mental crónica, la mitad empieza a notar los síntomas a los catorce años, y tres cuartas partes, a los veinticuatro. Sin embargo, pueden pasar muchos años entre el inicio de la enfermedad mental y el momento en que se empieza a recibir tratamiento.[47]

Independientemente de nuestro estado mental y físico, todos somos una expresión de la Divinidad, y estamos en este mundo para explicar, exponer y realzar una forma particular de amor; para explorar nuestra divinidad de un modo muy humano, así como lidiar con las dificultades que pueden colocarnos, o no, en la categoría de «personas normales».

A medida que exploramos los distintos subgrupos de deficiencia empática, te animo a dejar la vergüenza al otro lado de la puerta. Si el amor es la razón por la que estamos aquí, entonces también es el antídoto definitivo para vivir o transformarlo todo, incluida la deficiencia empática.

Grupos clásicos de deficiencia empática

Si la definición clásica de la empatía asegura que es la capacidad de compartir y conocer los sentimientos o las percepciones de otra persona, se etiqueta a diversos grupos de personas en función de su deficiencia empática.

La investigación científica actual sobre la deficiencia se centra en los dos tipos empáticos principales. El primero es la empatía emocional, que los investigadores también denominan empatía afectiva. Éste es el tipo que provoca una reacción emocional adecuada. Luego está la empatía cognitiva, también conocida como mentalización, teoría de la mente o cognición social en términos terapéuticos. Nosotros nos referiremos a ella como empatía mental porque favorece las percepciones mentales.

Nuestra exploración de las personas con deficiencia empática incluirá varios tipos diferentes de trastornos mentales. También examinaremos las

---

47. «National Alliance on Mental Illness», *The Iris*, vol. 27, n.º 5, septiembre/octubre 2012, http://tinyurl.com/mk3n5yx

amplias categorías de trastornos psicóticos y dificultades de aprendizaje, así como el estrés y el trastorno de estrés postraumático (TEPT).

Debe tenerse en cuenta que si bien estas categorías básicas de deficiencia empática están organizadas siguiendo un esquema clásico, es decir, basadas en un conocimiento científico y terapéutico primario, existen otras formas de categorizar a las personas y sus síntomas, y nuestra comprensión de este tipo de deficiencias presenta aún grandes desafíos. Si estás interesado en alguna de estas áreas temáticas o diagnósticos, te recomiendo que investigues por tu cuenta o consultes a un profesional titulado. Mi objetivo en este apéndice es transmitir una visión general de lo que podrían estar viviendo las personas que se enfrentan a estos problemas empáticos.

Trastornos mentales

Hay varios tipos diferentes de trastornos mentales: trastornos de ansiedad, del estado de ánimo, de la personalidad, cognitivos, psicóticos y relacionados con sustancias, así como trastornos de la infancia y la adolescencia. Algunos profesionales también tienen una clasificación separada para la esquizofrenia, los trastornos delirantes, los trastornos disociativos y los trastornos sexuales. Muchos de ellos se caracterizan por síntomas relacionados con la empatía. Observaremos una muestra de dichos trastornos en relación con la deficiencia empática.

Si bien a lo largo del libro hemos trabajado con seis tipos diferentes de empatía, al analizar los trastornos mentales nos limitaremos a los dos tipos que suelen tener en cuenta los investigadores: la ansiedad y los trastornos del estado de ánimo.

Trastornos de ansiedad

Los trastornos de ansiedad son la enfermedad psiquiátrica más común, con una afectación de entre el 15 y el 20 por 100 de los pacientes clínicos. Se caracterizan por una sensación de temor, inquietud o presentimiento.

Hay muchísimas razones por las que podemos sentir ansiedad. La sensación de ansiedad puede estar provocada por una afección psiquiátrica

216

o por la reacción a una amenaza real, como una enfermedad terminal o la pobreza.[48] Según un estudio de Stanford, la ansiedad incluso podría estar vinculada con la irritación digestiva en etapas tempranas de la vida.[49] Cuando la ansiedad interfiere con nuestra vida cotidiana, puede considerarse un trastorno.

Aunque existen muy pocos estudios que demuestren la relación entre la ansiedad y la empatía, son muchos los que creen que la ansiedad puede estar relacionada con el exceso de empatía. Un grupo de investigadores y terapeutas cree que muchas personas con ansiedad son en realidad personas extremadamente sensibles; este grupo estaría compuesto por un 15 o 20 por 100 de la población. Los individuos altamente sensibles tienen un sistema nervioso sensible, lo que provoca que perciban lo que ocurre a su alrededor. Como absorben, reflejan y, a menudo, retienen la información entrante, es probable que se sientan abrumados y, por lo tanto, sufran ansiedad.[50]

Muchos de los clientes con los que trabajo me aseguran que han sentido ansiedad desde que eran niños. Algunos están dotados de empatía emocional o mental, pero muchos también pueden captar entidades y espíritus, el estado físico de los demás, lo que ocurre en la naturaleza y cuestiones relativas a la integridad y los valores ajenos. En resumen, creo que muchos trastornos de ansiedad en realidad están causados por un exceso de empatía.

A modo de ejemplo, una de mis clientas había probado casi todos los fármacos disponibles para combatir la ansiedad pero nada había conseguido resolver los ataques de pánico que tenía mientras dormía. Al principio, la clienta se negó a decirme por qué. Finalmente, supuse que estaba absorbiendo la energía de la habitación y del espacio circundante. Tras interrogarla, admitió que sentía la presencia de los fantasmas de sus antepasados; de hecho, varios la habían estado visitando todas las noches desde que era niña. La empatía chamánica de mi clienta le provocaba ansiedad. Tras pedirle a la Divinidad que la sanara y la liberara de los

---

48. «Mental Disorders», *Armenian Medical Network*, www.health.am/psy/disorders

49. Liansheng Lui, *et al.:* «Transient Gastric Irritation in the Neonatal Rats Leads to Changes in Hypothalamic CRF Expression, Depression- and Anxiety-Like Behavior as Adults», http://tinyurl.com/mw8vzsv

50. Jim y Amy Hallowes: «Being Highly Sensitive», http://tinyurl.com/lyonjku

espíritus, me informó que no había vuelto a sentir su presencia y que ya no tenía ataques de pánico.

TRASTORNO DE ANSIEDAD INDUCIDO POR EL ESTRÉS:
Nuevas reflexiones acerca del TEPT

Todos sufrimos episodios de estrés que nos dejan agotados y debilitados. El estrés puede ser transitorio, agudo o crónico; en cualquier caso, el exceso de estrés en ocasiones puede bloquear nuestras capacidades empáticas o, por el contrario, puede expandirlas hasta un nivel de hiperactividad.

El estrés prolongado es, con diferencia, el más grave por sus efectos sobre nuestra salud mental y capacidad empática. Por ejemplo, según muestran algunas investigaciones, el estrés prolongado en los niños pequeños puede retrasar o incluso detener el desarrollo del cerebro, el crecimiento físico y también las funciones empáticas.

Una de las razones del efecto perturbador del estrés sobre nuestra empatía es que nuestro cuerpo responde al estrés liberando cortisol de las glándulas suprarrenales, lo que, si se produce durante un período prolongado, puede provocar daños a largo plazo en el cerebro y el sistema inmune.

En los niños, el estrés recurrente en su entorno forma conexiones cerebrales que los hacen reaccionar enérgicamente a las posibles amenazas. Incluso cuando se eliminan los factores de estrés, el cerebro continúa actuando como si las amenazas fueran reales, y el cuerpo básicamente se queda atascado enviando señales de SOS a las partes primitivas de nuestro cerebro. Concretamente, el tronco encefálico se desarrolla en exceso y se reducen las áreas responsables del control emocional y la toma de decisiones eficaces. Como resultado de todo esto, se produce ansiedad, control deficiente de los impulsos y falta de empatía.[51]

Cuanto más expuesto esté un niño, o incluso un adulto, a situaciones dañinas o que provocan temor, mayores son las posibilidades de que se bloquee su empatía. Éste es uno de los factores que deriva en el trastorno de estrés postraumático (TEPT), un trastorno de ansiedad grave que puede desarrollarse en niños o adultos tras la exposición a cualquier

---

51. «Effects of Stress on Brain Development», *Better Brains for Babies*, http://tinyurl.com/kvs7bkl

suceso que provoque un trauma psicológico. El TEPT severo puede provocar *flashbacks* y pesadillas, problemas para conciliar el sueño, enojo e hipervigilancia. Otro síntoma común es el deterioro de las habilidades sociales.[52]

Las causas que provocan el TEPT son numerosas: un trauma psicológico, la participación en un conflicto bélico, ser víctima de un desastre, el diagnóstico de una enfermedad potencialmente mortal en uno mismo o un ser querido, ser intimidado o acosado y la predisposición genética. Nuestro material epigenético, si recibe una exposición prolongada al trauma, puede activar los genes que suprimen o mejoran la empatía. De hecho, los efectos del TEPT podrían explicar gran parte del trauma subyacente a la deficiencia empática y otros problemas relacionados.[53]

Aunque la investigación sobre el TEPT sólo describe los efectos del estrés debilitante en la empatía emocional y mental, los otros cuatro tipos empáticos también pueden verse afectados. He conocido a personas que, de niños, podrían haber sido el doctor Dolittle, capaces de comunicarse con los animales, las plantas, las olas del mar o la luna. A un cliente, el estrés provocado por el sentido del ridículo le bloqueó las capacidades intuitivas, convirtiéndolo en una persona ansiosa e infeliz. En cuanto fue capaz de volver a conectar con su empatía natural, descubrió una paz mental que jamás había experimentado.

Una de las habilidades empáticas que suelen verse afectadas por el TEPT es la empatía física. Los traumas, por lo general, expanden nuestra empatía física instintiva o la bloquean completamente. Los clientes con una empatía física excesiva suelen estar enfermos, tener dificultades económicas y con las relaciones personales. A menudo son un polo de atracción de personas poco empáticas y se sienten culpables cuando se enfrentan al abuso. Absorben tanta energía de los demás que incluso son capaces de sentir el dolor que la otra persona podría experimentar si dejaran repentinamente de asumir todos sus problemas.

---

52. American Psychiatric Association, *Diagnostic and Statistical Manual of Mental Disorders: DSM-IV* (Washington, D.C.: American Psychiatric Association, 1994).
53. R. Yehuda, S. L. Halligan, J. A. Golier, R. Grossman y L. M. Bierer (2004): «Effects of Trauma Exposure on the Cortisol Response to Dexamethasone Administration in PTSD and Major Depressive Disorder», *Psychoneuroendocrinology* 29, 3: 389-404.

Por otro lado, las víctimas de TEPT a veces se sitúan en el otro lado del espectro y deciden de forma inconsciente que prefieren no sentir nada que volver a experimentar el dolor de que sintieron en el pasado. Estas personas exhiben síntomas narcisistas o incluso psicopáticos, y en ocasiones también recurren a sustancias para adormecer el dolor aterrador. ¿Cómo puedes relacionarte con los demás mediante la empatía emocional o mental si ni siquiera puedes identificarte con tu propio cuerpo?

Si bien las causas del TEPT a menudo pueden encontrarse en las experiencias en esta vida, también podemos remontarnos más atrás en el tiempo. Recuerdo haber atendido a una clienta con una empatía muy desarrollada en todas las áreas. Pese a presentar todos los síntomas habituales de las víctimas de violación, y a pesar de años de terapia, no recordaba haber sido víctima de abusos sexuales. Cuando llevamos a cabo una regresión a sus vidas anteriores, la mujer recordó haber sido violada en grupo en una vida anterior. Tardó tiempo en procesar el horror de semejante experiencia, la cual estaba profundamente clavada en su alma. Pero, finalmente, fue capaz de recurrir a sus dones chamánicos para que éstos no interfirieran en su vida.

Cada una de las razones presentadas en la sección titulada «Un debate sobre las causas de la deficiencia empática», que podrás encontrar más adelante en este apéndice, puede considerarse un factor causal o estimulante del TEPT.

Además de las áreas que ya hemos explorado, ¿qué podría ser más traumático que tener un trozo de tu alma atrapado en otra persona o fusionado a una entidad? ¿El TEPT es más grave si despierta un recuerdo similar de una vida anterior? ¿Cómo reaccionaría tu cuerpo si un espíritu entrometido se adhiriera a tu célula primaria, la primera célula creada durante la concepción (un tema que abordaremos más adelante en este mismo capítulo)? Existen numerosas razones que pueden provocar una deficiencia empática.

En última instancia, soy de la opinión de que la mayor parte de las deficiencias empáticas son producidas por algún tipo de TEPT; por ese motivo es sumamente importante localizar la experiencia responsable y sanarla. Puedes hacerlo recurriendo a un profesional o con la ayuda del ejercicio «Un ejemplo de sanación: librarse del TEPT» que encontrarás en el capítulo 6.

Trastornos del estado de ánimo

Los trastornos del estado de ánimo son conmociones que provocan que el estado de ánimo de un individuo se vuelva problemático. Las dos categorías principales son el trastorno depresivo mayor y el trastorno bipolar. Cada uno está relacionado con una deficiencia empática.

DEPRESIÓN (TRASTORNO DEPRESIVO MAYOR)

Aunque todos nos sentimos de vez en cuando tristes o deprimidos, una sensación de desesperación que se prolonga durante más de un día o dos podría lindar con la depresión, el trastorno mental más común en el mundo. De hecho, la Organización Mundial de la Salud augura que para 2020, la depresión será la principal causa de incapacidad en el mundo desarrollado y la segunda causa más importante en el mundo.[54]

La tristeza constante, cuando interfiere con la vida cotidiana, a menudo se denomina depresión. Los síntomas incluyen tristeza persistente, ansiedad o sensación de vacío; sentimientos de desesperanza o inutilidad; irritabilidad y fatiga y, a veces, pensamientos o tendencia al suicidio.

Hay tantos tipos distintos de depresión como causas que lo provocan: la genética, la culpa del superviviente, los desequilibrios químicos y hormonales, las adicciones, la enfermedad propia o de un ser querido, la muerte, el trastorno posparto y el trastorno afectivo estacional (TAE), causado por la falta de luz solar.[55] Respecto a la empatía, sin embargo, muchas personas creen que los individuos depresivos no son empáticos, probablemente porque a menudo parecen retraídos o solitarios. Sin embargo, actualmente los investigadores están estudiando la conexión entre depresión y empatía, y los resultados indican que las personas deprimidas suelen tener los mismos niveles de empatía, e incluso superiores, que la población general. Por desgracia, también tienen tendencia a culparse sin motivo aparente por el dolor que sienten los demás. Como ocurre con la mayoría de los trastornos del estado de ánimo, el sistema empático de la persona deprimida es funcional; sin embargo, parece ser que están condenados a vivir con un código moral excesivamente activo y que funciona en piloto automático.

---

54. D. Ingleby, ed. (2004): *Critical Psychiatry: The Politics of Mental Health* (Londres: Free Association).

55. «What Is Depression?», *National Institute of Mental Health*, http://tinyurl.com/cqpgx29

Esto significa que muchas personas deprimidas experimentan una reacción exagerada a las dificultades y los problemas emocionales de los demás. En lugar de centrarse en el presente, se angustian por los errores que cometieron en el pasado o por cómo podrían estar poniendo en peligro a las personas que conocen. Son propensos a la preocupación y la culpabilidad, y todos ellos desarrollaron su tendencia empática en una etapa muy temprana de su vida. A pesar de todo, se esfuerzan por pensar en estrategias útiles para ayudar a los demás, por lo que la conexión entre la preocupación empática y las actividades altruistas puede verse alterada o incluso bloquearse.

Estos nuevos descubrimientos están llevando a muchos científicos a concluir que los trastornos del estado de ánimo a menudo pueden estar provocados por unas habilidades empáticas excesivamente desarrolladas o ser resultado de éstas.[56]

A menudo atiendo a clientes con una empatía muy desarrollada, y no únicamente emocional y mental, que sufren depresión. Por ejemplo, una mujer con un cuadro de depresión prolongado había sido maltratada cuando era niña, y ni los fármacos ni la terapia le habían ayudado a eliminar los síntomas. Finalmente descubrió que, de niña, se había identificado demasiado con sus padres, ambos alcohólicos y con una tendencia al maltrato físico.

La mujer había absorbido los sentimientos de autodesprecio y tristeza de sus padres. En cuanto comprendió que no debía cargar con las realidades internas de sus padres, sus síntomas de depresión desaparecieron en cuestión de días, aunque a menudo reaparecían cuando estaba cerca de personas que le recordaban a ellos.

TRASTORNO BIPOLAR

Un extraordinario artículo científico titulado «Neuropsychological Evidence of Impaired Cognitive Empathy in Euthymic Bipolar Disorder» (Evidencia neuropsicológica de la deficiencia empática cognitiva en el trastorno bipolar eutímico) propone una nueva forma de examinar

---

56. Lynn E. O'Connor, *et al.*: «Empathy and Depression: The Moral System on Overdrive», *Emotions, Personality & Altruism Research Group*, www.eparg.org/publications/empathy-chapter-web.pdf, 49-55.

el trastorno bipolar, a saber, a través del prisma de la empatía emocional y mental.[57]

El trastorno bipolar, también conocido como depresión maníaca, se caracteriza por los cambios de humor, los cuales pueden oscilar entre sorprendentemente altos y depresivos. Es la quinta causa de discapacidad en todo el mundo, y la tasa de suicidio de las personas con trastorno bipolar es sesenta veces mayor que la de la población general.[58] El término *eutimia* describe el rango medio o «normal» de las recurrencias bipolares, cuando el paciente no se encuentra en ni en el rango alto ni en el bajo. El artículo sugiere que, incluso cuando experimentan las denominadas emociones normales, las personas con un trastorno bipolar todavía siguen teniendo problemas empáticos.

Según los autores del artículo, las investigaciones recientes señalan que la teoría de la deficiencia mental, o empatía mental, podría no ser únicamente una consecuencia secundaria del trastorno bipolar, sino incluso ser la causa principal de los comportamientos sociales aberrantes que caracterizan el trastorno.[59]

¿Cómo llegaron los investigadores a esta conclusión? La empatía mental o cognitiva y la empatía emocional dependen de dos zonas distintas del cerebro. Los investigadores descubrieron que las personas con un trastorno bipolar tenían una deficiencia en las áreas cerebrales cognitivas, pero eran altamente funcionales en las áreas emocionales. Esto significa que el individuo con trastorno bipolar tiene muchas dificultades para valorar las opiniones ajenas, pero que se siente ansioso y tenso en las relaciones interpersonales porque tiene una desarrollada sensibilidad para las emociones. Este desequilibrio podría explicar su incapacidad para regular las oscilaciones emocionales, en parte porque es incapaz de evaluar cognitivamente las verdaderas razones por las que los demás están molestos.[60]

---

57. Simone Shamay-Tsoory, *et al.*: «Neuropsychological Evidence of Impaired Cognitive Empathy in Euthymic Bipolar Disorder», *The American Journal of Psychiatry*, http://tinyurl.com/lb5prop

58. Roxanne Dryden-Edwards: «Biopolar Disorder (Mania)», www.medicinenet.com/bipolar_disorder/article.htm

59. *Ibid.,* 60.

60. Simone Shamay-Tsoory, *et al.*: «Neuropsychological Evidence of Impaired Cognitive Empathy in Euthymic Bipolar Disorder».

He descubierto que prácticamente todas las personas con trastorno bipolar necesitan fármacos para controlar los cambios de humor, y también terapia para tratar los problemas más profundos. Conozco a un hombre que pudo dejar la medicación con la ayuda de un terapeuta profesional, un nutricionista y un programa espiritual, pero personalmente no he descubierto una manera de proporcionar ayuda significativa a través de la medicina energética.

Sin embargo, desde una perspectiva intuitiva, en numerosas ocasiones he percibido un abismo en el alma o la psique de las personas con trastorno bipolar. Una persona de mi entorno sufría altibajos extremos. Cuando estaba en su punto más bajo, la vergüenza le impedía aceptar el hecho de que era una persona digna de recibir amor. Cuando se encontraba en su punto más alto, su exagerada autoestima le impedía reconocer su lado oscuro o a su niño interior con problemas.

Muchas veces he considerado esta dicotomía entre el lado «malo» y «bueno» de una persona como un intento precoz de reconciliar nuestra parte humana y divina. Creo que esta brecha refleja una desconexión entre los aspectos emocionales y mentales de la empatía, pero también dispone a las personas con trastorno bipolar a influencias chamánicas, como la invasión de entidades o el apego a ellas, lo que denominamos interferencia. (Consulta la sección «Entidades y fuerzas oscuras» más adelante en este mismo apéndice).

En una ocasión presencié cómo un individuo con trastorno bipolar era poseído por una entidad intrusa. El paciente había sufrido importantes traumas durante su infancia, entre ellos, el abuso sexual por parte de su hermana y el abandono tanto de su madre como de su padre. Sus ojos, que normalmente eran verdes, se tornaron negros, como si una nube hubiera penetrado en su interior, y empezó a gritar y a maldecirme, diciéndome que estaba erosionando su confianza en sí mismo y arruinando su vida. Había entrado en un estado maníaco; puede reconocerse porque la persona empieza a hablar a toda velocidad y a alardear y adopta una actitud pomposa. A continuación, se marchó de mi oficina. Más tarde, su esposa me confirmó que siempre reaccionaba de aquel modo cuando se mostraba afectuosa con él.

Trastorno de la personalidad

Hay un total de doce trastornos de la personalidad: paranoide, esquizoide, esquizotípico, antisocial, límite de la personalidad, histriónico, narcisista, evitativo, dependiente, obsesivo-compulsivo, depresivo y pasivo-agresivo. Algunos especialistas también incluyen los trastornos psicopáticos. Haremos hincapié en ellos, ya que últimamente varios tipos de psicopatía están apareciendo cada vez más en las noticias: los individuos situados en el extremo de espectro suelen verse envueltos en crímenes y situaciones brutales y dolorosas.

Como veremos, los problemas empáticos forman parte de este trastorno crítico.

Por lo general, una persona es diagnosticada con una o diversas de dichas afecciones cuando exhibe patrones anormales de personalidad o comportamiento, y cuando resultan peligrosos tanto para ellos mismos como para los demás. En otras palabras, sus pensamientos y acciones no son beneficiosos y vienen repitiéndose desde hace tiempo.

Para nuestros propósitos, exploraremos los tres trastornos de personalidad más conocidos (el trastorno límite de la personalidad, el narcisista y la psicopatía) y su relación con la empatía para comprender mejor cómo los dones empáticos estándar (en particular, el emocional y mental) interactúan con dichos trastornos. También analizaremos las diferentes relaciones que pueden establecerse entre los otros tipos empáticos y los trastornos de la personalidad.

El trastorno límite de la personalidad

Las personas con trastorno límite de la personalidad (TLP) son inestables en sus relaciones personales, la imagen que tienen de ellos mismos y sus emociones. También suelen ser bastante impulsivos y se esfuerzan frenéticamente para evitar ser abandonados, incluso cuando el abandono es imaginario. A menudo les consume la rabia, son vulnerables a la paranoia y a los cambios de humor excesivos, los cuales se producen cada pocas horas o días.

Las causas del TLP son desconocidas, aunque la mayoría de los especialistas creen que algunos factores son biológicos y genéticos, sociales (como la familia de origen) y psicológicos, los cuales incluyen una combinación de rasgos de personalidad moldeados por habilidades aprendidas (o innatas) para enfrentarse a la realidad.[61]

En relación con la empatía, el TLP a veces se denomina «empatía límite» debido a una paradoja en los comportamientos empáticos. Las personas con TLP no siempre son capaces de interpretar correctamente el lenguaje verbal y no verbal que reciben de los demás; como resultado de ello, creen que los demás quieren hacerles daño incluso cuando no es así. Pero también pueden percibir el estado emocional de otra persona interpretando con gran habilidad sus emociones, o a veces incluso identificando una emoción de la que el sujeto en cuestión ni siquiera es consciente.

La investigación sugiere que el individuo con un trastorno límite puede interpretar la zona alrededor de los ojos para determinar el estado mental de otra persona. Esta capacidad no la tienen las personas con esquizofrenia o autismo.[62] Otra investigación, sin embargo, asegura que los individuos con un trastorno límite no son empáticos; de hecho, carecen de empatía emocional y mental. Parecen estar tan atrapados en sus propias experiencias emocionales que no prestan atención a lo que les ocurre a los demás.

La investigación que podría ofrecer una información más valiosa muestra que la deficiencia empática podría ser la causa del TLP; las pruebas neurológicas apoyan esta afirmación. En lugar de ser empáticas, las personas con TLP muestran un contagio emocional o angustia personal, lo que significa que comparten emociones propias, no de los demás. Tanto sus habilidades empáticas mentales como emocionales muestran una deficiencia.[63]

En mi opinión, detrás del trastorno límite de la personalidad está el miedo extremo. ¿De qué podría tener miedo alguien con un trastorno límite? He descubierto que tienen miedo de las experiencias del pasado, pero no del pasado reciente. Por ejemplo, una vez trabajé con una persona con un trastorno límite que recordaba el terror que sentía su madre por su padre cuando ella aún estaba en el útero. En cambio, otro cliente

---

61. John M. Grohol: «Borderline Personality Disorder», http://tinyurl.com/qxt2k5o

62. Eric A. Fertuck: «Borderline 'Empathy' Revisited», http://tinyurl.com/mmdbney

63. Haven: «How the Brain Sees Empathy in Borderline Personality Disorder–Part I», *Beyond the Borderline Personality* http://tinyurl.com/lqw7myt

recordaba haber muerto en una vida pasada como soldado en la guerra civil americana, y otro recordaba la experiencia traumática de un antepasado suyo durante la guerra. Hasta cierto punto, creo que las personas con un trastorno límite están atrapadas en un episodio aterrador de su propia experiencia o la de otra persona y no saben cómo salir. No puedes recurrir a la empatía si sólo te identificas con tu yo interno lastimado, pues éste distorsiona la percepción de la realidad presente para hacerla encajar en la experiencia pasada.

Trastorno narcisista de la personalidad

El trastorno narcisista de la personalidad (NPD, por sus siglas en inglés) es una enfermedad mental en la cual las personas aumentan su propia importancia debido a una necesidad exagerada de ser admirados. Los narcisistas se caracterizan por una actitud de superioridad, arrogancia, sensación de ser merecedores de la atención ajena y falta de empatía, aunque muchos narcisistas son muy manipuladores y pueden fingir tener una empatía muy desarrollada.

No sólo las personas se ven afectadas por el narcisismo. Varios estudios sugieren que la sociedad en general se está volviendo cada vez más narcisista, y se alienta a las personas a cuidar de sí mismas antes que preocuparse por los demás. Si bien la búsqueda de uno mismo es algo importante, eso sólo es verdad hasta cierto punto. También disminuye nuestra disposición a perseguir objetivos comunes que nos benefician a todos, no sólo a uno mismo.

Hay muchas causas potenciales del narcisismo, entre ellas, el rechazo de los padres, el abandono durante la niñez o los elogios excesivos por parte de los padres, lo que a su vez puede provocar una supervaloración del yo. Independientemente de las causas, el principal problema de las personas narcisistas, el sello distintivo de su trastorno, es su incapacidad para sentir empatía por el dolor que provocan a los demás.[64] Algunos estudios muestran que las personas narcisistas no sienten empatía emocional

---

64. Robert A. Emmons: «Narcissism: Theory and Measurement», www.sakkyndig.com/psykologi/artvit/emmons1987.pdf
    Randi Kreger: «Lack of Empathy: The Most Telling Narcissistic Trait», http://tinyurl.com/7ykkw5v

ni mental. Sin embargo, otros revelan que, aunque pueden acceder a la empatía cognitiva o mental, sufren una deficiencia empática emocional.

Y aunque los individuos narcisistas pueden fingir la empatía, un autor que superó sus problemas de narcisismo relata que lo consiguió aprendiendo a escuchar a los demás.[65] Irónicamente, uno de los métodos que utilizó fue convertir las palabras de los demás en su propia voz interior, utilizando su tendencia narcisista de autoabsorción para un buen propósito.[66]

Personalmente, he trabajado con miles de personas cuyos familiares, cónyuges, hijos o amigos narcisistas les han provocado desorientación, confusión o les han hecho daño, pero también con algunos cientos que entrarían en la categoría de trastorno narcisista de la personalidad. En líneas generales, las personas del primer grupo, las que no están afectadas por un trastorno narcisista, suelen mostrar una empatía excesiva y les cuesta desvincularse de la persona narcisista porque perciben al niño maltrecho que vive dentro de ellos. Se niegan a abandonar al niño inocente que mora en su interior, bajo las múltiples capas de sofisticadas defensas.

Los narcisistas que han logrado cambiar me han permitido atravesar sus mecanismos de defensa y buscar al niño maltrecho que mora dentro de ellos, el niño interior que vive acurrucado, escondiéndose de los demás. En cuanto son capaces de compartir su dolor interior más profundo, se abren como capullos florecientes a todos los que los rodean.

Psicopatía

La palabra «psicopatía» proviene de los términos del griego clásico *psyche,* que significa «alma», y *pathos,* «sufrimiento, enfermedad y dolencia». La mayoría de la gente tiene miedo de los psicópatas, que a veces se denominan sociópatas, debido a su falta de empatía y a las consecuencias dañinas que esto puede provocar.

La psicopatía se expresa mediante emociones superficiales y vacías (especialmente tolerancia al miedo), la capacidad de tolerar el estrés más

---

65. K. Ritter, I. Dziobek, *et al.:* «Lack of Empathy in Patients with Narcissistic Personality Disorder», www.ncbi.nlm.nih.gov/pubmed/21055831
66. Hugo Schwyzer: «Empathy Can Be Learned: Overcoming Narcissism, One Day at a Time», http://tinyurl.com/lxfasjd

allá de los límites considerados normales, frialdad, egoísmo, carencia de remordimiento o culpa, encanto superficial, personalidad manipuladora, irresponsabilidad y, sobre todo, falta de empatía.

Los comportamientos psicopáticos, no obstante, adoptan distintos niveles. Por un lado, tenemos a los psicópatas con un alto rendimiento que suelen alcanzar la cima en sus profesiones o en la carrera política. Su despreocupación por la situación de los demás no les impide llegar a la cima.[67] En el otro extremo, encontramos a los psicópatas tan habituales en las películas de Hollywood, a menudo denominados sociópatas: su naturaleza antisocial los conduce a un estilo de vida parasitario o criminal.

La investigación reciente ha demostrado que los psicópatas tienen un déficit en su capacidad para empatizar, lo que conduce a una falta de juicio moral.[68] Disfrutan provocando miedo en los demás porque los centros del miedo en sus cerebros no funcionan adecuadamente; por eso, las personas con una psicopatía aguda se ríen cuando otros tienen miedo. La actividad reducida en dichas regiones del cerebro durante las situaciones que provocan miedo conduce a un comportamiento moral laxo.[69]

Si bien el *bullying* no se ha definido claramente como un comportamiento psicopático, la investigación demuestra que los agresores también disfrutan viendo sufrir a los demás. Los escáneres cerebrales revelan una interrupción en la respuesta empática natural de los agresores, lo que sugeriría que la motivación de su crueldad es similar: asustar a otros les proporciona una sensación de poder.[70]

Sin embargo, investigadores de los Países Bajos han determinado recientemente, tras analizar la química cerebral de personas con psicopatía,

67. Kevin Dutton (2012): «The Wisdom of Psychopaths», *Scientific American*, vol. 307, n.º 4 (octubre): 76-79.

68. Lynn E. O'Connor, *et al.*: «Empathy and Depression: The Moral System on Overdrive», *Emotions, Personality & Altruism Research Group*, www.eparg.org/publications/empathy-chapter-web.pdf

69. A. A. Marsh y E. M. Cardinale (2012): «When Psychopathy Impairs Moral Judgments: Neural Responses During Judgments About Causing Fear», *Soc Cogn Affect Neurosci* (5 de septiembre) [Epub previo a la publicación] PubMed PMID: 22956667.

70. «Bullies May Enjoy Seeing Others in Pain: Brain Scans Show Disruption in Natural Empathic Response», *UChicagoNews*, 2008, http://tinyurl.com/oav3t27

que éstas pueden activar y desactivar los procesos empáticos. Al parecer, fueron capaces de recurrir a la empatía cuando les dijeron que analizaran el comportamiento empático de otras personas. Dicha investigación sugiere que las personas con psicopatía no carecen de empatía, sino que la han reprimido de una forma anormal. [71]

¿Cuáles son las causas de la psicopatía? Las distintas teorías señalan la naturaleza biológica, los genes afectados por ambientes abusivos, las fuerzas sociales, la selección natural y los daños cerebrales. Creo que deberíamos añadir a la lista la influencia de las vidas anteriores, ya que he trabajado con personas psicópatas con bloqueo emocional innato. Además, creo que en algunos casos, la psicopatía está causada por una fragmentación del alma, aunque este tema lo abordaremos con mayor profundidad más adelante.

Una vez traté a un cliente psicópata que había mantenido los «sentimientos sobre sí mismo» fuera de su cuerpo durante toda la vida porque una de sus vidas anteriores había sido especialmente traumática. En cuanto logró integrar esa parte de su alma, se volvió una persona más amable y atenta.

No obstante, también tuvo que trabajar con un terapeuta para aprender a identificar sus emociones, puesto que nunca había experimentado un sentimiento genuino.

Trastornos relacionados con el consumo de sustancias nocivas

Por desgracia, los trastornos relacionados con el consumo de sustancias nocivas son muy comunes. Necesitaríamos un libro entero para abordar la cuestión adecuadamente. Para el propósito que nos ocupa, sin embargo, consideraremos las dos categorías principales relacionadas con este tema:

- El abuso de sustancias, el cual incluye la dependencia a sustancias nocivas, como el alcohol, las drogas, la nicotina, los inhalantes, los fármacos, etc.

---

71. «Psychopathy and Empathy», www.partiallyexaminedlife.com/2012/07/20/psychopathy-and-empathy

- Los trastornos inducidos por sustancias, los cuales abarcan la embriaguez, la abstinencia y los síndromes psiquiátricos resultado del uso de una sustancia.

En general, se considera que una persona es drogadicta cuando consume de forma continuada una sustancia a pesar de los graves problemas que provoca.

El abuso de sustancias y los trastornos inducidos por sustancias pueden conducir al desarrollo de psicosis, ansiedad y otros problemas. Además, las personas también pueden consumir sustancias para mitigar enfermedades mentales, maltrato infantil, etc.

Uno de los efectos secundarios más graves de la adicción (no sólo a las sustancias, sino también al trabajo, al sexo, a la ira, a la comida, etc.) son las consecuencias para las personas próximas al adicto. Una de las principales quejas de éstos es que el adicto no muestra empatía; de hecho, parece como si ni siquiera le importara el bienestar de sus seres queridos. El adicto se consume a sí mismo hasta tal extremo de que es incapaz de sentir compasión por las necesidades de los demás o los efectos negativos de su comportamiento.

La investigación demuestra que si bien el adicto puede tener sentimientos profundos, su empatía es rehén de su adicción. Normalmente, también son incapaces de reconocer o describir sus propios sentimientos; de hecho, casi el 40 por 100 de los alcohólicos sufre de alexitimia, un síndrome psicológico que impide a la persona identificar sus propios sentimientos.

Incluso después de la rehabilitación, los alcohólicos muestran menor empatía que otras personas, especialmente durante el período crítico posterior a la desintoxicación.

La pregunta clave aquí es descubrir si la deficiencia empática se produjo antes del abuso de sustancias o después, o si ambas ocurrieron a la vez. Según diversos estudios, los niños insensibles y sin emociones tienen un mayor riesgo de comportamiento antisocial (tendencias psicopáticas) y abuso de sustancias. Sin embargo, otros estudios sugieren que la falta de empatía también puede producirse después del consumo de sustancias. Parece ser que una de las razones por las que los programas de doce pasos, como el de Alcohólicos Anónimos o Al-Anon, son eficaces es que durante la experiencia grupal vuelven a aprenderse las habilidades empáticas.[72]

Tengo una experiencia considerable en el tratamiento de las adicciones. Por lo general, he descubierto que los alcohólicos solían tener una empatía muy desarrollada cuando eran niños, pero las circunstancias familiares o los traumas han dificultado el correcto desarrollo de ésta. He trabajado con varios clientes que recurrieron a las drogas para bloquear sus habilidades empáticas, incluidos los seis tipos empáticos.

También soy de la opinión de que cada sustancia tiene su propia frecuencia vibratoria y que puede atraer energías perniciosas o entidades que tientan al adicto a seguir consumiendo. Un ejemplo podría ser el cliente adicto al crack del que hablé en el apéndice 1; en su caso, una voz que no era la suya le espoleaba a drogarse hasta que lo hacía.

Creo que este tipo de empatía chamánica podría estar latente en muchos adictos a sustancias, especialmente en aquellas personas que establecen una especie de alianza inconsciente con una energía negativa para enmascarar su propio sufrimiento. Creo que los padres deberían conocer los diversos tipos de empatía y las sensibilidades asociadas a éstos para poder ayudar a sus hijos a utilizar sus dones de una forma segura.

Trastornos psicóticos

Los trastornos psicóticos son un grupo de enfermedades graves que afectan la mente, alteran la capacidad de tomar decisiones eficaces, de pensar y comunicarse claramente, de comportarse de manera apropiada o de empatizar emocionalmente. Los más conocidos son los diversos trastornos esquizofrénicos, los cuales se describen a continuación.

Trastornos esquizofrénicos

Los trastornos esquizofrénicos se caracterizan por la dificultad para distinguir entre lo real y lo imaginario, gestionar las emociones, relacionarse con los demás y pensar con claridad. Algunas formas de esquizofrenia

---

72. David Sack: «What Makes Addicts Stop Caring? How Empathy Gets Hijacked by Addiction», http://tinyurl.com/lj6nbj7

provocan alucinaciones y otras experiencias ilusorias. En general, la esquizofrenia se considera un trastorno mental que provoca tal confusión entre la percepción de la realidad y la realidad misma que las personas con esta enfermedad a menudo viven recluidas. La deficiencia empática es un componente de este trastorno.

Diversos estudios, entre ellos uno titulado «Schizophrenia Patients Are Impaired in Empathic Accuracy» (Los pacientes con esquizofrenia sufren deficiencia en la precisión empática), muestran que las personas esquizofrénicas muestran una menor precisión empática que los grupos de control. A menudo son incapaces de saber qué sienten los demás en función de sus expresiones emocionales o señales sociales.[73] La aparente falta de empatía no significa que el esquizofrénico no pueda tener habilidades empáticas. *The Harvard Medical School Family Medical Guide* señala que las personas afectadas por esta enfermedad muestran una gama amplia de emociones, pero que la paranoia y la desconfianza asociadas a su trastorno pueden hacer que se encierren en sí mismos.[74]

Algunos enfoques menos tradicionales de la esquizofrenia la consideran una crisis psicoespiritual aguda. La doctora Maureen Roberts, cuya tesis doctoral se centra en las teorías de C. G. Jung, sugiere que el trastorno está causado por la fragmentación de la personalidad, la pérdida del sentido de uno mismo, así como una empatía *extrema* y sensibilidad ambiental en lugar de una empatía limitada. La doctora Maureen Roberts cree que se trata de un problema relacionado con el alma y, como tal, debe abordarse desde una perspectiva holística.[75]

Revelando la estrecha asociación existente entre nuestro ser físico y psicológico, otro estudio relaciona el desarrollo de la esquizofrenia con las infecciones prenatales de *influenza*, la necesidad de vitaminas y minerales adicionales, como las vitaminas C y B3, y la genética.[76] Los factores

---

73. J. Lee, J. Zaki, *et al.*: «Schizophrenia Patients Are Impaired in Empathic Accuracy», William James Hall, Harvard Edu., http://tinyurl.com/m6gudd6

74. Sharon Perkins: «The Negative Symptoms of Schizophrenia», http://tinyurl.com/curxhjk

75. Maureen Roberts: «Schizophrenia… Soul In Crisis», www.psychiatrywithsoul.com/Schizophrenia.html

76. Melinda Wenner: «Infected with Insanity: Could Microbes Cause Mental Illness?», http://tinyurl.com/ln9zxob
«Mental Health Treatment That Works», http://tinyurl.com/ozej4xr

ambientales también pueden jugar un papel importante, como el estrés, el abuso de drogas y los cambios de hábitos. También parece aumentar en la producción de dopamina, un neurotransmisor, que puede producir delirios.[77]

Desde la perspectiva empática, la empatía esquizofrénica es un tema complicado. He trabajado con muchos clientes esquizofrénicos y, habitualmente, la empatía chamánica es un factor que puede contribuir al desarrollo de la enfermedad. Los esquizofrénicos que he conocido o con los que he trabajado oían voces, tenían visiones intrusivas o sentían presencias. Creo que los abusos sexuales en la niñez o los desafíos extremos, e incluso, en algunos casos, los traumas de vidas anteriores hacen que las almas de algunos de estos clientes estén desplazadas de sus cuerpos.

Imagina el alma como si fuera un ser humano. Los pies de tu alma deberían estar donde están tus pies físicos. Desde el punto de vista energético, los esquizofrénicos con los que he trabajado tenían la planta de los pies de sus almas al nivel de su pecho físico, e incluso más arriba, dejando buena parte de su alma fuera del cuerpo. Al carecer de un límite físico, la parte superior del alma es vulnerable a las influencias chamánicas, como las entidades, y la parte inferior, a la absorción simpática de las energías ajenas.

También tengo la intuición de que algunas de las entidades o energías que asolan a ciertos individuos esquizofrénicos podrían forman parte de sus propias almas. El chamán tradicional es un sanador del alma que se dedica a localizar y reintegrar las partes fragmentadas o perdidas del alma, las cuales pueden separarse del alma principal como consecuencia de un trauma, una tragedia o incluso malentendidos.

El segundo tipo empático relacionado con la esquizofrénica es la empatía espiritual. En más de una ocasión he podido comprobar que las personas con tendencias esquizofrénicas son muy sensibles a los problemas espirituales de los demás. Por ejemplo, una de mis clientas siempre sabe cuando alguien miente o es hipócrita; de hecho, se pasa buena parte del día tratando de descubrir quién es hipócrita y quién no. Creo que esta sensibilidad suele darse en personas ansiosas, esquizofrénicas o psicológicamente desequilibradas, hasta tal punto que puede presentar desafíos importantes.

---

77. «Psychotic Disorders», http://tinyurl.com/d4jym8

El tercer tipo de conexión empática que puede interferir con la vida de un esquizofrénico es la empatía física. Debido a que la energía de otra persona puede ocupar los lugares vacíos en el cuerpo del esquizofrénico, éste puede ser potencialmente vulnerable a reproducir las enfermedades y los problemas de los demás.

Problemas de aprendizaje

Hay dos trastornos relacionados con la empatía con una creciente repercusión en los medios de comunicación y también en nuestras vidas: los trastornos del espectro autista (TEA) y el trastorno por déficit de atención con hiperactividad (TDAH), los cuales abordaremos en más profundidad en esta sección.

CUANDO LAS NEURONAS ESPEJO NO SON SUFICIENTE:
Una reflexión sobre el autismo
Uno de los problemas más desgarradores y confusos a los que se enfrenta la humanidad es el autismo, un trastorno que presenta diversos tipos de comportamientos asociales. El autismo recibe oficialmente el nombre de trastorno del espectro autista o TEA. TEA es un término general para un grupo de trastornos mentales complejos cuyos afectados presentan dificultades para la interacción social y problemas para la comunicación verbal y no verbal. Además, muchos niños con TEA presentan comportamientos repetitivos, como darse golpes en la cabeza, discapacidades intelectuales, problemas de habilidades motoras y trastornos del sueño y gastrointestinales, aunque a menudo tienen otras capacidades muy desarrolladas, como la visual, la musical, la matemática y la artística.[78]

Una de las características más comunes que se asocia a los niños con autismo, así como a aquellos que padecen una de las subcategorías más conocidas, el síndrome de Asperger, es su falta de empatía. Los estudios demuestran que el 85 por 100 de las personas con TEA tienen alexitimia, lo que implica no sólo la incapacidad de expresar emociones, sino también la incapacidad de identificar estados emocionales tanto en sí mismos

---

78. «What Is Austism?», www.autismspeaks.org/what-autism

como en otras personas.[79] No obstante, algunos investigadores, como la experta en autismo Phoebe Caldwell, sugieren que las personas con TEA no carecen de empatía; todo lo contrario, como son demasiado sensibles emocionalmente, suprimen dicha capacidad para evitar el dolor. Por lo tanto, su dificultad radica en la expresión empática, no en el reconocimiento de ésta.[80] Este descubrimiento está en sintonía con mi propia experiencia con pacientes con TEA: su problema es el exceso empático, no la carencia. Aunque es importante saberlo para poder encontrar soluciones, el resultado final es el mismo. Las personas con TEA suelen tener poca o ninguna habilidad social. Uno de los efectos más devastadores es la dificultad para hacer amigos o recibir la comprensión ajena.

Existen varias teorías sobre las causas del autismo y la aparente falta de empatía hacia uno mismo y los demás, o su incapacidad para la expresión empática o compasiva. Muchos estudios revelan un problema en la interacción entre sus neuronas espejo (tratadas en el capítulo 4) y sus ondas cerebrales. Aunque las personas con TEA tienen neuronas espejo, éstas se cancelan de manera efectiva por culpa de un defecto cerebral. Este patrón de ondas cerebrales, llamado ritmo mu, tiene una frecuencia que oscila entre los 8 y los 13 Hz. Cuando la actividad de las neuronas espejo es alta en los centros premotores del cerebro, los ritmos mu están reprimidos, a menos que tengamos TEA. En individuos autistas, los ritmos mu aumentan en lugar de suprimirse cuando los individuos están realizando tareas que normalmente activan las neuronas espejo y la empatía, lo que inhibe el funcionamiento de las neuronas espejo.[81]

LAS PERSONAS EMPÁTICAS ACTIVAS Y ALERTA:
Sobre el TDAH

Las personas con trastorno por déficit de atención con hiperactividad suelen tener problemas para controlar los impulsos y mantener la atención. El trastorno normalmente está relacionado con otros problemas

79. G. J. Taylor, R. M. Bagby, *et al.* (1997): *Disorders of Affect Regulation: Alexithymia in Medical and Psychiatric Illness* (Cambridge University Press).
80. Phoebe Caldwell: «Can We Talk? Autism for Us», http://tinyurl.com/oamrb2a
81. R. Burnier, G. Dawson, S. Webb y M. Murias: «EEG Mu Rhythm and Imitation Impairments in Individuals with Autism Spectrum Disorder», http://tinyurl.com/o75wwrb

de aprendizaje, como la dislexia y las dificultades del procesamiento auditivo, que provocan importantes problemas de aprendizaje para la persona con TDAH. Éstas, especialmente aquéllas con un alto índice de hiperactividad, a menudo se considera que tienen carencias empáticas porque pueden mostrarse distantes, egocéntricas o carecer del control de impulsos que pueden resultar ofensivos a los demás.

Entre las causas relacionadas con el TDAH encontramos la genética, las anomalías neurológicas, los desequilibrios químicos en el cerebro, las infecciones, las toxinas, el mercurio de las vacunas, los aditivos alimentarios, el envenenamiento por plomo, el ambiente familiar adverso, etc. No obstante, otros estudios muestran que, en el caso del TDAH, puede existir una vinculación inadecuada con la madre, lo que da como resultado un desequilibrio afectivo. Otras causas incluyen la exposición a un trauma, por ejemplo, el maltrato sufrido por la madre durante la gestación. El estrés de la madre favorece la aparición de secuencias neurológicas que producen hipersensibilidad e hiperactividad.[82] Por esta razón, ciertos investigadores sustituyen el concepto *de atención* por *afectivo* en la descripción del trastorno.

Una de las consecuencias para un niño cuyo TDAH se ha originado en un entorno familiar desestructurado es que, al carecer de la atención constante por parte de los padres, podría hacer daño a otras personas sin sentir remordimientos.[83] Otra consecuencia es que algunas personas con TDAH simplemente carecen de habilidades sociales.

Mi experiencia con personas con TDAH es que, en realidad, tienen una empatía bastante desarrollada, hasta el punto de estar muy alerta y ser muy activas, pero suelen tener problemas para gestionar sus emociones. De hecho, creo que en el caso de los niños con una madre maltratada y maltratadora, pueden desarrollar su empatía a una edad muy temprana para proteger a la madre, bloqueando en el proceso otras partes de su cerebro. A modo de ejemplo, actualmente existe una tendencia que aboga por la sustitución del término TDAH para centrarse en la deficiencia del procesamiento auditivo, lo que significa que la parte izquierda del cerebro debe esforzarse por mantener el ritmo de la derecha. Por lo tanto,

---

82. Randall D. Ladnier: *Treating ADHD as Attachment Deficit Hyperactivity Disorder*, http://tinyurl.com/q99aq4m, 32–34.
83. *Ibid.*, 35.

la persona con TDAH en realidad está transmitiendo constantemente datos empáticos, especialmente información emocional e intuitiva, pero es incapaz de identificarlos y clasificarlos con la suficiente celeridad.

Mi hijo tiene TDAH y dislexia, y creo que es una de las personas más empáticas que conozco. Cuando tenía cuatro años, uno de sus profesores me dijo: «Me alegro de haber conocido a una de las personas más humanitarias». Su mayor desafío es averiguar cómo registrar lo que percibe, siente y sabe, todo lo cual apela a su empatía natural innata.

Normalmente, las personas con TEA o TDAH son muy receptivas a los animales y otros compañeros. Yo misma he sido testigo de una afinidad que funciona en ambos sentidos, un vínculo de confianza entre el individuo con problemas de aprendizaje y un animal, especialmente animales inteligentes y cariñosos como perros, caballos y delfines. Debemos preguntarnos si el TEA y TDAH son siempre deficiencias o deberían considerarse extensiones de ciertas habilidades empáticas que deben ser reconocidas y cultivadas.

Un debate sobre las causas de la deficiencia empática

Ya hemos presentado algunas de las posibles causas de la deficiencia empática. Los factores más comunes son: las disfunciones neurológicas, las anomalías químicas en el cerebro, la genética, las infecciones microbianas, los trastornos afectivos, la educación deficiente, los problemas de personalidad innatos, la carencia de un modelo claro, los problemas digestivos, los aditivos u otras intoxicaciones tóxicas y los traumas. Pero también hemos aludido a las influencias de vidas anteriores, las lesiones en el alma o la fragmentación, la interacción con entidades o fuerzas maliciosas, el exceso de empatía e incluso los recuerdos de nuestros antepasados.

En esta sección, me gustaría explorar con mayor profundidad las causas menos tradicionales de la deficiencia empática, incluidas las explicaciones no tradicionales que acabo de enumerar. Con este objetivo, propondré también otras posibles causas, entre ellas, dos nuevas áreas de estudio que reciben el nombre de epigenética y la teoría de la celda primaria. Asimismo, ampliaremos el análisis sobre el exceso de simpatía.

La influencia de vidas anteriores

Millones de personas en todo el mundo creen en la reencarnación, la teoría según la cual nos hemos reencarnado antes de la vida presente. Aunque las religiones occidentales suelen burlarse de esta idea, es aceptada por milenarias disciplinas espirituales y religiosas como el hinduismo, el budismo, el sijismo, el jainismo y numerosas poblaciones indígenas. Incluso hay evidencia en el Nuevo Testamento de que algunos judíos contemporáneos de Jesús podrían haber creído en la reencarnación.

Tal y como se describe en el capítulo 17 de Mateo, durante el incidente que los cristianos denominan *transfiguración,* Moisés y Elías, que habían muerto mucho tiempo antes, se presentaron ante Jesús y muchas otras personas en una montaña. El pueblo judío también se había preguntado si Jesús era la reencarnación de Moisés o Elías. El historiador judío Flavio Josefo también se hace eco de una creencia en la reencarnación cuando afirma que las almas de los hombres buenos regresarán a otros cuerpos, y en ese momento tendrán «el poder de revivir y vivir de nuevo».[84]

En relación con el tema de la deficiencia emocional, la creencia en la reencarnación abre otra puerta para la comprensión de las heridas y los traumas que pueden afectar nuestra condición actual, incluidos los responsables de la deficiencia empática. Por ejemplo, en una ocasión atendí a un hombre joven con síndrome de Asperger. Intuitivamente, comprendí que tenía miedo de empatizar con los demás porque había sido testigo de la muerte de toda su familia en una vida anterior. Al negarse a establecer una conexión con sus seres queridos en esta vida, su alma llegó a la conclusión que también podía ahorrarse sentimientos equivalentes de pérdida.

En este mismo sentido, una vez trabajé con un cliente con un TDAH severo que había sido curandero en una vida anterior. Muchos de los aldeanos a su cargo habían muerto como consecuencia de la viruela. El hombre se había sentido tan culpable por no haber sido capaz de predecir la infección ni prevenir la muerte de sus conciudadanos que se comprometió a mostrarse extremadamente alerta ante las necesidades y problemas de los demás en su siguiente vida para evitar un nuevo desastre. ¡Y

---

84. «The Hasmonean Dynasty from (John) Hyrcanus to (Salome) Alexandra (134-67 BCE)», www.abu.nb.ca/courses/ntintro/intest/hist4.htm

mi cliente siempre estaba alerta, con todo y todo el mundo! Su TDAH mejoró en cuanto renunció a aquel objetivo, lo que le permitió llevar una vida más relajada.

Creo que los traumas de vidas anteriores a menudo se transmiten a nuestra alma, que luego nos condicionan la mente, el cuerpo y la genética para ciertas formas de interacción. Por tanto, creo que el alma puede tener una influencia en qué genes se activan y desactivan, creando así las condiciones neurológicas y químicas necesarias para desarrollar una deficiencia empática. Del mismo modo, una vida anterior empáticamente satisfactoria puede fomentar cierto tipo empático en nuestra vida presente.

Fragmentación del alma

La fragmentación del alma está relacionada con la teoría según la cual las enfermedades, incluidas las emocionales y mentales, pueden ser causadas por una división o fragmentación del alma, la parte de nuestro ser que se reencarna una vida tras otra para aprender sobre el amor.

Existen muchas formas de fragmentación. Un alma puede abandonar por completo el cuerpo o no entrar completamente en él durante la concepción o el nacimiento, haciendo que la persona sea más proclive a la influencia de energías negativas o incluso a la posesión de otra alma o entidad. Un alma también puede dividirse en dos o más partes.

Los fragmentos del alma pueden encontrarse en diversos lugares. Una parte puede estar atrapada en una vida anterior, experimentando una y otra vez el ciclo traumático. Puede estar perdida en el interior de otra persona, ser cautiva de una entidad u ocultarse en alguna parte de nuestro propio cuerpo. Como indicamos anteriormente, incluso podría estar fuera de nuestro cuerpo, no demasiado segura de querer entrar. Respecto a la deficiencia empática, la fragmentación del alma podría explicar por qué las personas no pueden experimentar empatía o son demasiado empáticas.

Por ejemplo, un sociópata podría ser incapaz de relacionarse con las necesidades de otra persona porque una parte de su alma está fuera de su cuerpo. La parte externalizada del alma puede contener las emociones y sentimientos del sociópata. ¿Cómo puedes sentir algo por otra persona si eres incapaz de sentir algo por ti mismo? Alguien con depresión puede estar conteniendo una parte del alma de otra persona; aparte de sentirse abrumado por la tristeza o ira ajena, también se siente culpable porque no puede hacer nada por ayudar a la otra persona.

Podríamos estar afectados por un trastorno de ansiedad porque nos falta una parte vital de nuestra alma, tal vez un aspecto fundamental que nos ayuda a protegernos de los demás, o por la esquizofrenia porque una parte del alma de otra persona penetra continuamente en nuestro cuerpo, exponiéndonos a su percepción caótica. Independientemente de lo que le haya sucedido al vínculo entre nuestra humanidad y nuestro espíritu, sanar un alma maltrecha no es muy distinto a sanar cualquier otra parte herida de nuestro ser. Tras haber sufrido o ser testigos de un trauma, nuestra alma se fragmenta y debemos volver a reconstruirla con esmero; el amor es el hilo que cose todas las heridas.

Entidades y fuerzas oscuras

Existen muchos términos para la intrusión y los efectos de «fuerzas maliciosas», o seres no visibles y energías que pueden afectarnos. Entre las expresiones habituales para describir los fenómenos que pueden dañar o detener nuestra progresión y crecimiento espiritual encontramos interferencia espiritual, apariciones, fantasmas, espíritus, apariciones de seres ancestrales, intrusión espiritual o la influencia de fuerzas oscuras (el término genérico *fuerzas oscuras* se utiliza para describir a las energías no visibles que intentan controlarnos).

Los fragmentos del alma suelen estar vinculados a entidades maliciosas que tratan de mantenernos divididos para controlarnos mejor. Las fuerzas oscuras también pueden fomentar el uso de sustancias o comportamientos adictivos para mantenernos atrapados o arrebatarnos nuestro poder. Creo que las fuerzas oscuras también fomentan el narcisismo, ya que una persona incapaz de preocuparse por los demás no podrá cumplir su misión espiritual. (Nuestra vocación personal siempre debe ser ayudar a los demás.) Si no podemos preocuparnos por ellos, un proceso que requiere empatía, estaremos fomentando a las fuerzas oscuras en lugar de a los emisarios de la luz.

A veces, las entidades oscuras fomentan el exceso de empatía, provocando que nos adentremos en el territorio de la simpatía. Si estamos agobiados por el dolor o enfermedades ajenas, es difícil que podamos centrarnos en nuestras propias necesidades y, por tanto, en nuestro propósito. Es difícil cumplir nuestro destino si estamos abrumados con energías que no nos pertenecen.

En resumen, casi cualquier deficiencia empática puede causar una intromisión de fuerzas oscuras, cuyo objetivo final es arrebatarnos la energía. ¿Por qué lo hacen? Tal vez tengan miedo de la Divinidad, la fuente de luz primordial. Temen ser rechazados, juzgados o enviados al infierno. Tal vez una entidad esté herida y tenga miedo del proceso de sanación. O quizás recurre a la venganza porque le resulta más fácil superar su dolor de ese modo que mediante el arrepentimiento. Sea cual sea el motivo, las fuerzas oscuras pueden fomentar tanto el exceso de empatía como su carencia en beneficio propio.

La energía de los demás: el lado oscuro de la simpatía

Como ilustra el apéndice 1, en ocasiones podemos caer en un exceso de simpatía. Cuando nuestras capacidades empáticas son hiperactivas, respondemos inmediatamente a otras energías. También podemos dar el siguiente paso y absorber dichas energías en nuestro cuerpo.

Creo que una de las preguntas más importantes en relación con las condiciones que fomentan la deficiencia empática es la siguiente: *¿estamos respondiendo a nuestra propia energía o a la de otra persona?* Si bien debemos asumir la responsabilidad personal de nuestras propias vidas y comportamiento, también es importante preguntarnos si el origen de nuestros problemas está dentro o fuera de nosotros mismos.

En una ocasión traté a un hombre cuyo terapeuta le había diagnosticado un trastorno de la personalidad narcisista. Los diagnósticos de narcisismo son muy poco habituales, ya que las personas afectadas suelen culpar a los demás de sus problemas por la necesidad de percibirse a sí mismos como perfectos (a menudo abandonan la sala de terapia con gran revuelo). Sin embargo, este hombre deseaba superar su problema.

Descubrimos que su niño interior estaba en posición fetal en lo más profundo de su ser tras haber sufrido a unos padres que se peleaban día y noche y que lo consideraban un inútil. Había otra fuerza que también lo estaba bloqueando: la furia de su padre.

La furia del padre durante los episodios de gritos había echado raíces en su interior. Cada vez que el niño interior asomaba la cabeza para intentar conectarse con los demás, la energía del padre empezaba a gritarle y, consecuentemente, mi cliente también le gritaba a la persona que estaba ofreciéndole cariño. Tras librarle de la energía negativa del padre, el hombre logró un progreso considerable con ayuda de su terapeuta.

Epigenética: la nueva teoría de los genes

Los científicos creían que en los genes se encontraban los secretos de nuestro comportamiento y nuestras enfermedades. En realidad, sólo un 2 por 100 de nuestro material genético trabaja de una forma activa. El restante 98 por 100 se denomina «ADN basura». A pesar del apelativo, realiza una función vital.

El ADN basura, compuesto principalmente de material vírico y microbiano, es uno de los elementos de la sopa química que conecta y desconecta los genes. El material con esta capacidad conmutadora recibe el nombre de herencia epigenética o material epigenético.

Dependiendo de nuestra exposición al entorno, los factores epigenéticos pueden producir diversas reacciones que supriman o activen ciertos genes. Algunos de éstos contienen los códigos de la historia microbiana de nuestro ADN basura, pero también conservan el recuerdo de nuestros antepasados. Cuando se activan, los virus, otros microbios o nuestros recuerdos, sentimientos y experiencias pasadas pueden provocar una reacción química en nuestro cuerpo, lo que a su vez provoca la mutación de nuestros genes. Los científicos están empezando a considerar la posibilidad de que dicha actividad epigenética pueda ser la causa de numerosas enfermedades, como el cáncer, los trastornos inmunes e incluso los trastornos neuropsiquiátricos como el autismo. De hecho, casi todas las deficiencias empáticas también pueden estar vinculadas a cuestiones epigenéticas que pueden suprimir o activar los genes que controlan nuestras reacciones empáticas.[85]

---

85. «Epigenetics & Applications», http://tinyurl.com/om5n6xq
«Ghost in Your Genes», Nova. www.pbs.org/wgbh/nova/transcripts/3413_genes.html
«Epigentics: When the Environment Modifies the Genes». Douglas Mental Health Institute University, www.douglas.qc.ca/info/epigenetics
David Crews, *et al.*: «Epigenetic Transgenerational Inheritance of Altered Stress Responses», *Proceedings of the National Academy of Sciences*, http://tinyurl.com/mu5eef6

Teoría de la celda primaria

El doctor Grant McFetridge ha desarrollado una teoría revolucionaria y una práctica terapéutica relacionada con ésta que han logrado avances importantes en la curación de enfermedades mentales tan graves como la esquizofrenia. Según dicha teoría, en cierta etapa del desarrollo embrionario, desarrollamos una célula primaria que encarna nuestra consciencia plena. De hecho, los siete organelos principales, o estructuras celulares, desarrollados durante esta etapa están vinculados a un aspecto principal del ser, incluidos nuestros chakras, meridianos y nuestra mente.

Según el doctor McFetridge, la etapa inmediatamente anterior a este desarrollo de células primordiales es aquélla en la que los individuos desarrollan el potencial para la esquizofrenia, la cual viene provocada por una integración incompleta de las primeras siete estructuras celulares básicas. Durante esta etapa, podemos recibir la influencia de entidades, recuerdos de nuestros antepasados o incluso nuestros propios problemas de vidas anteriores. Otros problemas, incluidas ciertas enfermedades (como las relacionadas con la deficiencia empática), se producen por culpa de un daño epigenético en la celda primaria u otras lesiones celulares. Como esta célula permanece con nosotros a lo largo de toda nuestra vida, podemos trabajar en ella a través de la terapia e intención energética.[86]

Convivir con una persona con una deficiencia empática

Muchos de nosotros hemos convivido o convivimos con personas con una deficiencia empática. Aunque las combinaciones pueden ser infinitas, uno de los escenarios más habituales es el de una mujer que convive con un hombre poco empático.

En los casos más extremos, el hombre suele mostrar síntomas de depresión, abuso de sustancias, trastornos de la personalidad, TDAH grave o incluso psicopatía. Sus parejas suelen ser todo lo contrario: personas altamente empáticas y afectuosas. (Si bien la situación puede darse a la

---

86. Grant McFetridge: «The Primary Cell: Understanding the Sub-cellular Basis of Consciousness, Spiritual Experiences, Trauma and Disease», Institute for the Study of Peak States, http://tinyurl.com/lhbfp5c

inversa, un hombre empático conviviendo con una mujer poco empática o con deficiencia empática, aquí analizaremos el caso más común).

Las mujeres suelen quejarse de que su pareja las critica constantemente o las ignora, las menosprecia o desprecia y no se preocupa por sus sentimientos, especialmente aquéllos por los que tienen una especial sensibilidad. Los extraños suelen preguntarse por qué continúan con ellos.

Una de las razones en realidad es genética. Desde el punto de vista neurológico, las mujeres no parecen evaluar adecuadamente las amenazas. En cambio, las sustancias químicas de su organismo las impulsan a ser *más* (en lugar de menos) sociales. Esto significa que, cuando un hombre se muestra peligroso o cruel, la mujer aumentará sus interacciones con él. En general, la investigación demuestra que las mujeres comparten su propia deficiencia empática: son excesivamente empáticas, programadas para preocuparse por los demás.[87] Según mi propia experiencia, las mujeres son muy sensibles a los problemas psicológicos de los demás y, con frecuencia, sufren por ello.

Por ejemplo, una clienta casada con un sociópata se negaba a abandonarlo porque sabía que él no estaba completo, que carecía de una parte de sí mismo. No soportaba la idea de abandonarlo como había hecho todo el mundo. Sin embargo, otra de mis clientas sufría de desatención continuada por parte de un novio narcisista y con trastorno límite de la personalidad. Él rompía con ella aproximadamente cada dos semanas y luego volvía; entonces, se dedicaba a espiar sus correos electrónicos para asegurarse de que no hubiera estado con otra persona durante su ausencia. Ella no quería separarse de él porque percibía a su niño interior maltrecho que había sido abandonado por una madre narcisista.

También he tratado a hombres que continúan con mujeres poco emocionales. Uno de ellos permanecía con una esposa narcisista a pesar del hecho de que ella le había puesto los cuernos media docena de veces. Aunque aseguraba que lo hacía por sus hijos, la verdad era que tenía miedo de la reacción de su mujer si la abandonaba. El hombre estaba dotado de una empatía espiritual muy desarrollada y era consciente de su naturaleza hipócrita. Aunque ella era una persona muy religiosa, él pensaba que el divorcio

---

87. Sandra L. Brown: «Genetic and Neuro-Physiologic Basis for Hyper-Empathy», http://tinyurl.com/nlbj6us

le haría pasar por un infierno. Su sentido intuitivo no se equivocaba; la mujer finalmente lo echó de casa y lo acusó de adulterio a pesar de que ella era la culpable y la causa judicial se alargó durante dos años.

Algunas personas con exceso de empatía desarrollan un síndrome particular denominado «cansancio del cuidador» o «fatiga del cuidador». Después de cuidar personal o profesionalmente a personas enfermas, incluidas personas con enfermedades mentales, los cuidadores a menudo se bloquean y se aíslan dentro de una capa protectora que los proteja del agotamiento. De hecho, un estudio demuestra que los cuidadores de personas con depresión suelen reproducir el comportamiento de la persona afectada tras haber asumido una posición excesivamente responsable o sentirse culpables por la depresión ajena. Se aíslan en ellos mismos y a veces culpan a la persona con depresión de sus problemas. Por tanto, la depresión puede resultar contagiosa, afectando a todas las personas involucradas, incluso a los seres queridos y a los cuidadores. En general, las personas sensibles al estrés o a los problemas ajenos son más propensas a padecer una enfermedad, a la angustia y a sufrir dificultades.[88]

El reverso de la moneda son los individuos que conviven con personas excesivamente empáticas o con una tendencia a la simpatía. Estos individuos suelen sentirse controlados, confundidos o abrumados por las sensibilidades de sus seres queridos. Para la persona con una empatía limitada o normal suele ser problemático relacionarse con individuos con un exceso de empatía.

En una ocasión traté a un hombre que estaba valorando la posibilidad de divorciarse de su mujer. Me contó que los dos estaban despiertos todas las noches hasta las dos de la madrugada porque ella percibía la presencia de fantasmas en la habitación. Él era un incrédulo, por lo que no podía entender la experiencia de su mujer. De hecho, creía que estaba loca.

También traté a una persona que no sabía cómo relacionarse con su hija, la cual era capaz de comunicarse con los animales. La madre estaba preocupada que, cuando su hija fuera a la escuela, los compañeros se burlaran de ella si decía que los ratones le estaban susurrando cosas.

---

88. Lynn E. O'Connor, *et al.*: «Empathy and Depression: The Moral System on Overdrive», *Emotions, Personality & Altruism Research Group*, www.eparg.org/publications/empathy-chapter-web.pdf, 51–62.

Acabamos de explorar el problemático terreno de la deficiencia empática. La verdad es que, en algún momento de nuestras vidas, probablemente todos nos enfrentaremos personalmente a alguno de los problemas relacionados con la deficiencia empática. Y deberemos esforzarnos mucho para ofrecer soluciones a aquellos que la sufren. No debemos permitir que esta experiencia nos marque de por vida; todo lo contrario, debemos verla como una oportunidad para asumir nuestra humanidad, la misma razón por la que la empatía es tan importante. Sentir es sanar.

Glosario de términos

ALTRUISMO: aliviar el sufrimiento ajeno simplemente porque es lo correcto; compasión en acción.

ANSIEDAD: sensación de temor, inquietud o presentimiento.

ASPERGER, SÍNDROME DE: una subcategoría del autismo.

CAMPO ÁURICO: una estructura energética que rodea el cuerpo y que facilita la recepción y la emisión de energía.

CAMPO ELECTROMAGNÉTICO (CEM): las energías eléctricas y magnéticas que emanan de los átomos, moléculas, células y órganos que componen el ser físico.

CAPAS ÁURICAS: capas del campo áurico; cada capa nos protege y filtra diferentes tipos de información mientras transmitimos datos particulares al mundo que nos rodea.

CHACRAS: conjunto de cuerpos energéticos, siete de los cuales se encuentran en el cuerpo físico, cada uno vinculado a una glándula endocrina específica y a una sección de la columna vertebral, y cinco adicionales más allá de éste; sin restricciones espaciales o temporales, los chacras transforman la energía física o sensorial en energía espiritual y viceversa.

CINCO PASOS PARA LA EMPATÍA COMPASIVA: una de las tres herramientas para desarrollar de manera segura los dones empáticos (*véase* capítulo 5).

CLARIAUDIENCIA: el don espiritual de la audiencia clara.

CLARICONOCIMIENTO: el don espiritual del conocimiento claro.

CLARIEMPATÍA: el don espiritual del sentido claro (también denominada clarisentencia).

CLARIGUSTO: el don espiritual del gusto claro.

CLARIOLFATO: el don espiritual del olfato claro.

CLARISENTENCIA: el don espiritual del sentido claro.

CLARITACTO: el don espiritual del tacto claro.

CLARIVIDENCIA: el don espiritual de la visión clara.

COMPASIÓN: impulso interior para aliviar el dolor ajeno.

COMPATÍA: sentimientos (*pathy*) compartidos (*com*) de la empatía física.

CONTAGIO EMOCIONAL: quedar atrapado en la energía emocional de un grupo; una de las falsas empatías.

CORRIENTES SANADORAS DE BENDICIONES: rayos o hebras de amor divino incondicional; una de las tres herramientas para desarrollar de manera segura los dones empáticos (*véase* capítulo 5).

DE ESPÍRITU A ESPÍRITU: una de las tres herramientas para desarrollar con seguridad los dones empáticos (*véase* capítulo 5).

DEFICIENCIA EMPÁTICA: dificultades empáticas que pueden adoptar distintos niveles de afectación, desde el exceso de empatía hasta el bloqueo empático.

DEPRESIÓN: tristeza persistente, debilitante, vacío o desesperanza.

DONES EMPÁTICOS: las habilidades psíquicas y energéticas que facilitan la experiencia empática del cuerpo sutil.

DONES ESPIRITUALES: habilidades psíquicas innatas; la terminología relacionada con ellos empieza con *clari*: clarividencia, clarisentencia, etc.

EMPATÍA: la capacidad de compartir y comprender las emociones y necesidades de los demás como si fueran nuestras.

EMPATÍA EMOCIONAL: percibir los sentimientos de los demás como si fueran propios.

EMPATÍA CHAMÁNICA: estilo empático que incluye todos los otros estilos, así como la capacidad de entrar en contacto con otras dimensiones y períodos de tiempo.

EMPATÍA ESPIRITUAL: percibir la auténtica naturaleza de la Divinidad y tener la capacidad de determinar sus intenciones, tanto para uno mismo como para los demás; percibir intuitivamente el nivel de honestidad o deshonestidad de otra persona.

EMPATÍA FÍSICA: la capacidad de experimentar los procesos físicos de otra persona en nuestro propio cuerpo.

EMPATÍA MENTAL: recibir información y datos del mundo exterior y tener la sensación de «saber» lo que sabe otra persona.

EMPATÍA NATURAL: conexión con las fuerzas y seres de la naturaleza.

EMPATÍA RADIANTE: transmisión energética de la empatía.

Energía sutil: la energía es información en movimiento; la energía sutil es información en movimiento que no puede percibirse a través de los cinco sentidos físicos.

Entrelazamiento cuántico: fenómeno en el que dos partículas, personas u objetos, una vez conectados, quedan vinculados para siempre.

Estilo empático: una de las seis formas de experimentar la empatía a través de nuestros dones espirituales; los estilos son físico, emocional, mental, natural, espiritual y chamánico.

Fragmentación del alma: teoría según la cual las enfermedades, incluidas las emocionales y mentales, pueden ser causadas por una división o fragmentación del alma.

Glándulas endocrinas: órganos secretores distribuidos por todo el cuerpo; parte de la matriz corporal (incluidas las neuronas espejo y el cerebro) que favorece la empatía y la compasión.

Hiperoptimismo: actuar con alegría para conseguir que una persona triste se sienta mejor; una de las falsas empatías.

Imaginación: empatía conceptualizada; conductas empáticas imaginarias, por ejemplo, llorar con alguien o suspirar por su dolor; una de las falsas empatías.

Inadaptación mental: utilizar el proceso empático de una manera inadecuada o manipuladora para satisfacer las propias necesidades; una de las falsas empatías.

Inteligencia emocional: capacidad para racionalizar las emociones y utilizar los sentimientos para mejorar el pensamiento superior.

Lástima: sentir piedad por alguien, que también puede aplicarse a nosotros mismos; una de las falsas empatías.

Meridianos: ríos o canales de energía que fluyen a través del cuerpo y le suministran energía (parecidos a los nadis).

Nadis: canales de energía que fluyen a través del cuerpo y le suministran energía sutil (similares a los meridianos).

Narcisismo: trastorno mental en el que las personas exageran su propia importancia debido a la necesidad de ser admiradas.

Neuronas espejo (neuronas de la empatía): neuronas que nos permiten reproducir las actividades de los demás y copiar sus sensaciones y sentimientos; forman parte de la matriz física (que incluye el cerebro y el sistema endocrino), la cual fomenta la empatía y la compasión.

Percepciones: término referente al conjunto de los dones espirituales.

PERSONALIZACIÓN: no experimentar los problemas de los demás, sino sentir nuestros propios sentimientos, necesidades, problemas y reacciones; una de las falsas empatías.

TEORÍA DE LAS CELDAS PRIMARIAS: la teoría según la cual en una determinada etapa del desarrollo embrionario desarrollamos una célula primaria que encarna tanto nuestra consciencia plena como nuestros chacras, meridianos y mente.

TRASTORNO BIPOLAR (también denominado depresión maníaca): alteraciones del estado de ánimo que pueden oscilar entre máximos y mínimos depresivos.

TRASTORNO DE DÉFICIT DE EMPATÍA (EDD): la incapacidad de salir de nosotros mismos y sintonizar con las experiencias de los demás, especialmente aquellas que difieren de nuestros sentimientos y creencias.

TRASTORNO DE ESTRÉS POSTRAUMÁTICO (PTSD): trastorno de ansiedad grave que puede desarrollarse después de la exposición a cualquier suceso que resulte en un trauma psicológico.

TRASTORNOS DE LA PERSONALIDAD: enfermedades mentales con patrones anormales de experiencia interna y comportamiento perjudicial tanto para uno mismo como para los demás; algunos ejemplos son la paranoia, la esquizofrenia y el trastorno obsesivo-compulsivo.

TRASTORNO DEL ESPECTRO AUTISTA (ASD): trastorno mental profundo en el que el sujeto presenta dificultades en la interacción social y problemas de comunicación verbal y no verbal.

TRASTORNO DEL ESTADO DE ÁNIMO: alteración que provoca problemas en el estado de ánimo del individuo; las dos categorías principales son la depresión y el trastorno bipolar.

TRASTORNO POR DÉFICIT DE ATENCIÓN E HIPERACTIVIDAD (TDAH): una afección caracterizada por un control deficiente de los impulsos y períodos cortos de atención.

SER HERIDO: la parte de nosotros mismos donde se acumulan las impresiones energéticas del dolor, la ira o la vergüenza.

SIMPATÍA/ATADURA EMOCIONAL: entrar en la realidad subjetiva de otra persona y vincularse con ella hasta tal punto que cuesta determinar dónde están los límites de uno mismo; una de las falsas empatías.

Bibliografía recomendada

A continuación, presentamos algunas obras recomendadas para profundizar en el tema de la empatía.

Obras

ANDREWS, T.: *Animal-Speak: The Spiritual & Magical Powers of Creatures Great & Small.* Llewellyn Publications, St. Paul, Minnesota, 2004.

ARON, E.: Th*e Highly Sensitive Person: How to Thrive When the World Overwhelms You.* Broadway, Nueva York, 1996.

BODINE, E.: *The Gift: Understand and Develop Your Psychic Abilities.* New World Library, Novato, California, 2003.

CHÖDRÖN, P.: *Start Where You Are: A Guide to Compassionate Living.* Shambhala, Boston, 2004.

CRAWFORD, C.: Th*e Highly Intuitive Child: A Guide to Understanding and Parenting Unusually Sensitive and Empathic Children.* Hunter House, Berkeley, California, 2009.

DALÁI LAMA: *The Dalai Lama's Little Book of Inner Peace: The Essential Life and Teachings.* Hampton Roads, Charlottesville, Virginia, 2009.

DALE, C.: *Energetic Boundaries.* Sounds True, Boulder, Colorado, 2011.

—: *The Everyday Clairvoyant: Extraordinary Answers to Finding Love, Destiny, and Balance In Your Life.* Llewellyn, Woodbury, Minnesota, 2010.

—: *The Intuition Guidebook: How to Safely and Wisely Use Your Sixth Sense.* Deeper Well, Minneapolis, Minnesota, 2011.

DE WALL, F.: *The Age of Empathy: Nature's Lessons for a Kinder Society,* Crown, Nueva York, 2010.

EDWARD, J.: *Infinite Quest: Develop Your Psychic Intuition to Take Charge of Your Life*. Sterling Ethos, Nueva York, 2012.

GOLEMAN, D.: *Emotional Intelligence*, Bantam, Nueva York, 2006.

—: *Social Intelligence: The New Science of Human Relationships*. Bantam, Nueva York, 2006.

HARNER, M.: *The Way of the Shaman*. HarperSanFrancisco, San Francisco, 1990.

HEWITT, W. W. A.: *Psychic Development for Beginners: An Easy Guide to Releasing and Developing Your Psychic Abilities*, Llewellyn. St. Paul, Minnesota, 1996.

INGERMAN, S.: *Shamanic Journeying: A Beginner's Guide*. Sounds True, Boulder, Colorado, 2008.

PEIRCE, P.: *The Intuitive Way*. Beyond Words, Hillsboro, Oregón, 1997.

SZALAVITZ, M. y B. D. PERRY, MD, PhD: *Born for Love: Why Empathy is Essential–and Endangered*. HarperCollins, Nueva York, 2010.

WESCHCKE C. y SLATE, J. H.: *The Llewellyn Complete Book of Psychic Empowerment: A Compendium of Tools and Techniques for Growth and Transformation*. Llewellyn, Woodbury, Minnesota, 2011.

ZEFF, T., PhD: *The Highly Sensitive Person's Survival Guide: Essential Skills for Living Well in an Overstimulating World*. New Harbinger, Oakland, California, 2004.

CD. Audio

DALE, C.: *Energy Clearing*. Sounds True, Boulder: Colorado, 2009.

INGERMAN, S.: *The Beginner's Guide to Shamanic Journeying*. Sounds True, Boulder, Colorado, 2003.

ORLOFF, J. MD: *Emotional Freedom Practices*. Sounds True, Boulder, Colorado, 2009.

DVD

COVEY, S. R.: *Empathic Listening*. Amazon Digital Services, versión Kindle audiovisual, 2010.

DALE, C.: *Essential Energy Healing Techniques*. Deeper Well Publishing, Minneapolis, Minnesota, 2013.

ORLOFF, J., MD *Emotional Freedom Now!* Gaiam, Boulder, Colorado, 2009.

Índice